叢書・20世紀の芸術と文学

伝説の指揮者
フェレンツ・フリッチャイ
自伝・音楽論・讃辞・記録・写真

フェレンツ・フリッチャイ【著】
フリードリヒ・ヘルツフェルト【編】
野口剛夫【訳・編】
（資料協力：大脇利雄）

アルファベータブックス

Ferenc Fricsay:

Über Mozart und Bartok,

Edition Wilhelm Hansen, Kopenhagen/Frankfurt am Main, 1962

Friedrich Herzfeld(hrsg.):

Ferenc Fricsay

Rembrandt Verlag, Berlin, 1964

本書について

本書はフェレンツ・フリッチャイ著『モーツァルトとバルトーク』(Ferenc Fricsay: Über Mozart und Bartok, Edition Wilhelm Hansen, Kopenhagen/Frankfurt am Main, 1962)、およびフリードリヒ・ヘルツフェルト編『フェレンツ・フリッチャイを偲んで』(Friedrich Herzfeld(hrsg.): Ferenc Fricsay, Rembrandt Verlag, Berlin, 1964)の翻訳と資料から成る。

『モーツァルトとバルトーク』はフリッチャイ自身による唯一の著作であるが、原書のページ数にして七〇ページに満たない小さな本なので、彼の死後すぐにヘルツフェルトの編集で刊行された追悼文集と抱き合わせることで、フリッチャイの音楽家としての魅力と業績を再確認する一冊ができればよいのではないかと考えた。

彼の記念年は、二〇一三年(没後五〇年)、二〇一四年(生誕一〇〇年)と続いていた。その間に本訳書を刊行しようと考えていたのだが、様々な事情で遅れて、二〇一五年の刊行になってしまった。それでも何とか形になったのは嬉しい。

どんな素晴らしいアイデアの本があっても、それは刊行されなければ人々に知ってもらうことはできない。一般の出版事情が徐々に悪化している現今において、この本の価値を理解し、刊行することを決断し、煩雑な本作りの過程を粘り強く共に歩んでいただいた編集の中川右介氏には深く感謝する次第である。

一九六三年に四八歳で惜しまれつつ他界したフリッチャイについて、我が国では本が一冊も刊行されていないことを、私はかねてから残念に思っていた。

録音をたくさん残しているフリッチャイだが、私はそれらの全てを知るわけではないものの、そのいくつかを聴いて異様なほど強くて深いインパクトを与えられたので、ずっと気になってきた指揮者なのである。

フリッチャイは録音のための演奏行為を積極的に行った指揮者の、重要な先駆者の一人ではなかろうか。レコードのために演奏した指揮者はもっと前からいるが、レコードがようやく生演奏と対比されるくらい良好な品質を持ち始めた時代、すなわちＬＰが出現し、モノーラルからステレオへと、録音の常識の大転換が行われる時期に、そのメリットを鋭く察知して、旺盛に仕事をした指揮者がフリッチャイなのである。

その意味では、フリッチャイより少し年上（一九〇八年生まれ）のカラヤンなども、そうした指揮者の典型であるだろうし、録音で聴くフリッチャイの演奏の高い精度と素晴らしさを賞賛するなら、それはカラヤンについても言わなければならないはずである。

しかし、私の中ではフリッチャイはカラヤンとは全く別の資質を備えた指揮者である。表向きは共通点があるかもしれないが中身は全く違う。

それはフリッチャイが芸術と人生に対し、本質的に哲学的、宗教的な態度を持っていたことではなかろうか。

彼は若くして白血病に冒され、筆舌に尽くせぬ肉体的、精神的な苦しみを経験し、晩年にはその楽風が一変したともいわれる。確かに変化した面はあるのだろうが、百八十度別人になるということはありえないと私は思う。本書を読んでもわかる通り、彼は若い時から生き方は真摯そのものであり、人生のあらゆる体験を音楽的にも人格的にも自らの成長のための肥しとしていくような態度は明らかだった。

彼の指揮のテクニックは驚嘆すべきものだったという。演奏や録音にかける意気込みも尋常ではないのは、本書を読まれれば理解されるだろう。彼のような才能で仕事をすれば、現在でも超一流の指揮者の名をほしいままにできた人であるのは間違いないだろう。

しかし、どんなに見事な仕事をしても、フリッチャイは仕事のために生きた人ではなく、音楽のために生きた人なのであった。この違いは大きい。彼の猛烈な仕事ぶりは、ただひたすら音楽へののっぴきならない思いから生まれた。偉大な音楽のためなら他の全てを犠牲にすることも辞さないほどの、その狂熱的とも言えるような帰依の感情が、フリッチャイの演奏からは紛れもなく放射されているのを、私はいつも強く感じ取るのである。

現世に成功したいという誘惑に駆られやすい、演奏家という職業。フリッチャイにも人並み以上にそうした世俗的な欲望があっただろうし、技術的な革新の意義をよく理解し、それを音楽のために積極的に使用したという意味では、彼は現代の申し子であったともいえる。

しかし、そうした誘惑の中に溺れて、自分を見失うのではなく、フリッチャイは現代の技術的方法を突き詰めることによって、さらに普遍的なものへと突破していくということができたのではなかろうか。技術の成果と人間性を高い境地で融合することができたというところに彼の偉大さがある。

つまり、彼が示した音楽への献身は、決して偏狭な音楽至上主義からではなく、そうした帰依を起こさせるもととなった芸術家への、そしてその母胎である自然への尊厳の意識から出ている、と私は思うのである。

今回、この翻訳の仕事をしながら、フリッチャイについて抱いた自分の直感が間違いではなかったということを、言葉の上で確認できたような思いである。

そう思わせてくれるという意味では、本書に多く収録されているフリッチャイの写真も貴重である。もちろん彼に関心を持つ人なら写真を見たことがないという人はいないだろうが、幼少期から様々な場所でのこれほどの数がまとまって見られるというのは、本書の誇るべき特徴と言えよう。とにかくフリッチャイの顔は美しい。顔の造形が見事だとかいうだけではなく、内面からの強い意志の放射を感じるのである。これは魂を音楽に捧げている人の顔だ。精神的に生きるということの凄味が表れていて、そういう意味での美しさなのである。顔だけで人は判断できないかもしれないが、顔は大事である。そこに私がそんなにこだわってしまうのは、現在、このような衝撃的な美しさを感じさせる顔にはまず出会わないからだ。

本書の刊行を思い立ってから、翻訳権の確認のためなどで、原書の出版社と交流する中、フリッチャイが最初の妻との間にもうけた子の一人であるマルタ・ドバイ＝フリッチャイ女史と知り合うことができた。

フェレンツ・フリッチャイは晩年をスイスで送ったが、マルタさんも現在スイスの美しい小都市オルテンにご主人と住んでいる。

昨年（二〇一四年）の一一月、ヨーロッパへ調査旅行に出かけた際、私は妻と共にマルタさんのお宅を初めて訪問し、ご夫妻と歓談の時を持つことができた。広々とした美しい応接間で、ハンガリーの伝統料理をいただきながら談話した数時間は、深く心に刻まれるものとなった。

日本でのフリッチャイ本の刊行にあたって、既に述べたように二冊の本の合本をしたいという私の申し出に、マルタさんは賛同し快く許可を与えて下さった。また、翻訳中に生じた様々な疑問にも丁寧に答えて下さったり、現在までいろいろとお世話になっている。

二〇一四年はフリッチャイの生誕百年を祝う催しが、ハンガリーの諸都市でいくつも行われた模様である。マルタさんが作成しているウェブサイト"Dirigent Ferenc Fricsay"（http://www.ferenc-fricsay.net/inde.htm）に詳述されているが、青年期の彼が軍楽隊長として過ごしたセゲードでは、六月から自作の曲も含む記念演奏会や講演会、記念銘板への献花などが続けられた。またブダペストでは一〇月末に五日間にわたって"Minifestival Fricsay100"が開催され、自作の「ハ長調ミサ曲」のブダペスト初演、講演会、展示会などがあった。最終日の三〇日にはブダペスト国立歌劇場で、マルタさんによって寄贈されたフリッチャイの胸像の除幕および献堂式が、本人の立会いの下で行われた。ベルリンでも一一月一九日にはフィルハーモニーで、ベルリン・ドイツ交響楽団（ＲＩＡＳ交響楽団が後に改称したオーケストラ）による「フリッチャイ生誕百年記念演奏会」があり、デュカスの《魔法使いの弟子》など彼が愛した作品が演奏されている。

当初、本書の翻訳は監修者の私、野口剛夫が共訳者として柴田幹彦氏を伴うという形で始められた。柴田氏は会社勤めをしつつドイツ語と音楽に強い情熱を抱く人である。彼はヘルツフェルト編の本のほぼ全ての下訳を作ったが、時間的な事情などにより、最後まで翻訳の作業を続けることが不可能になったので、野口がそれを受け継いだ。その後、全面的に訳文に手を入れたので、本書の全部の翻訳の責任は野口にあるが、柴田氏の果たした役割はまことに大きいものなので、ここに記して氏に対する感謝を表したい。

なお、ヘルツフェルト編の本の巻末にディスコグラフィーが掲載されていたが、既に刊行されて半世紀が経過しているため、そのまま訳出することには意味がないと判断し、現在の最新のものを収録することにした。日本では演奏資料への関心が高いことなどを考慮して、ディスコグラフィーのみならず、演奏記録や録音記録も収録し、巻末資料を充実させることとした。

これらを制作していただいたのは、大脇利雄氏である。鉄道会社にお勤めの大脇氏はフリッチャイの今に至るまで流通したほぼ全ての録音を所有し、彼に関する詳細なウェブサイト"My Favorite Fricsay" (http://www43.tok2.com/home/fricsay/) を開設しておられるが、私からの打診に快く応じていただいた。深く感謝する次第である。

また、本書の翻訳をするにあたり、原書や関連書を貸していただいた東京フルトヴェングラー研究会の辰野裕一、宮嶋大貴の両氏にもお礼を申し上げたい。

本書が熱誠の指揮者フェレンツ・フリッチャイの芸術を愛し、深く知ろうとする人々にいくらかでも役に立つのであれば嬉しい。

二〇一五年二月　野口剛夫

目次

第二部　フェレンツ・フリッチャイを偲んで
（フリードリヒ・ヘルツフェルト　編）

第三部　フィレンツェ・フリッチャイの資料

第一部　フェレンツ・フリッチャイの著述

ノート

第一部には、フリッチャイ自身が書いた次の四篇を収載した。

私の幼少期と青年期
「そのような教えを喜ばない者は、人としてはふさわしくない」
私の道
モーツァルトとバルトーク

最初の「私の幼少期と青年期」は自伝というべきもので、ヘルツフェルト編の追悼文集の中に遺稿として収められたものである。

二つ目の「そのような教えを喜ばない者は、人としてはふさわしくない」はモーツァルトの《魔笛》第二幕第一二場、ザラストロのアリアでの最後の文句をタイトルに持つ。ヘルツフェルト編の本に収録されていたものである。

三つ目の「私の道」はフリードリヒ・ヘルツフェルトへのフリッチャイの私信で、これも追悼文集に収録されていたものである。

最後の「モーツァルトとバルトーク」はフリッチャイの唯一の著書である。本にあった、メニューインによる序文、エリック・ヴェルバによるあとがきを含めて訳出した。

（訳者）

私の幼少期と青年期

私は一九一四年にブダペストで生れた。日曜日の正午だったが、ちょうどハンガリーに戦時動員令が下ったころである。私の父は一八六七年クレムシーエル生まれのリヒャルト・フリッチャイ、母は旧姓をベルタ・レンジェルといった。その母は晩年、私と一緒にスイスで暮らすことになる。

私の父の母国語はチェコ語であったが、一八九七年にチェコからハンガリーに移住したので、私はハンガリー人の子として生まれたのである。父方の祖父はオロモーツ司教座のテノール歌手で、父はそのテノールの声を受け継ぎ、私の声もまたテノールである。歌手としては用いていないものの、歌って音楽的表現を伝えることができ、父にも私にもオーケストラと一緒に働くにあたって、この声はとても有用であった。

父の家族は子だくさんだったので、祖父は父が十五歳の時こう言わざるを得なかった。「リヒャルト、お前にこれ以上学校に行かせてあげることはできない。生業を見つけなさい。」そんなわけで父は自分の生きていく道を一人で見つけなければならなかった。最初にヴァイオリン奏者となりドヴォルザークの指揮の下で演奏をする。父は絵にかいたような美男子で、女性には大変人気があった。そして地位を得ることに成功する。著名な音楽家となり、ハンガリー軍楽隊の第一指揮者にまで上り詰めた。

この軍楽隊については少し説明しなければならない。当時のオーストリア＝ハンガリー帝国では、軍楽隊指揮者と軍楽隊は、ドイツにおけるそれとは全く別物であった。父は吹奏楽団と管弦楽団を任され、毎年ブダペストで、六～八回の大規模な演奏会を指揮していた。家では朝から晩まで音楽の話で満ち、その影響もあって、息子たちは父や祖父の職業以外のものにつくことは考えず、私自身も指揮者になろうと思った。もちろんサッカーやテニスもしたかったが、常に指揮者になることで頭がいっぱいだったのである。

六歳になると、ピアノの勉強を始めた。音楽教師になる学生は、音楽院の方針で卒業前の二年間実践を学ぶため、初心者に教えることになっていた。私はそんな学生に習うため、毎週三回母に連れられて、おとなしく音楽院に通ったのである。そんなに熱心だったわけでもなかったが上達はした。

この音楽院についても少し説明したい。フランツ・リストによって創建されたこの学校の当時の総長は、偉大にして著名なヴァイオリン教育者のイェーネ・フーバイだった。ピアノ科特別クラスはエルンスト・フォン・ドホナーニに率いられ、他の有名なピアノ科の教授にはベラ・バルトークもいた。作曲は、ゾルタン・コダーイとレオ・ヴァイネルである。時間の許す限り、父はピアノのレッスンを聴きに来た。ところが一〇歳になると、すぐに父は私をヴァイオリン科のマンブリーニ教授のもとで学ばせるよう手続きをする。

このことは父の慧眼であった。なぜならば、弦楽器のことを広く理解し、リハーサルで弦楽器セクションを専門的に指導することは、指揮者にとって避けて通れないことだからである。

父はさらにことを進める。十二か十三歳の時だっただろうか、ある日こう言ったのである。「ピアノとヴァイオリンは十分できるようになった。オーケストラのことを理解しようと思ったら、管楽器も理解しなければならない。」というわけで翌日、父のオーケストラの第一クラリネット奏者のアルトー・ベールネル氏（感謝の意を込めてお名前をあげさせていただきたい）から、レッスンを受けることになった。もちろん、名人になれたのではないが、それでも二年間教わったおかげで、木管楽器の奏法を知ることができた。

その後、父は突然私に、金管楽器も習うべきだと言って驚かせた。すぐさまバルブ式トロンボーンを習うことになる。それが済むと打楽器だ。小太鼓のダブルストローク奏法やティンパニのロール奏法も教った。トルコと中国のシンバルの違いも。しかし父は、私が十三歳か十四歳の時、作曲の勉強もさせなければと思ったのであった。

音楽院に入学するには大学入学資格がいるので、ようやく十四歳になったばかりの私にはこれはもともと無理な話であった。しかしながら父は、当時ハンガリーでは尊敬される地位にいたので、教授たちに私の勉強についてかけあうことができたのである。驚いたことに私は入学試験を免除され、作曲の勉強を始めることができた。

というわけで私は、弱冠十四歳で音楽院の学生になったのである。同級生たちは皆二十歳を超え、三十や四十になろうとしている人もいた。音楽院には実に素晴らしい環境があった。コダーイの作曲の授業は非常に魅力的であり、私たちはレオ・ヴァイネルの室内楽の授業を受けられる幸運をかみしめていた。その気になればバルトークのピアノの授業にさえも忍び込むことができた。バルトークは学生に、楽譜に忠実であること、たとえば「モーツァルトが望んだこと以外を求めてはいけない」と繰り返し言っていた。ドホナーニのピアノの授業では、音楽家にとって本質的なことを目の当たりにした。彼は自身の意図を言葉で言い表すことは得意でなかったが、自らピアノの前に座り、非常に魅力的な気高い演奏でそれを示すことができる。それは夢見るようにロマンティックで、ダルベールを思わせるものがあった。ドホナーニのモーツァルトやベートーヴェンの演奏は、今日でもなお私の耳の中で鳴り響いている。このように私たち学生は、ドホナーニとバルトークという、水と火ともいうべき相反する二つの様式いずれをも学ぶことができた。一方はとてもロマンティックで主観的、片や冷徹な情熱と名状しがたい表現力で、楽譜に忠実であることを標榜する尊敬すべき客観主義者。そして両者を結び付ける第三者として、非常に聡明なコダーイがいたのである。

二十世紀の今日、これほどの質の高い教育を提供できる音楽院があるだろうか。今日の若い音楽家にとっても、これ以上の素晴らしい環境は期待できないだろう。これらの巨匠たちの授業は私を含む生徒全員に強い影響を与えた。このような素晴らしい音楽院が存在したこと自体がまれなことなのであり、私たちハンガリーの若い音楽家は、そのことに感謝しなければならない。

私たちはさらに別種の好条件にも恵まれていた。ブダペスト音楽院には、二つのコンサートホールがあるが、一つは舞踏会用ホールで、もう一つはいわゆる音楽院ホールである。たいていのオーケストラ演奏会はこの二つのホールで行われたので、毎日のように午前中には著名な指揮者によるリハーサルがあった。メンゲルベルクが来たかと思えば次はワインガルトナー、クライバーの次にはシューリヒト、フルトヴェングラーに続きクレンペラーやブルーノ・ワルターといった具合だ。妨げるものは誰もいない。二階のオルガン席に忍び込みリハーサルを聴く、このことは私たちの人生においてこの上ない宝物となった。

父が、あるときまた私を呼んでこう言った。「私のオーケストラには実習生制度がある…。」父のオーケストラは百人を超える男性で構成されていたが、十二歳以上の青年を実習生として採用し、必要な教育を施し後継者として育てるのである。父は、この音楽実習生の楽団の指導を私に任せたのであった。毎週三回、私はフルオーケストラで古典派の交響曲を指揮することができた。時々父は様子を見に来て、たいていはダメ出しをされるのだが、常に誉めてもくれるのだった。

当時父は、ハンガリー・ラジオ放送局で週一回、放送のための演奏をしていた。忘れもしない。ある日の午後五時の放送で、こんなことがあった。プログラムの最初は、《タンホイザー》の「大行進曲」。オーケストラは着席し、チューニングも完了。五時十分前、そして八分前、五分前、いつもやってくる父が現れない。ここで最古参の楽員が私のところにやって来て（私は小さな子供の頃から、オーケストラにはよく出入りし、楽員たちとも顔見知りになっていた）、こう言ったのである。「ねえフェリ君、もう演奏を始めなきゃいけない時間だ。お父さんの代わりに振れるかい？」。もちろん有頂天になって承諾した。アナウンサーもとてもよく心得ていて、こうアナウンスした。「では、第一歩兵連隊付属管弦楽団の演奏をフリッチャイ氏の指揮で始めます。」指揮者の名前が、リヒャルトなのかフェレンツなのかは伏せられていた。

私はうまい塩梅にトランペットのファンファーレで、《タンホイザー》の「大行進曲」を始めた。曲の中ごろに扉が開いて、将校用コートに身を包み、石のように立ちすくんでいる父の姿が見えた。彼は息子が自分の代わりに指揮をしているのを見たのである。二曲目からはもちろん父自身が指揮をした。

演奏のあと、父は上機嫌で言った。「どうしてお前が指揮することになったんだい？」「お父さん、あの状況を何とかしたかったからだよ。団長さんが言ってくれたので、その通りにしたんだけどね。」と返事をした。父は私を見ながら「まあ、演奏は悪くなかった。」このとき父は、「息子は将来指揮者になる」と確信したのだと思う。

それからというもの、私は音楽院において、時には息抜きをしつつもますます熱心に学びながら、その一方で中学校にも通ったのである。一九三三年には、十九歳の私は修了試験の舞台に立ち、楽劇《ニュルンベルクのマイスタージンガー》の一節と、自作の《シラノ・ド・ベルジュラック》序曲を指揮した。私は多少コダーイ風のロマンティックな作風の曲をたくさん作ってはいたのだが、それらのほとんどはさして重要ではない。

今や独り立ちの時が来た。当時の歌劇場の支配人が試験官の中にいたのだが、翌日私は、「歌劇場に来られたし」という通知を受け取る。とても興奮してしまった。自分が将来どうなりたいのか、よくわかっていたからである。かくして私は聖なる歌劇場支配人の部屋に足を踏み入れた。

この支配人氏はハンガリーのオペラ界を再編したという、厳格な教授のような人で、私に「歌劇場で働きたいか？」と尋ねた。

「いつから指揮することになりますか？」というのが私の答えである。

それを聞いた彼の鼻眼鏡越しの視線は冷たく、否定的であった。「いや、当たり前のことだが、練習ピアニストになってほしいのだ。」

私は、「練習ピアニストになるつもりはありません、指揮者になりたいのです。私にどんな才能があるか、お見せしましょう。」と答えた。

私の強情さは、きっと支配人には良く思われなかっただろうと、今でもはっきりと思い出す。すなわち彼は私に、身の程をわきまえるようにと言ったわけである。私はそれについて省みることはしなかったし、したくもなかった。私は指揮者になりたかったので、それならセゲードの軍楽隊長になるほうがましだった。セゲードの町は当時、ハンガリーの二番目に大きい都市で、十六万の人口があった。当時引退した父の後任の軍楽隊長はブダペストに呼ばれて行ったので、そのポストが空いていたのである。

すぐに五十三人の志願者の中から、私はフィルハーモニーの指揮者に選ばれた。こちらのほうが、歌劇場の練習ピアニストになるよりもはるかに重要だった。私はその後、士官候補生になり、さらに少尉、中尉、そして最終的に大尉にまで昇進する。もちろん外出時には軍服を着、左の腰にはサーベルも下げるのだが、これにははっきり言って、慣れるのに一苦労だった。私は一度ならずサーベルをなくしたり、それに躓いたりしたが、とにもかくにも軍楽隊長だったので、そうしたことを我慢しなければならなかったのである。上官たちは私のことをよく理解してくれていた。一種の無礼御免の特権を私は持っていたのである。

私の屋外演奏は好評を博していた。プログラムには楽劇《ニュルンベルクのマイスタージンガー》前奏曲とベートーヴェンの交響曲第七番がしばしば登場する。いろいろな作品を次から次へと吹奏楽団用に編曲して演奏した。聴衆はしかし、屋外演奏会を聴くだけでは満足しなかった。お金を払わなければならないにもかかわらず、たくさんの人たちが私の管弦楽演奏会に来てくれたのである。私がセゲードの管弦楽団を引き受けたときには、定期会員は二百六十人だったが、その後の十年間で二千人を超えた。私はそのことを今日でも誇らしく思っている。年間十二回の定期演奏会には、指揮者にはドブロヴェーン、メンゲルベルク、ソリストにはドホナーニやティボー、コルトー、シゲティらが登場した。

バルトークとは素晴らしい思い出がある。数度、彼と共演する機会を得たが、それ以上に、もっと素晴らしいことも経験した。私は今も、彼の歌劇《青ひげ公の城》のピアノ編曲譜を所有している。それは彼がブダペスト歌劇場でリハーサルをしていたときに使用していたものである。それに彼は気付いたことを即座に色鉛筆で書き込んでいた。後に私が歌劇《青ひげ公の城》をレコード録音した際にはこの譜面を使用することができたが、そこには彼が言った音楽上の注意事項を他の人が書きつけてもいて、これも参考になった。バルトークは、「この歌劇は、全編にわたって救いのないアダージョでなくてはならない」と言っていた。私はこのような優れた人と一緒に音楽をすることができたことに喜びと幸せを感じている。

二年目には市立劇場でオペラの上演をすることが許され、劇場での手仕事を一から、それも組織の中で身につけることができた。

一九四一年、ハンガリーも参戦することになり、ハンガリーの軍隊は、それまでユーゴスラビア領だったバナートを占領する。平穏な日常は終わりを告げ、近所でも銃声が轟くことがひんぱんにあった。ベートーヴェンの交響曲の問題に没頭しているほうがよかったのだが、当時は戦時下で、私は軍人であり、ただ少なくとも前線に行く必要がなかったというだけのことである。三年以上たって戦争が終わり、ハンガリーはロシアに占領された。

私は結婚して三人の子供がおり、家族とともにブダペストのある療養所の地下室に隠れ、すべてが過ぎ去るのを待っていた。ロシアの占領から一週間後、オーケストラの仲間たちから連絡があり、三日後、演奏会を持つことになった。こうしてほんの数百メートルしか離れていない場所ではまだ戦闘が行われているにもかかわらず、ハンガリーの劇場における、戦後最初の演奏会が行われたのである。

人々は私たちが生き延び、音楽の火が消えてしまわなかったことを喜んでくれた。かつて手荷物預かり所があった地下室ではあったが、二月にはもう歌劇場でも最初の演奏会を指揮することができ、四月にはブダペスト国立歌劇場で、歌劇《椿姫》を指揮してデビューした。この晴れの日は、私にとっては同時に悲しい日でもあった。既にひと月前に亡くなっていた父にはこれを見せてあげられなかったからだ。

三十歳になったとき、ブダペスト歌劇場に招聘された。ここは私の生涯で最初にかかわった国際的水準の劇場で、千二百席を備える素晴らしい建物、豪華な声楽陣による伝統のあるアンサンブルと卓越した管弦楽を備えていた。

この歌劇場において、惜しいことに夭逝してしまったが、偉大な音楽家にしてイタリア人指揮者のセルジオ・ファイローニと知り合えたのは素晴らしいことだった。彼はイタリアの伝統を見事に体現していながら､それでいてワーグナーの演奏に並外れた才能を示していた。

同じころ、私にはブダペストのオーケストラの再建が任されていた。一九四六年に、当時まだブダペストとヴィーンの間には正規の郵便が復旧していなかったにもかかわらず、どういう経路を経てか私はヴィーン・フィルハーモニー管弦楽団から出演を打診する電報を受け取ったのである。あらゆる手段を尽くして返事を出そうとした。電話もなかったので、私はヴィーンに向かって「行きます！」と叫びたかった。しかし、私の回答が回り道をして届いたときには、既に遅かったのである。落胆していると四週間ほどしてから、今度はヴィーン国立歌劇場より招聘したい旨の知らせが届き、フォルクスオーパーで指揮することになった。そういうわけで同年、私は難しい交通事情の下なんとかヴィーンに出て、歌劇《カルメン》を上演した。当時の総監督オイゲン・ヒルベルト博士に、ヴィーン国立歌劇場と継続的に出演できるように道筋をつけてもらったおかげで、次のシーズンにも指揮することになった。

こうしているうちに、一九四七年春、ヴィーンでの音楽祭への招待状が届く。私はわがブダペストの交響楽団とともに、バルトークのヴァイオリン協奏曲とドヴォルザークの交響曲第九番《新世界より》を演奏した。

翌々日、ザルツブルク音楽祭における、オットー・クレンペラーの補助指揮者の依頼があった。音楽祭は翌月には始まる。私は、ゴットフリート・フォン・アイネムの歌劇《ダントンの死》の総譜を詳細に調べた。熱考してほどなく承諾したが、一つ条件を付けたのだった。七回の上演のうち少なくとも一回は私自身が指揮したいと。

「そのような教えを喜ばない者は、人間としてはふさわしくない」

ベルリン市立歌劇場との契約期間を終え、私たちはスイスに移り住むことにして、ボーデン湖に面したエルマティンゲンにやってきた。本当に幸せで満足であると言えることが嬉しい。私たちは天国のように素晴らしいところに住まいを見つけたのであり、ここに終生住みたいと思っている。

演奏旅行に出る日がやってきた。既に一九五二年からこんな生活である。エディンバラ音楽祭を皮切りに、イタリアのスカラ座、その次はパリ、ロンドン、スカンディナヴィア諸国。アムステルダムではコンセルトヘボウ管弦楽団と演奏し、そしてまたアメリカ合衆国と南アメリカへ。私はいわゆる「旅する指揮者」になっている。

演奏旅行をするのが良いのか悪いのか。多すぎるのは嫌である！　しかし、演奏旅行はやらなければならない。ほうぼうで成功を収めるために旅行をする必要は必ずしもないが、各地の聴衆や、特にオーケストラからの刺激は自分自身の能力を高めるうえで不可欠なのである。ベルリン・フィルハーモニー管弦楽団やヴィーン・フィルハーモニー管弦楽団、素晴らしいコンセルトヘボウ管弦楽団と演奏をすることを、いったいどんな指揮者が厭うだろうか。そんなことはとうてい考えられない。えもいわれぬ、真似のできぬカンタービレと爆発力のあるスカラ座管弦楽団、精神的な順応性が高くきわめてよく訓練されているベルリン・フィル、オルガンのような響きを出すコントラバスと軽く浮遊するような響きによってビロードのような柔らかさを出すヴィーン・フィル、深い音楽性と名人芸を兼ね備える冷徹な知性のロンドン・フィル。私がこれまでに経験した中で最も美しく素晴らしい金管グループの、決して粗野になることのない強奏が特長だった以前のＲＩＡＳ交響楽団（今日のベルリン放送交響楽団）。このオーケストラとバルトークやコダーイの曲を演奏するのを最も好んでいたと、私は告白しなくてはならない。

それから、ミュンヘンの音楽総監督への要請が来た。ルドルフ・ハルトマン教授が私をその地位に呼んでくれたのである。当地のオーケストラや歌手たち、そして聴衆から受けた愛情や献身は、私の心に強く生き続けている。しかし、日々の雑用や管理業務、演奏曲目を決める際の問題などが、勉強をしたり必要なことをする余裕を私に与えてくれない。そこで、この素晴らしいがあまりに過重な任務から解き放ってくれるよう、契約の満了の数年前から申し出ていた。とはいえ、私はミュンヘンのことをよく思い出す。それは実に素晴らしい都市であり、この町こそがドイツの音楽シーンを形作っているのだ。

ミュンヘンを離れてから、私は病を得、辛い日々を送り、何度も死と生の間をさまよった。今日では、これらすべては必要なことであったと思っている。私にはよく考える時間が与えられた。善と悪とはなんなのか、なぜ私は音楽家になったのか、他人を指導するということはいかなることを意味するのか。ここに来て、私の天職と使命を、これまで以上に真剣に責任をもって理解しなければならないと悟った。

私はまた、指揮者とはそもそもどうあるべきか、また将来私はどうあるべきかをよく考えてみた。指揮者とは独裁者でなくてはならないのだろうか？　いや、決してそんなことはない！　もし独裁者だったら、あまたの独裁者と同じ運命をたどることになる。百もの頭を持つ敵に打ち負かされてしまう。指揮者とは、その知識を音楽に翻訳でき、オーケストラの楽員たちと連帯感、仲間意識を築けてこそ存在しうるのだ。正反対な考えにも耳を傾け、彼らの先を行き、納得させ、味方につける。そのうえでこそオーケストラを意のままに操るだけでなく、協働による創造を成し遂げることができるのだ。指揮者は人々を自分のもとに統合するのではなく、オーケストラを真の友人として、作品へ導いていかねばならない…。

モーツァルトはこの世に生きた人々の中で、もっとも偉大な人の一人である。彼は、歌劇において言葉と演技は、音楽の優位の下に位置づけられなければならないと考えていて、歌劇を通じて、すべてを完全に表現することができた。《ドン・ジョヴァンニ》においては破壊の魔力がある。それは悪霊に神の裁きが下されるという、古典期的概念における神意としての破壊でありながら、しかもすべてが軽やかに表現されている。《魔笛》においては、人間の愛と知恵を表現した。《フィガロの結婚》では、悲劇的、革命的な背景の下、幸福感と感謝、そして朗らかさに満ちた大団円で夫婦愛の勝利を感じることができる。《コシ・ファン・トゥッテ》においてモーツァルトは、神のごとき慈しみをもって、愛のトラブルを扱っている。観る人は、笑うべきなのか悲しむべきなのかわからなくなってしまう。モーツァルトが、「愛の問題なんて軽々しく取り扱うものじゃないよ。笑っているが、心当たりがあるんじゃないのかい。些末なことを真面目にとりすぎだ。軽く笑い流す、それこそが『女はみなこうしたもの（コシ・ファン・トゥッテ）』ということなのさ」と言っているようだ。モーツァルトの音楽は、私たち人類のこの世の歩みを飾る、神からの至高にして純真極まりない贈り物なのである。

指揮者がこの金の翼を持った天使のことについて、彼の交響曲やディヴェルティメント、合唱曲、協奏曲などに、どれほどのことをさらに付け加えることができるだろう。モーツァルトという謎と奇跡は、たとえ音楽家がその一生を費やして取り組んだとしても、完全に解明されることはない。しかし、彼を理解しようと、彼の音楽とともに毎日過ごすだけで、人生は意義あるものとなるだろう。

モーツァルトを通して、人はより善き人となれるのである。

私の道

拝啓　ヘルツフェルト様。神がお与えくださった私の才能に対し、私自身が否定的にも肯定的にも見ていることをご理解いただけるでしょうか。私はその才能に対して誠心誠意正面から向き合い、自分自身が成長できるように、時には精力的に、また時には心穏やかに仕事をするように心がけてきました。このやり方は、ほかのだれからも影響を受けたわけではありません。なぜならば私は自分の活動の目的を、功名心からではなく、天職において「なされなければならぬ」という気持ちからはっきりと見据えているからです。これは、内なる必然です。偉大なる巨匠たち、特にモーツァルト、ベートーヴェン、ブラームス、ヴェルディそしてバルトークという予言者たちに、私自身がふさわしい奉仕者であると感じられるまで、満足感や幸福感、心の平静などを感じたことはありません。

これは音楽特有の、言葉では言い表せない概念であり、何とか言葉によって表現できないかと常に試みられているものであります。しかし、もし音楽に内在するものが言葉で表現できるものならば、音楽の比類ない偉大さと主体性はその拠って立つところを失うことでしょう。この概念の秘密に迫るためには、ある程度の才能のある音楽家たちがその生涯にわたって繰り広げる戦いのみでは不十分であり、音楽の孤高の天才がその生涯の最後の日まで、その解明に向けて努力を続けるべきであると確信しています。

私は今日、神と運命による幸と不幸を受け入れ、また、すべてのことにはそうあらねばならぬ理由があるのだということを、人間としてまた芸術家として知ることができたことに感謝をしております。今日、以下のように考えています。

私が常々強調しておりますように、三四歳にしてベルリンにおける指揮者としての高い地位を占めたことは早すぎるけれども、必然的であったという見方は全く正しいと思います。ドイツ生まれではない私は、ドイツで、特にドイツ音楽界の中心であるヴィーンとベルリンで活動と生活をし、ドイツのクラシック音楽界で重きをなしました。私の場合のように、このような時代に人生の重要な時期が偶然に重なったことは、この上ない幸運でした。私はブダペストで、何と素晴らしいクラシック音楽の教育を受けることができたのでしょうか。それは、同地の音楽院で教えていた、二〇世紀の今日までで最も偉大にして忘れがたい先生方のもとで行われたのです。それでも、ベルリン時代は私の成長のために必要でした。ベートーヴェンやブラームス、シューマン、メンデルスゾーンなどをたんに指揮するだけならば、割のいい簡単な仕事であったでありましょう。しかし私はこの仕事を、私の成長にとって過不足なく必要な課題として課したのです。私はプログラム編成に際して慎重を期しましたが、ドイツのクラシック音楽の内面性や歌謡性、暖かさといったものに代えて、冷徹で寒々しい現代音楽をプログラムに組んだという、いわれのない批判を受けました。型破りなことはしていないのに、事実無根のことに対して反論をしなければならないとは、私にとって時に辛いことでした。なぜなら、私は歌謡性と演劇性のもとに生まれ、その特性は深く歌謡性に根ざしており、それに基づいて演奏をしているからなのです。旋律性というものは人間にとって、音楽によって以外では表しようがない表現手段であり、それが私に生来備わったもっとも親しんでいる言語であることを、私自身以上に知っている人はいなかったわけです。

私はドイツのロマン派と古典派音楽の演奏が、思い描いたようなレベルに到達する時が来たと感じられるまで、慎重に辛抱強く努力しました。ベルリンやミュンヘン、ヴィーンなどにおける、偉大なる指揮の先達たちの後継者としてふさわしいように、それらの曲を演奏しようと心がけました。

そのためには、模索が必要でした。多岐にわたって勉強する必要がありました。指揮に関してだけでも、スコアの知識だけではなく、作品自体の理解、内容の理解などが必要でした。それらは、たとえば「悲哀」と「ドラマの悲劇性」、「楽しい気分」と「生きる喜び」、「嵐のような生きる喜び」と「情熱的な喜びの爆発」などといったことの区別ができることが前提となっています。そして、大成功や失敗、誤解からくる間違った批評、同僚に対する失望、真の交友の喜びなどを経験することも、よい肥やしになるのです。

時を得たかのごとく、「健康上の危機」という形をとって試練がやってきます。何か月もの間、自問する日が続きました。「私は人間として、また芸術家としていかに生きてきただろうか？　どちらの道もまだたどることができるのだろうか？」　同時に、これまであなたに仕事上の最大の問題と申し上げてきた、つまり音楽上の表現に関する課題を解決するために、同僚との問題や、他人に対する共感、他の違う考えに対する理解などのため、これまで以上に取り組まなければならないことも自覚したのです。この時間は、私の人生上のあらゆる方向における課題を身近なものにしてくれました。私はその解決のために、自己満足したり、また抜け目なく妥協して生きてきたとは決して申したくはありません。病を得る以前からしていたように、自分の才能を信じて、これからも注意深く進んで行かねばと思っています。

これまでに人から受けた助力は、まことに心に沁みました。病床から再び起き上がることができたとき、それはひとえに多くの人の善意によるものであることを覚ったのです。感謝したいと思います。演奏会を重ねるごとに、数えきれないほどの賛辞をいただきました。演奏活動によって人々の人生を豊かなものにする仲介者たり得たという実感が持てる、この称賛の言葉には、望外の喜びと幸せを感じております。

以上を、与えられた試練により私は心に刻みました。病気を得たものの、またそこから快復することができたことについて、神と運命に感謝しています。このことを生涯忘れまいと思います。なぜならば、このような試練を乗り越えたことは、人生におけるたんなる一場面ではなく、神による勲章のようなものであると信じるからです。私は病床で心の底から願いました。できるものならもう一度生きたい、健康になりたい、と。

一九六〇年一二月五日　いつもあなたの　フェレンツ・フリッチャイ

モーツァルトとバルトーク

フリッチャイとメニューイン、1961 年、ベルリンにて

はじめに

フェレンツ・フリッチャイがモーツァルトとバルトークについて述べる時にどんな言葉を選ぶか私にはわかっている。その言葉は正当なものであり、繊細で情熱と共感のあふれる彼の本性を映し出すことだろう。フリッチャイはその全人生にわたってモーツァルトとバルトークには全く特別ともいえる思いを抱いていた。彼のこの最も深く情熱的な解釈は、人間性を守るためいつの時代にも持ち上がる問いに対して、まさしく神託のような答えとなっているのである！

フェレンツ・フリッチャイの言葉、すなわちこの音楽の祭司長による告知は、彼の音楽活動の一部を表すにすぎないとしても、それは実際に一つの宝と言うにふさわしい。

一九六一年一〇月二九日　ニューヨークにて

ユーディ・メニューイン

音楽、この汲みつくせないテーマ

音楽によって私たちは人間が共有している理解の領域を踏み越える。音楽において表れているのは、より高く、より秘密の、また当然にしてより主観的なものである。なぜなら音楽の表現は言葉では担えないものだからだ。もし音楽の価値が測れて表せるものなら、音楽は正当に存続しないし、余計なものになってしまうだろう。

愛、喜び、心配、不安、嫌悪のような言葉は、なんと表現が貧困なことだろうか。これに対し、これらの概念を感じることができるならば、それはなんと豊かであることか！「不気味な Unheimlich」という概念を、実際に人に感じてもらうよう言葉で表現するのは、とても手間がかかる。しかし、私たちの魂はこのような感覚について無限に多くのことを知っているのである。

音楽の秘密の言葉を知るなら、《ドン・ジョヴァンニ》序曲のほんの数小節を聴き体験するだけでよい。そこでは騎士団管区長が石像となって現れるさまが描かれるのだが、ヴァイオリンはフルートとオクターヴを成して上りまた下る。既に聴き手は不気味さに襲われ、管区長に不安を覚える。言うなれば「舞台上」の全てのことを共体験する。真夜中、下界の幽霊を呼び出すような石化した客の登場、死の数分前――フルートの上行音階は風を表しクレッシェンドはその頂点には達せず悟られる前に減衰する――まるで風で揺れ動き決して閉まることがない窓のようだ――そして、その下では脅迫するような冷酷なリズムがバスによって奏されている。人は息ができず、今にも窒息するような感覚に襲われる。何という不気味さ！　これら全ては数秒、数小節のうちに起こったのであり、音「だけ」によって生じさせられたのである…

この地上で彷徨っているうちに、音楽、この神からの贈り物を知らないまま死んでしまうとしたら、その人生はあまりにも哀れである！

あるいは――私たちは愛というものについてどう理解しているだろうか？　人は愛を感じねばならない。愛は言葉でとらえることはできない。私たちの精神は言葉で語るが、音楽によって語るのは私たちの魂なのである。モーツァルトが多くの歌曲やアリアの中で表現したように、もし私たちの中でも愛が生きていることを感じられないなら、既に愛について何を知っているというのだろうか？

たとえば彼の《フィガロ》において「どうか許しておくれ」は高貴な妻への賛美と許しへの嘆願を表現している。スザンナの「恋人よ、はやくここへ」（薔薇のアリア）では夢における愛の成就の体験が、変ホ長調のフィガロのアリア「さあ目を開けろ」ではひどい嫉妬が、ドン・ジョヴァンニのツェルリーナとの二重唱「お手をどうぞ」では目前に迫る愛撫への期待と感触が見られる。オッターヴィオのト長調のアリア「彼女こそ私の宝」では、相手と心配や喜びを共にする二つの魂の完全な一致が示される。タミーノのアリア「なんと美しい絵姿」では理想の一目ぼれが…。

ベートーヴェンの《フィデリオ》の二重唱「おお、言いようもない喜び」では、夫婦が共に、乱暴な別離の後に新ためて一緒になったという、沸き立つような喜びをほとばしらせる。

ビゼーの《カルメン》の「花の歌」はそれ自体に小さなドラマを内包している。地下牢で絶望的な孤独にさいなまれている一人の男は、いい香りのする小さなしおれた花を持っている。彼の愛は変わることがないばかりか、さらに深くその瞬間を体験することができる。なぜなら彼はしおれた花を本物の愛の陶酔に交換できるからだ。

ヴェルディの《トラヴィアータ》第三幕での二重唱「パリを離れて」で、愛は既にその最後が密かに迫っていることを知っている。見えない涙を目にため、心で泣いて、愛する者は互いに笑い合いながら欺き合う。二人は幸福の街パリで、新たに咲き出た愛と、接吻によって元気づけ合う。結ばれることは彼らの魂の中か彼岸でのみ可能であるということを、半ば悟り半ば感じているにもかかわらずである。

グルックの《オルフェオ》のアリア「エウリディーチェを失って」では、夫婦の愛が悲痛にほとばしり出ている。一人が死ねばもう一人は残されるだけでなく、苦痛と憧れのあまり生きていけなくなり死ぬのである。

これらの作品はみな、大なり小なり「ヒットソング」になった。そうなったのは非常に美しく耳に残る旋律であるからだけではない。全ての人がそれらの中にいくらか自分自身の愛を発見する——あるいは愛を夢想するからでもある。また、これらの曲が有名になったのは、どんな小さな心の動きも、作曲家の言いたいことであり表現したいこと全てが、歌手の言葉によって全ての人に同じように理解されるからである。複雑でない素朴な聴き手は、音楽はテキストの説明であると思い込む。本当は逆で、最も表現豊かなのは音楽であり、言葉が説明の要素なのである。もし音楽が人間の声や言葉と結びついているなら、全ての人にもっと簡単に理解されるだろう。しかし、絶対音楽が私たちに語り掛けるのは最も偉大で美しい秘密なのだ。その秘密は言葉によっては把握できない体験であり、ただそれがわかる者にしか理解されないのである。

「どんな物体も、すなわち天空も星座も大地も王国も、最少の精神より軽い。なぜなら精神はそれらの一切を、そして自らをも認識するが、物体は何も認識しないからである。物体からは最少の思想すらも生まれない。それは不可能である。なぜなら思想は別の秩序に属しているからである。」パスカルのこの言明はこれまで述べたことにも当てはまる。

精神から生じる思想は、頭脳を通じて自らの道を見出し、肉体の仕草や舌の動きで表現される。思想は耳へと達し、鼓膜の共振によって頭脳へと伝えられ、そこから再び秘密に満ちたやり方で理解される。このように人間の言葉は、精神から精神への仲介を行うのである。

しかし、私たちの心の動きや感情を表現するもう一つのやり方もある。それは芸術の言語であり、言葉でなく色や線や寸法によって、音の違いやリズムや強弱によって私たちに語る。この言語の中で最も多様で秘密に満ち、しかも最も神的な芸術は音楽である。何という秘密がそこにはあるだろうか。性愛について考えることなく、音楽は私たちに愛についての全てを感じさせることができるのだ。私たちは魂において最も高い充実を、最も純粋な完成を音のみによって体験する。これこそは神の秘密であり贈り物、私たちの人生で最も見事な美化ではないだろうか？

この秘密の言語についていくらかでも説明すること、この秘密に満ちた偉大なものについてせめてＡＢＣくらいは、少なくとも最初のＡだけでも明らかにしようとするためには、私たちはどんな人も理解できる小文字ａｂｃのような段階まで遡らねばならない。

私が母語である「音楽」について、ここであえて外国語である「言葉」で語る理由はこれである。私は言葉によって、これまで存在した音楽の最も偉大な精神を理解するためにあなた方には障害となるものを取り除きたいのである。最も偉大な精神とはまずモーツァルトであり、もう一人は私にとって二十世紀で最も重要な作曲家のベラ・バルトークである。

モーツァルト

モーツァルト・メダル
ジャコモ・マンズー作
（1908-1991　イタリアの彫刻家）

ドラマティックな作曲家モーツァルト

多くの音楽愛好家は、モーツァルトを優美で軽やかで流麗で浮遊するような音楽を書いた人だと思っている。彼らは砂糖や卵白でできているかのように見えるモーツァルトの胸像や肖像画を愛好する。しかし、これほど間違っていることはない！　モーツァルトは激情に満ち、情熱に満ち、全ての小節が——もしこう言ってよければ——ドラマで一杯なのである。

既にロココ時代、モーツァルトの音楽は当時の表現という意味ではロココ音楽ではないということを、人は少なくとも知っていた（あるいは感じていた）。今日、私たちがモーツァルトの音楽を「ロココ」であると考えるなら、モーツァルトはそのロココを初めて作り、私たちのために創造したのだといえる。当時、彼は刷新者であり、革命家であり、粗野であるとさえ見られていた。

シュトウットガルト出身の宮廷音楽家であるシャウルという人が、モーツァルトについてこう述べている。「モーツァルトとボッケリーニでは何という違いがあることだろうか！　モーツァルトは恐ろしく険しい深淵を通る狭い道や、花の全く咲いていない不気味な森へと私たちを導く。これに対しボッケリーニは何千もの花で覆われた微笑みの地方へと私たちを誘うのである。そこには澄んだ小川が流れ、小さな森が日陰を作っている。」ゲーテの友人で当時のベルリン音楽界の守護聖人であったツェルターも、モーツァルトの音楽はとらえどころがなく生々しいとしてバッハに対比させている。そしてヤコービはヘルダーに《ドン・ジョヴァンニ》が「耐え難い音楽」であると書いている。当時とても権威のある有名な音楽家であったというジョゼッペ・サルティは、モーツァルトの音楽をやかましいだけで規則に反するものとした。聴く耳を持たない野蛮人があえて音楽を書くとはとんでもない、というわけである。真の天才について、何という破滅的な無知であり、誤解であることだろうか！

楽観的なモーツァルト、悲観的なベートーヴェン

モーツァルトは最後の偉大な楽観主義的な作曲家であり——絶対音楽の意味において——最後の古典的な作曲家であった。誤った表面的な見方は、今日でもモーツァルトとベートーヴェンの二人を共に古典的で絶対音楽の作曲家であると考えることである。ベートーヴェンとモーツァルトは互いにかけ離れた独自の世界を持っている。これは決して価値判断ができず、説明やせいぜいのところ解釈ができるにすぎないということなのである！

ベートーヴェンは市民として自立しており、故郷なき人としてその魂の奥底ではロマン主義者であった。孤独な人、孤独を愛する者であり——自らや世界と不断の戦いをする巨人であった。彼は音楽における標題や文学、さらにはロマン主義とも戦う。そして、それにもかかわらずベートーヴェンは非常にロマン的な性向を持ち、深い悲観主義と結びついている。その悲観主義は、彼がそれを常に新たに克服しているにもかかわらず、極めて潜在的で説得力があるので、ベートーヴェンは決して楽観主義者であるとは言われないのではなかろうか。

第九交響曲の第三楽章や《フィデリオ》の最終場面や第五交響曲の終楽章のような、ベートーヴェンの最も幸福な作品においてすら、私は度重なる悲劇を、絶えざる闘争を感じるのである。安らかな微笑みや、真に慰められる、あるいは慰めるような気分は感じられない——彼の音楽の背後には常に不安がある。たとえ彼が笑っても、それはむしろ心から出た笑いというよりは微笑んでいる渋面である。彼の陽光は迫り来る雲によっていつも影を作っている。ベートーヴェンはその生涯において本当に幸せであったことはなかったのかもしれない。

これに対しモーツァルトは楽観主義者そのものである。彼のもっとも悲しい、悲劇的な作

品、例えばト短調の交響曲（第四〇番）、《イドメネオ》の三重唱と四重唱、《ティトゥス》、「アダージョとフーガ」（ハ短調）の最初の部分、ト短調の弦楽五重奏曲（第四番）の第一楽章においてすら、常に――遠い彼方からであるとしても――輝く光が感じられるし聴こえてくる。これはある種の幸福の感情である。おそらくモーツァルトは既に子供の時分に本当の幸福に出会っていたからであろうが、そういうものにベートーヴェンは触れることがなかったに違いない。まさにモーツァルトがそのような楽観主義者であったという事実は、幸福に恵まれた子供時代の環境に原因を求めるべきではなかろうか?!

楽観主義と悲観主義はここでは厳密な意味においてではなく、素朴な意味において理解されるべきである。例えば、世界に満足している楽観主義者も自分自身には満足していないかもしれないし、悲観主義者も自分自身には満足していても、世界とは妥協できないかもしれないのである。

楽観主義と悲観主義において私が理解するのは、楽観主義者にとって喜びは永遠に続いており、苦悩は時折ただ試練となるが、悲観主義者にとって忍耐や苦悩は永遠であり、喜びはエピソードであるということだ。したがって、楽観主義者は危機を耐え抜くが、悲観主義者は絶え間のない葛藤に見舞われる。

この世界への楽観主義者の態度は揺るぎない。彼の周りの生活だけが変わっていくのである。これに対し悲観主義者の人生は不断の戦いである。彼の人生に多様で変化するリズムが流れていたとしても、それは彼の耳には日々の戦いへと誘う単調なリズムにしか聞こえず、退屈なものに感じられるだろう。

楽観主義者は喜びを求めないが、悲しみをも求めない。両方に見舞われれば、彼はうまく調和させる。

悲観主義者は彼自身の悲観主義と闘っていて、喜びを求めることに憧れている。しかし、楽観主義者には毎日は感動で満ちている。彼は自分の人生に期待し満足している。なぜなら大きな喜びの時には彼は大きな悲しみを克服する準備をするのであり、大いなる苦悩の時期には再び大きな喜びを期待するからだ。

絶対音楽とは

この楽観主義のテーゼに沿って、モーツァルトは人生の最も辛い時期に《魔笛》を、人間性にとっての永遠の慰めを書いたのだった。そして、彼が多くの名誉とお金を得てプラハから戻ってきた時、悲しいト短調の交響曲（第四〇番）が生まれたのである。

モーツァルトを絶対音楽の世界において偉大な最後の楽観主義的な作曲家であるとするなら、考えてみなければならないことがある。絶対音楽とは何だろうか。そして、その限界はどこにあるのか。

絶対音楽というものは、音楽が舞踊から離れた所から始まり、音楽が文学や標題と結びつく所で終わるのである。

舞踊は最初はどんな器楽の音楽にも欠かせなかった。これはつまり、人間はまず踊るために音楽をしたが、この音楽はまだ自己目的でなく、自立していなかったという意味だろう。音楽は娯楽に奉仕し、悩みや苦悩を超えて喜びと慰めが得られるよう助けるのである。

これに対し絶対音楽はもはや舞踊ではなく文学や標題でもない。それは自立していて、全く自己のための芸術なのである。この音楽はあらゆるものを呼び出すことができる。変化に富んだリズム、陰鬱な驚愕、玉虫色の希望、甘い苦痛そして狂おしい幸福、呪詛と浄化、破壊と勝利。絶対音楽はあらゆる感覚を最も直接的で緊密な形式で再現することができる。そして、他の全ての芸術から独立しているだけではなく、あらゆる芸術の中で最も美しく印象深いものなのである。

これが絶対音楽の最高の使命、最高の意義である。

ここにおいては形式も重要である。形式によって絶対音楽の生き死にが決まる。そこでは絶対に形式は内容と融合していなければならない、と私は言いたい。

ハイドンはまだ片足を舞踊と結び付けていたし、ベートーヴェンは既に文学と標題への第一歩を踏み出していた。

モーツァルトは最終的には舞踊とは縁を切ったし、文学や標題の方向へは決して近寄らなかった。楽観主義者モーツァルトはその音楽でも人生でも、彼のバランスの取れた精神によって正しい道を見出し、絶対音楽を創造したのである。

私たちが彼の音楽によって人間というものを考察する時にのみ、モーツァルトの秘密は開かれる。彼にとって音楽は人生の基礎であり源泉である。人生が創造の基礎で源泉であるのでは決してない。音楽を書き下ろすことは、モーツァルトにおいては人生そのものである。

音楽が人生を超える

モーツァルトは天才であった。彼の中では法外な才能が素晴らしく芽生え、さらに素晴らしく発展している。

モーツァルトは既に四歳の時に本格的に音楽をしていた。彼の天才はその子供の頭で、ラモー、ヘンデル、司祭マルティーニあるいはスカルラッティのような巨匠が、たんに技術的にだけでなく精神的に伝えてきたことを受け取り理解できたのである。だからモーツァルトは既に子供時代に精神的な円熟を迎えていた。そのほとんどが高い巨匠性に到達していた、これら重要な師匠たちの精神を、彼は理解し自らのものとすることができたのである。

この神童はその後二十年間、彼の最後の作品を書くまで、倦まず弛まずさらに成長している。

その実生活はこじんまりとし貧しいものだった。人間としてのモーツァルトは、彼自身のまばゆいばかりの天分の陰で恥ずかしそうにたたずんでいる。音楽のために彼は人生を忘れたのである。彼の《ドン・ジョヴァンニ》、《魔笛》、《ジュピター》やト短調の交響曲は、モーツァルト自身よりもはるかに興味深く、素晴らしく、美しく、そして謎めいている。

人間モーツァルトについて知りたいと思えば、彼の手紙を読めばよい。彼は何と愛すべき純朴な人間であったことか。両親思いで子供のような人であった。しかし、《フィガロ》《ドン・ジョヴァンニ》そして《魔笛》の作曲者についてではなく、ここではその総譜についてのみを語ろう。

モーツァルトが父に宛てて、自分はあらゆるスタイルに順応できるし、それらをマスターしている、と書いた時、彼には形式上の問題はなかったと理解してよいであろう。偉大なロマン派の作曲家においては——ベートーヴェンでさえも——形式と格闘するということは本質的にあった。モーツァルトにとっては、闘争ではなくもっぱら創造が重要なことだった。もちろん、彼の中で全てが完成されていたということではないはずである。彼自身が自分はもっと学ばねばならず、これまでも多くの努力をしたことを知っていた。しかし、それは努力であり苦心であったが、決して闘争ではなかったのである。

音楽の楽園で彼は人生を超えて漂っていた。彼の眼はただ理想だけを見ており、耳は音楽だけを聴いていていた。

四歳の時、彼は女王の膝の上に座ったが、その才能を褒められると泣き出してしまう。死の床で、彼は仕事、つまり「レクイエム」の作曲のことだけを考えていた。そして、三五歳で彼は世間から忘れられ、共同墓地に葬られてしまった。人生は彼の労苦に完全には報いていないのである…。

音楽は彼の信仰だった。そして、いくらかは音楽のキリストのようなところもあった。

この芸術家は最初から迷いはなく、自分の魂がただ音楽においてのみ信仰と充実を見出せるということを理解し見通していた。他のどんな音楽よりも明晰に真理を映し出す彼の音楽は、いつも超自然的なもの、理想的な夢の世界の反映を伝えるのである。

真理と理想はモーツァルトの魂に常に同時に差し込んでいた。この二つはそれぞれの道を行きながら、決してお互いに混ざったり、衝突することはなかった。したがって、こう説明できよう。モーツァルトの音楽はいつもどこか超越的で、あらゆる現世的なものとは疎遠な世界を、天上のハーモニーによって私たちに語るのである。時折、涙を見せることはあっても、その下で微笑みが絶えることはない！

モーツァルト以前のフランス・オペラ、イタリア・オペラは歴史の海に埋もれてしまった。グルックのいくつかの作品だけが忘却の洪水をくぐり抜けているにすぎない。

絶対音楽から生じたモーツァルトのオペラ

モーツァルトは、たとえ彼自身が意識しないにしても、音楽の優位と専制を重視する最初の人である。彼はこれにより初めて音楽劇というものを創造した。モーツァルトにおいてはオペラは絶対音楽から生じたのである。

彼の芸術は完成され決定された音楽言語であり、その主要素はカンティレーナ（叙情的な旋律）である。彼はカンティレーナによって、あらゆる魂のありさま、性格、状態を、他には誰もなしえないような方法で表現し記述できた。モーツァルトは彼の作品によって初めて、また今日まで唯一の者として、幾多の対立と絶え間ない二重性を持つ人生の全体を呼び出すことができたのである。

人間存在の二重性を再現するのは、人間を近くからでも距離を置いても同時に見ることができ、幻想を抱かずに全てを運命の豊かな流れの中で美しいと思える芸術家だけができることである。

そのような芸術家はシェイクスピアでありモーツァルトだった。彼らだけが悲劇的なものを喜劇的なものと有機的に結び付けることができた。なぜなら、彼らは人生のこの分かちがたい統一性を最もよく知っていたからである。プラトンがかつて抱いた夢、すなわち一人で悲劇も喜劇も生み出せるような詩人が現れるということ、この夢を彼らだけが実現したのである。

モーツァルトはシェイクスピアよりもさらに多くの可能性を持っていた。彼は手段においてより豊かだった――音楽を持っていたからである。言葉とカンティレーナによるドラマを自由に使えるなら、出来事と感情を同時に表現することができる。

何と超人的な課題であろうか！

しかし、モーツァルトにおいてこれもまた可能だった。ドラマとカンティレーナ、精神的な内容と完璧な形式は同時に創造されたのである。

モーツァルトの旋律はそもそも一つの奇跡である。すらりとして繊細で、そのプロポーションは完璧で明晰、もし必要とあらば恐怖や不安を呼び起こしたり、歓喜や至福を表す。アポロ的な輝きという点でもディオニソス的な灼熱という点でも比類がない。この旋律の豊饒さはモーツァルトによって世界にもたらされたのであり、彼の短い生涯においてはますます美しく開花したのである。このような完成され、あふれんばかりに幸福で、有頂天にさせる、彼を苦しめていた暗い夜にあっても浮世のことを忘れさせてくれるような魔術的な音楽はなかった。

この内面的な充実と並行して、彼の形式技法も完璧なものとなっていたのである。

モーツァルトにおける形式と内容の一致

前に私は、絶対音楽においては形式は完全に内容と合致していると述べた。それを最も見事に示しているのがモーツァルトの作品である。形式をよくマスターしていない人は、芸術においても完成したものを作ることはないだろう。

モーツァルトが用いた形式の中心にはソナタがある。年を経るごとにソナタは彼の創作の中でますます重要性を高めていった。最後の交響曲で、つまり《ジュピター》交響曲の最終楽章コーダにおけるフーガで、モーツァルトは百年の夢を実現する。この厳格な作曲技法を精神的な要素と結び付ける、要するにフーガをソナタの精神と融合したのである。

モーツァルトが歌劇と歌曲の領域で成し遂げた奇跡も小さなものではない。彼だけが成功したこと――彼以降は誰も成し得なかった！――とは、ドイツ音楽をイタリア音楽と、つまり北を南と結び付けたということである。イタリアの歌とその歌謡性が、ドイツの形式技法や論理と連結されたことになろう。

ドイツの芸術はモーツァルトの先にも後にもこのように絶妙な軽やかさを示したことはない。

ヨーロッパから新しい永遠の芸術作品が生まれたのである。

モーツァルトはまだ他にも比類ない再現不可能なものをこの世にもたらした。声でも楽器でも、演奏媒体に潜む特性を最大限に生かして歌わせたのである！　ヴァイオリンはヴァイオリンらしい旋律を歌い、ピアノはピアノらしいハーモニーを展開し、クラリネットは初めてクラリネットらしい輪郭をもって演奏し、オーケストラの響きも多様な性格を帯びるようになり、歌の声部は生き生きした人間の声の表現となったのである。何の楽器を選択するかということが、初めて作品の内容を決定的に左右するほど重要になった。これにより、形式と表現の究極的で不可分の統一が成立したのである。

このような神の恩寵は、モーツァルトに惜しみなく与えられたことだろう。

しかし神だけがモーツァルトに惜しみなく与えたのではない。モーツァルトもまたその才能を惜しみなく与えたのである。彼はその本質からしても贅沢で享楽的であったに違いない。彼は真の完成された「ホモ・ルーデンス（遊ぶ人）」だった。モーツァルトを神々に例えるなら、アポロが最もふさわしい。アポロは人間の顔を持つが、神々しい美しさも放っている。

オペラで発揮された多彩な魅力

モーツァルトのオペラには、その性質も精神も一つとして同じものはない。

《バスティアンとバスティエンヌ》はフランスの原作に基づく田園劇である。

《イドメネオ》はそのさらに発展した形式において、グルックの大きなオペラを下敷きにしており、大きな合唱を伴った古代の悲劇である。この作品には、他の追随を許さない威厳と気品、巨大な力、荒々しく熱い情熱があるが、これらは後のモーツァルトの作品にはもはや見られないものである。

既に序曲において比類ないもの、音楽史上で初めてのことが生じている。導入部は英雄的な性格をはっきり示した後、すぐに海のざわめきが、大きな波打つ音が聞こえてくる。私たちはただ圧倒されるが、すぐにここで海というものが決定的な役目を果たしていることを感じる。

オペラのアンサンブルでも――四重唱において――多様な精神状態が同時に比類なく表現されている。エレクトラの憤怒、イドメネオの絶望、イーリアの感動的な断念、自分には死が運命づけられていてもこれに決然として立ち向かうイダマンテの覚悟。四重唱の最後にイダマンテは自分の死の決意を――これと同じ文句によってアンサンブルは始められているのだが――もう一度繰り返す。彼が声を詰まらせ沈黙すると、オーケストラは彼の困難な道を思ってのむせび泣くような後奏を続ける。

モーツァルトは――彼のその後の傑作においても――この二五歳での最初の大きな作品で示したような悲劇をもはや書かなかった。これに比肩できる崇高な作品は、ずっと後になってハ短調ミサとレクイエムとして生み出されることになる。そこではモーツァルトはもはや人間について歌うのではなく、神との対話を行っている。

《後宮からの誘拐》はドイツ語による最初の本格的なジングシュピールであり、エキゾティックな色彩を持つ、夢見るような牧歌的作品である。

《フィガロの結婚》は、革命の明らかな脅威とその背後に渦巻く混乱の上に打ち上げられたロココの花火である。表面だけを観察するなら、このオペラは夫婦愛の勝利である。しかし、中心的な出来事は――伯爵が彼の問題を解決できないということによって――彼の属する階級の没落なのである。これに対しフィガロは、彼の計略によって、つまり器用さ、断固たる態度、屈託のない力によって――暴力の前にも彼はおびえない！――二十年後に革命を勝利へと導く、かの階級を代表しているのである。

《ドン・ジョヴァンニ》が扱うのは、破滅まで突き進む人生の冒険である。すなわち、デーモンは全てを破壊するのであり、妄想者の内に生じた荒々しい情熱は死をもたらす。最後にはデーモンに神の判決が下るのである。これら全てをモーツァルトはドラマ・ジョコーソ、享楽的なスタイルで書けた。喜劇的なものを悲劇的なものと混ぜることができたのは、世界でモーツァルトただ一人だけである。

喜劇の背後に隠された智慧

《コシ・ファン・トゥッテ》は世間からは、ベルカント・スタイルで書かれた軽やかな色恋物オペラの頂点であると考えられている。神々しく微笑みながら、モーツァルトは抱擁し合う愛する者たちを、再び連れ戻す。彼が私たちに気づかせるのは、コシ・ファン・トゥッテ、――皆そうしたもの！　この言葉を口にする時、「皆」の部分を私たちは強調する。そこで笑うべきなのか泣くべきなのかはよくはわからない。あたかも彼は私たちにこう呼びかけたいようだ。「大切でない時に真剣に愛しても、君は滑稽に思われるだろう。でも、そんな時にいいかげんにすると、見事にうまくいくだろう。注意しなさい。愛というものは笑いごとではない。しかし、女は皆そうしたものなのだ。コシ・ファン・トゥッテ。」

《皇帝ティトゥスの慈悲》は、波乱に富んだ大掛かりなオペラに素晴らしい音楽で再び命を得させようとする、モーツァルト後期の試みである。しかし音楽的な観点からは、このドラマはもはや成り立たなかった。古い時代劇のオペラは既に歌劇場では上演されなくなっていて、この事実を克服することは、モーツァルトをもってしてももはや不可能であった。そして、この作品を作曲した時よりも劇場の状況がよくなった時は、既に彼は多忙のため健康が損なわれていたのである。

そして最後に《魔笛》を。この作品は人間の愛と知恵への賛歌であり、象徴的な童話劇であるが、民謡からオラトリオ風の合唱、ドラマティックなコロラトゥーラ・アリアまで、全てのものが含まれている。私たちは英雄でもなく普通の人間でもない人物に出会う。パパゲーノは鳥刺しであり、自然人である。モーツァルトはパパゲーノに思うことは何でもずけずけと言わせている。夜の女王は、その憎悪においては冷酷非情で、際限なく復讐に駆り立てられ、「暗闇」（象徴的に言えば夜！）の憎悪の国の代表者である。彼女には忠実で風変わりで不気味で説明しがたい侍女たちがいるが、これと対照的なのは三人の童子たちである。彼らは「純潔な人」、達人であり――隠されることのない透徹した真理のように――必要不可欠な道案内人として登場する。

ザラストロは偉人、賢人であり、人間、愛、そして隣人愛を信じている。彼の口からはもっと素晴らしい人生をもたらす偉大な賛歌――それを人は肝に銘じるとよかろう！――が響き出る。「この聖なる大広間では人は復讐というものを知らない。」大広間は現世と考えるべきであろう。この大広間の上には天上界が開けている。これほど崇高な旋律を持つ賛歌はないだろう。テキストの第二節は、人類が自ら宣言すべき賛歌として採用してもおかしくないものである。「人が人を愛するこの聖なる城壁においては裏切り者はいることができない。なぜなら敵でもここでは許されるからである。そのような教えを喜ばない者は、人間としてはふさわしくない。」

ここで私たちが出会う二人の人物はパミーナとタミーノである。

パミーナは最初は純真な真面目さに溢れた子供だが、思慮深い性質を備えるまでに成長していく。尊敬する母からザラストロを殺すよう命じられる時、パミーナはこれまで何よりも大事であった母との縁を切り、タミーノと同じ試練を耐え抜くことを望む。信じるのはただ一つ、真実であり、望むのはただ一つ、愛である。彼女は純粋な人間であろうとし、その理想は幸福で報われる。

タミーノは若くて勇ましいが、短気で思慮を欠く貴族である。彼は感じることだけは学んだが、考えることはまだ学んでいない。彼のパミーナへの愛、すなわち彼女を解放して味方にすることが、彼の最大の目的であった。力づくで道を切り拓こうとした彼が悟らねばならなかったのは、自分が無防備の哲学者に剣を向けていたということだったのだ！　何と素晴らしい思想であろうか！　そして、この二重唱において（これについてはまた後で触れたい！）、モーツァルトはドイツのオペラ史の基礎になる偉業を成し遂げたのである。この認識を得て、タミーノは男から人へと成熟する。ただ試練により成熟した人だけがその問題を解決し目的を遂げることができる、ということを彼は理解する。彼は試練を受ける。知恵、独立、そして誠実さが人生において最も価値があるものであり、これらによってのみ人は目的達することができる、ということを今や彼は知ることになる。

こうモーツァルトは私たちに教える。これを世界も認識するべきだろう。早ければ早いほど私たち全てにとってよいことだろう…。

実際のドラマはそれゆえに、パミーナとタミーノという、ただ人間性だけを体現している二人の人物の発展の中にある。

モーツァルトは国民的なドイツ・オペラであるこの彼の最後のオペラにおいて、シュプレッヒゲザングの基礎をも遺言として残している。弁者とタミーノの二重唱なくしては——私は既にこの基礎をなす偉業について述べたが——ヴェーバーやワーグナーの仕事は考えられない。モーツァルトはこれによりたんに模範であるだけではなく、音楽の信徒が新しい信仰を見出す新しい教会を築くことができるための基礎ともなったのである。

聖別された預言者モーツァルト

最後に私はイギリスの偉大な音楽学者E．デントの発言を引用する。彼は《魔笛》の崇高さをフリーメーソン——モーツァルトもその同盟と繋がりがあった——の理念によって説明している。フリーメーソンは思想的には超自然的な神秘と関連があるが、それについてデントはこう述べている。

…死ぬことと聖別されることは、意味としては同じことである。

死ぬ時も聖別される時も、初め全ての者の顔は恐怖にゆがむ。ためらい、怖がり、驚く。

しかし、これが克服されると、新たな世界に入った者には素晴らしく神々しい歌が聴こえてくる。彼が迎え入れられたのは純潔の園で、花が咲き乱れる草原では厳かで清らかな響きや神々しいヴィジョンが歌われたり踊られたりする。聖別された者はここでは完全であり自由である。天国の死者たちの集いの中で、彼は心配に駆られることもなく、栄冠を被り闊歩しているのだ。

そこまで私たちは行かねばならないだろう！

そこまで私たちは行くことだろう！

モーツァルトはそこまで行きこれを達成したことを私は確信している。

モーツァルトはこの地上における神の聖別された預言者であり、それゆえに報われたに違いない。「…天国の死者たちの集いの中で、彼は心配に駆られることもなく、栄冠をかぶり闊歩しているのだ！」

バルトーク

バルトーク・メダル
ベニ・フェレンツィ作
(1890-1967 ハンガリーの彫刻家、グラフィック・アーティスト)

バルトークの生涯とその音楽の本質

「私は自分の全生涯を常にどんな領域であろうと、またどんな方法をとろうと、一つの目的に捧げている。それはすなわち国家であり母国であるハンガリーである。」

「作曲家として自分自身を意識して以来、私の中で生きている真の主導思想は、戦争や危険を克服して、民族同士が友好関係を結ぶことである。」

最初の言明は若き理想主義者のもので、二番目は熟した智慧を備え老境に至った同じ人によるものである。その人とはベラ・バルトークである。

彼の生涯は闘争、失望、物質的困難、孤立、ついには最愛の母国からの亡命など苦難の連続だった。最後は異国で、寄る辺なく貧困のうちに死を迎える。しかし、彼の魂はいつも勇気を失わず、誇り高く不屈であり、信念を曲げなかった。バルトークは言葉の最も真の意味で、人生最後の瞬間まで人も死も恐れることなく仕事を続けたのである。

バルトークが生まれて以来、今日までの八十年は、社会や科学や技術の領域で、世界を刷新するような重要な時代だった。それより以前、時代の出来事によって覚醒したことがなく、絶滅の瀬戸際にもなかった人類にとっては、思ってもみない視野が開かれたのだ。

バルトークは時代の申し子だった。

彼は一八八一年三月二五日、ナジュセントミクローシュに生まれる。小さい時は真面目で内向的な子だった。彼は絶対音感を持っていた。ピアノの手ほどきは母から受ける。父も音楽の天分があり、ピアノを弾き、アマチュア・オーケストラを組織してチェロを弾き、その上、小品の作曲までした。バルトークが八歳の時、この父が亡くなる。教師であった母は日々のパンのために必死に働いた。一八九三年、彼女はプレスブルク（訳注　現在はスロヴァキアの首都ブラティスラヴァ）に転勤になるが、それは才能ある小さな若者に大きな音楽界と心躍る出会いをさせることになる。初めて作曲というものをした（何と九歳で！）後、彼はラスロー・エルケルのもとで真剣に音楽を学び始める。このエルケルはハンガリーの偉大な作曲家フェレンツ・エルケルの息子である。若きベラは熱心にオペラやオーケストラ演奏会に通い、室内楽を演奏し、一八歳になるまでにはバッハからワーグナーに至る作品を熟知することになった。彼は盛んに作曲をする。若いバルトークに主として影響を与えたのは、ブラームスとドホナーニであった。ギムナジウムを卒業したら、どこの音楽学校で勉強を続けるべきかと悩んだ。当時ヴィーンの音楽院が勉強するには一番良い所とされていたが、バルトークはドホナーニの助言によりブダペストのハンガリー王立音楽アカデミーに入学する。そこではピアノをイシュトヴァン・トーマンに、作曲をヤーノシュ・ケスラーに師事し、一八九九年から一九〇三年まで勉強に励んだ。

バルトークの青少年期は、ハンガリーが分裂していくハプスブルク朝の内部にあって必死で独立を求めていた時代である。

この独立運動を自分の外見でも表現しなければならない、とバルトークは思っていた。世紀の変わり目に、この二十歳の男は一八四八年の若き革命家の衣装を、すなわち黒服、時代がかった黒ネクタイ、深長靴を身にまとっていたのである。自分の部屋にはハンガリーの家具を設えた。ドイツ語を話すのを拒み、さらに家庭ではこれまでハンガリー語の代わりにドイツ語で話していたのを止めるよう母を説得しようとした。

一九〇三年に完成したバルトークの最初のオーケストラ作品は交響詩であり、それはいかにも彼らしく《コシュート》と命名され、このハンガリーの偉大な革命家へ献呈されることで彼への敬意を表している。リヒャルト・ワーグナー（《指環》、《トリスタンとイゾルデ》、《マイスタージンガー》）やリヒャルト・シュトラウス（《ツァラトゥストラはかく語りき》）そしてフランツ・リスト（中でも有名ではないにしてもはるかに重要な《巡礼の年》、《詩的で宗教的な調べ》、《ファウスト交響曲》、《死の舞踊》）の作品を知ることで彼の中に呼び起された危機をほとんど克服せぬまま――この頃はバルトークにとって「疾風怒濤」の時代であった――生涯を決定するような認識を得ることになる。

民族音楽の研究へ

一九二一年にバルトークは、一九〇五年を回顧してこう書いている。

　これまで民謡であると見なされていたハンガリーの歌は、実際には作りものであり、ありふれた流行歌であり、私にほとんど興味が持てないものだということを知った。そこで、私は一九〇五年、知られていなかったハンガリーの農民音楽の研究を始めた。この仕事をする上で、幸運にもゾルタン・コダーイという優れた共働者を見つけることができた。彼は音楽のあらゆる領域において鋭い感覚と判断力を持ち、極めて貴重な感化と助言を与えてくれ、私には大きな助けになった。
　この仕事を私は、純粋な音楽的観点から始め、次にハンガリー語が話されている地域だけを研究した。しかし後には、スロヴァキア語やルーマニア語が話されている地域にも研究領域を広げていった。

　農民音楽の研究は私には決定的に重要なものになった。それはこの研究によって、これまでの自分を縛っていた音体系の支配から解放されるという可能性を感じられたからである。農民音楽発掘の過程で得た数限りなく多くの旋律のうちで、最も顕著な、かつ最も価値のある部分は、実は古い教会旋法によるもの、すなわち、ギリシア旋法やもっと原始的な旋法――ペンタトニック――によるものなのである。さらには、これらの民謡には、自由で変化に富むリズム構造と拍子の交代が豊かにあった。それは言い換えるならば、ルバートとテンポ・ジュストが交代するようなものである。

この研究ではっきりと確認できたのは、農民音楽では私たちの芸術音楽でもはや用いられない古い調性がまだ生命を失っていないということであった。それを用いることで、新しい和声上の可能性も与えられる。

同じテーマの実践面について、バルトークは次のように述べる。

今から二五年前、コダーイと私を含む若い音楽家たちは、ハンガリーの農民に着目した。未知への憧れや、ハンガリーの民族音楽は農民の中でしか発掘できないという、漠とした感覚が私たちの試みを導いていた。そして、これまで知られていなかった素材をたくさん得ることができると、この成功が私たちを勇気づけ、全力を挙げて収集に取り組むようになる。既にその頃には収集の方法も改良され体系化されていた。

この音楽の正しい姿を実際に体験しようとする者は、然るべき場所へ赴き、農民と直に交流しなければならない。これらの民謡がどのような環境で生まれてきたのかを調べることも重要な仕事だった。私たちは歌う農民の身振りを見、彼らが踊って楽しんでいるところや、婚礼、クリスマスの祭、葬儀などに加わらないといけないのである。なぜなら、その都度それぞれに違う独自の、しばしば極めて特徴的な旋律が見だされるからだ。

これら民謡の収集には、どれほどの労力と集中力が必要か、人は想像できないかもしれない。文明の影響を受けていない音楽資料を発掘するためには、文明や交通の中心地からなるべく隔たった村々を探さねばならなかった。その当時は、そうした村がハンガリーにはまだ多くあったのである。古い民謡、何百年も前の古い旋律を発見したいと思えば、老人たち、特に女性の老人のもとに出向かねばならなかった。しかし、彼らに私たちの前で歌を歌ってもらうよう説得するのはとても骨が折れることだった。彼女たちは見知らぬ紳士の前で歌うのを恥ずかしがり、村人たちからからかわれたり、笑われたりしないかと心配したのだ。さらにはフォノグラフ（訳注　エジソンの発明した蝋板蓄音機）をも怖がった（私たちはほとんどいつもフォノグラフを携えていたからである）。一言で言うと、私たちは原始的な環境の下にある最も貧しい村々で生活し、農民の友情と信頼を得るよう努めなければならなかったのである。特に農民の信用を得るのは難しかった。過去に貴族が農民を酷使していたので、上流階級に属していると見える人には不信感を抱くようになってしまったからだ。しかし、それでもこの分野での私たちの努力は、ほかの何にも勝る喜びをもたらしてくれた、と言うことができる。

私が村々で農民たちと過ごした日々は、人生を通じて最も幸福な日々であった。農民たちは平和の中で安らいでいた。別の出自を持つとして同朋へ悪意ある言動をするのは、もっぱら上流階級と決まっているのである！

バルトークのキャリアは、これを執筆した当時、巨匠の高みに近づいていた。しかし、幸福な日々について語る時にも、彼の言葉の間にはときおり憤激の情が見え隠れする。私たちは二十世紀の最も偉大な天才の口から、当時のハンガリーの社会秩序に対する非難をも感じるのである。

一九〇七年、その四年前に音楽院を卒業したばかりのバルトークは母校の教授に任命される。教職は彼には気が進まないものだったが、それは彼がハンガリーを去る時まで、生活を経済的に支えたのである。

四つの創作時期

この時点から彼の生涯を、創造された作品の面から追っていきたい。

バルトークの全作品は、四つの創作時期にはっきりと分けられる。それぞれの時期に最も重要な作品を挙げてみたい。

I．バルトークがハンガリーの民族音楽の研究に向かった時期は、一九〇五年から一九一〇年の最初の創作期である。この時期に書かれた最も重要な作品は、次の通りである。

組曲第二番
弦楽四重奏曲第一番（ベートーヴェン的な伝統を引き継いでいることが感じ取れる）
二つの肖像
二つの映像
四つのオーケストラ小品
ヴァイオリン協奏曲第一番（一九〇七～一九〇八）

Ⅱ．第二の時期（一九一一〜一九三〇）では、バルトークにとって最初の偉大な作品が生まれていた。彼の唯一のオペラ《青ひげ公の城》である。

これはベラ・バラージュのテキストに基づく象徴的なバラード・オペラであり、このテキストの外国語への翻訳は――そもそも可能だとしても――オリジナルが有する古いハンガリー色に染まった劇的な濃密さを獲得することができず、今日までほとんど成功していない。

古い童話の素材はハンガリーの枠に移し替えられている。ハンガリーの歌謡音楽は、バルトークとコダーイ以前には、ハンガリー語の抑揚に沿っていなかった。バルトークは彼の偉大な新作である《青ひげ》において音楽と言葉を一致させている。ハンガリーの舞台作品で言葉は、古いハンガリーの民衆バラードのように、初めて音楽の中へ自然に織り込まれたのである。今日でもまだ十分に見出され認知されているとはいえないこの傑作は、ドビュッシーの《ペレアスとメリザンド》と共に二〇世紀のオペラ作品の頂点を形成している。

一九一一年にはヨーロッパ音楽において全く新しい音が鳴り響いた。バルトークの《アレグロ・バルバロ》である。アジアがその若く新鮮で野蛮な情熱、元気でほとんどはちきれるほどの力によって、発言を求めて名乗りを上げたのである。

一九一四年から一九一七年の間に弦楽四重奏曲第二番が成立、一九一七年には彼の最初のバレエ作品である《かかし王子》が完成した。逆説的に言えば第一次世界大戦が彼の作曲に役立ったことになる。なぜなら民謡研究の仕事が大戦の勃発によって阻まれたからである。

一九一七年から一八年になると、バルトークに対するハンガリーの聴衆の態度も、決定的に変わった。《かかし王子》と《青ひげ公の城》が圧倒的な成功を収めたのである。

一九一八年から一九年には《中国の不思議な役人》が完成する。これはバルトークの最高傑作の一つである。

独特なのは、いかなる精神的な基礎においてバルトークが彼のバレエを創作したかということである。彼には出来事をただ叙述するだけでは十分ではなかった。性格付けをはっきりさせるだけでもいけなかったのである。

彼は神秘を解き明かそうとしていた。人の肉体の運動は私たちの心理分析的な問題をどのくらい解決できるだろうか。

《かかし王子》においては、二人の取り違えられるほど似ている人物の間の神経上の差異が、極めて繊細に描かれている。一人は生身の人間であるが、もう一人はこれに反して木彫りである。総譜のイメージや響きにおいて、何と言葉では表現できない差異がこの二人の間にあることだろうか！　一人は繊細な感受性を備えた、情熱的な人物であり、もう一人はなるほど高貴ではあるが、神経が通っておらずぎこちない。生き生きとしてはいるが、愛や欲求を感じるということが欠けている。

《中国の不思議な役人》では、さらに進化および深化がみられる。ここで聴かれ見られることを叙述するためには言葉は不十分である。中国人は小さなみすぼらしいろう人形から、もはや制御されることのない魅力的な大人物へと成長する。そのように奇跡的に変貌させた魔法の力は、彼の欲望である。その魂はもはや無敵であり、その肉体は意のままになる。この世では彼を押しとどめられるようなものはない。彼の欲望が静まらない限りは、死ですらも彼を襲うのを避ける。

まことの憧れ、死ぬほどに真面目な人間の欲求が満たされている限り、他の力が彼を支配することはない。見るからに強そうな肉体を、見えないがさらに強い魂が凌駕するのである。

第二の創作時期にはさらに次のような作品が生まれている。

ヴァイオリン・ソナタ第一番、第二番（一九二一～二二）

舞踏組曲（一九二三）

ピアノ協奏曲第一番（一九二六）
弦楽四重奏曲第三番（一九二七）
弦楽四重奏曲第四番（一九二八）

Ⅲ．第三の時期の作品群は、バルトークの火山の爆発のような創作活動の産物であり、非常に多産であった。これらの作品はさらに緻密で凝縮されたものとなっている。

一九三〇年から一九四〇年までに次のような作品が完成した。

カンタータ・プロファーナ（一九三〇）
ピアノ協奏曲第二番（一九三一）
弦楽四重奏曲第五番（一九三四）
ミクロコスモス（一九二六〜三七）全五巻（一五三曲）
二台ピアノと打楽器のためのソナタ（一九三七）
ヴァイオリン協奏曲第二番（一九三八）
ディヴェルティメント（一九三九）

一九四〇年一〇月八日、バルトークは祖国に別れを告げる。故郷をもファシスト政権が脅かす不自由な雰囲気の中では、彼は生きていけなかった。アメリカへの移住は、すなわち彼の最後の創作時期の始まりでもあり、それは彼の死によって閉じられることになる。

この人生の危機の時期にバルトークがとった態度と行動は、自由という燃え上がる号火を体現するかのようである！　この時期に成立した著作や手紙は彼の遺言のようなものであり、訴えであるが、それ以上のものでもある。全てが既に歴史となっている今日において、これらの文書はその先見性を証明している。

Ⅳ．彼の第四の、最後の創作時期は、アメリカで過ごした時期である（一九四〇年から彼の死まで）。

祖国との別れ

彼がハンガリーからアメリカへ亡命しようと考えたことは、既に一九三四～四〇年の間にもあった。私たちはこの時代のことをサボルチ教授（原注）の著作から、他の伝記には見られない非常にドラマティックな筆致によって知ることができる。

（原注）ベンツェ・サボルチとアラダール・トートは、同時代における最も重要で世界的なハンガリー人の音楽美学者、音楽学者であり（共にブダペスト在住）、バルトークに関して最も偉大な碩学、分析家である。サボルチもトート（彼はブダペストの国立歌劇場で一〇年間監督を務め、この歌劇場を世界水準に引き上げた）も旺盛に仕事をしている。

この二人の何十年にもわたる、倦むことのない献身的で貴重な仕事によって、今ではハンガリー人はバルトークとコダーイを認め、彼らが西欧へ与えた影響についても正しく理解しているのである。世界中のバルトーク文献を調べてみても、サボルチとトートがなしたような理解を示しているものは他にはない。緊急に必要なのは、サボルチとトートによるバルトーク・コダーイ研究やその他の著作を、西欧の言語に翻訳して出版することであろう。

一九三〇年代の半ば、特にオーストリアが併合されヒトラーの脅威が迫ると、ハンガリーの状況はいよいよ悪化した。

バルトークは一九三四年にハンガリー科学アカデミーから依頼され、ハンガリーの民謡を整理する仕事を始めたため、徐々に講義することからは遠ざかり、一九四〇年には音楽院を退職する。ファシズムを憎むべきもの、軽蔑に値するものと感じていた彼は、徐々に不安が増す中、亡命することを考えた。なぜなら、――このように彼は一九三八年に書いている――「ハンガリーもこの泥棒であり殺人者のシステムに降伏するという大変な危険が迫っている」からである。《カンタータ・プロファーナ》以来、断固として彼の内に生きているのは、「抗議せよ！　自由の中へ逃走せよ！」ということであった。――これを彼は実現しようとした。ただ、彼がまだわからなかったのは、「どこへ？」ということだ。――

第二次世界大戦が勃発すると、彼の決心は揺るぎないものになった。一九四〇年の春、彼はアメリカ合衆国へと「調査旅行」を行い、同じ年の秋にはまことに辛い永遠の別れを故国に告げることになる（一〇月八日に彼はブダペストで最後の演奏会をした）。妻と共にスイス、南フランス、スペインを経由し、彼はアメリカへと向かい、一〇月末にはニューヨークに到着した。

この時期、バルトークの健康はもはや損なわれていた。発熱、関節や神経の痛みが彼を苦しめた。既に彼の肉体に忍び込んでいた病がある。彼の命を終わらせることになるこの病の名を医者は最後まで彼に告げなかった。白血病である。そして、アメリカで彼を待っていたのは、軽いどころか全く逆の、人生における最も過酷な試練であった。

演奏会をしても、思ったような成功は得られなかった。コロンビア大学での学問的な仕事も、常に不安定な感覚につきまとわれていた。立派な業績を上げて博士号を取得したにもかかわらず（一九四〇年一一月）、学者としても芸術家としても彼の精神的な高さに見合った地位は与えられなかったのである。「これが自分の人生の終わりになるだろうと考えないとしても…」彼は一九四二年の末に弟子の女性に宛てて書いている。「…作曲家としての僕のキャリアは終わったも同然だ。主要なオーケストラは僕の作品をほとんどボイコットしている…これはとても恥ずかしいことだ。——もちろん僕には何もやましいところはないが。」

祖国を去る時、彼はあらゆる退路を断っていた。ハンガリーではいかなる通りや広場や公共の建物にも自分の名前が付けられないよう、そして祖国にヒトラーやムッソリーニの名をつけた広場がある限りは自分の記念銘板が取り付けられてはならぬことを、彼は遺言として要求していた。しかし、「しょせんどこでもひどいとしたら、家に帰る方がましである。」はたして帰国するのは悪いのだろうか、と彼はアメリカでしばしば考えてしまうのだった。この過酷で屈辱的な状況は、概ね一九四三年まで変わることはなかった。

モーツァルトとバルトークの名前を持つこの小さな本にとって、まさに今、二人の共通点が問題とされることになる。モーツァルトは三三歳から三五歳まで、バルトークは六〇歳から六五歳までという、彼らの人生で最も困難な死の影を宿している時期、極めて美しい歌心のある、内面的な作品を書いている。そこには融和があり、豊かな和声と、あふれんばかりの旋律がある。

アメリカでの苦闘

さて、私たちはバルトークの生涯をサボルチ教授の叙述によってさらに追ってみよう。

一九四三年には状況は明らかに改善する。古今の友人、弟子、信奉者たちが、彼を助けるために共働したのである。ヨゼフ・シゲティ、フリッツ・ライナーらの尽力が功を奏した。アメリカ作曲家連盟（ASCAP）はバルトークが病の治療と療養ができるようにしてくれた。セルゲイ・クーセヴィッキーはオーケストラ曲の作曲《管弦楽のための協奏曲》を彼に委嘱する。また、ユーディ・メニューインは無伴奏ヴァイオリン・ソナタを、ウィリアム・プリムローズはヴィオラ協奏曲を、彼の新しい出版社であるブージー&ホークス社のラルフ・ホークスは弦楽四重奏曲第七番を委嘱した。これで彼は経済的に心配しなくてもよくなった。そして幸福にもこのことは私たちが知るように、遅すぎはしなかったのである。無伴奏ヴァイオリン・ソナタと《管弦楽のための協奏曲》は完成し、今にも尽きようとする人生に最後の勝利をもたらす。メニューインは一九四四年一一月にニューヨークで無伴奏ソナタを、クーセヴィツキーは一二月初めにボストンで《管弦楽のための協奏曲》の初演を成功に導いた。しかし、その他の作品、すなわち彼の妻に捧げられたピアノ協奏曲第三番、プリムローズのために書き始められたヴィオラ協奏曲、弦楽四重奏曲第七番は彼の死によって未完となってしまった。ピアノ協奏曲は終わりまで数小節を残すところまで完成したが、ヴィオラ協奏曲はメモとスケッチの段階に留まり、弦楽四重奏曲は数小節が書かれただけだった。一九四五年九月二六日、ベラ・バルトークはニューヨークのウェスト・サイド病院で逝去する。六五歳になるわずか前のことであった。

残された家族たちは、死者の床のもとに全員が集まることができなかったが、彼らがばらばらに生きなければならなかったということは、そのまま彼らの大戦後の苦難の生涯を暗示している。バルトークの妹と彼の最初の結婚で生まれた長男はハンガリーに留まっていた。また、彼の妻はまさにこの時期は重病を患っており、アメリカまで両親に付いてきた次男はちょうど兵役から戻ったばかりだった。

バルトークは最後の手紙ではこう書いていた。「故国に帰りたいが、結局…」それは実現しなかった。戦争とファシストを追い払った祖国を見ることはなかったのである。

そして彼には大変に辛かったに違いないのは、人生の最後の日々で医者にこう言わざるをえなかったことである。「たくさんの仕事をできぬまま死なねばならぬのは、何とも残念です。」

彼にはたくさんの計画、草案、希望があったのだが、それを死が阻んでしまった。ある時バルトークは筆者に、自分は芸術家としてらせん状に発展してきた、と語ったことがある。前よりもさらに高く完璧な水準で、同じ中心的な問題を解決するということを、彼は自分の発展の主導命題として感じていた。――もっと高くもっと完璧に。だから彼は最高の水準で二〇世紀の音楽を統合することに成功したのである。

バルトークが残した金銭的な財産はわずかで、人々の援助によって彼の亡骸は埋葬され、墓が建立された。簡素な石板には彼の名前が刻まれているにすぎない。しかし、バルトークの精神は不滅である。彼が灯した火は、何百万もの人の心に燃え広がっていくだろう！

現代に荒廃の悪霊を呼び出してしまった人間は、ほどなく忘れられてしまうだろう。しかし、二〇世紀のヒューマニストたちは永遠に生きるのだ！　そして、最も偉大なヒューマニストの一人がベラ・バルトークなのである。――

バルトークの最高の傑作

バルトークの作品で頂点をなすのは何かと問われれば、私は次の作品を挙げるだろう。

舞台作品　《青ひげ公の城》、《中国の不思議な役人》
協奏曲　ピアノ協奏曲第二番、ヴァイオリン協奏曲第二番
合唱曲　カンタータ・プロファーナ
室内楽曲　弦楽四重奏曲第四、五、六番
管弦楽曲　ディヴェルティメント、弦楽器・打楽器とチェレスタのための音楽、
　管弦楽のための協奏曲

中でも、弦楽四重奏曲の第五番と第六番、《弦楽器・打楽器・チェレスタのための音楽》は絶対的な頂点であると思う。

ここで彼は実際に孤高の境地に達したのだ。音楽史のこの分野では、かつて彼のように生きた者は誰もいない！　全世界で彼だけがそのような秘密に満ちた響きを書き下ろしたのである。千年ものあいだ隠されてきた夢を、彼は開いて見ることができた。彼の書いた不協和音は新しい言語となっており、厳格で強固なリズムの世界は真摯そのものであり、多声書法は繊細極まりない！　超自然的な火、氷のように冷たい炎、凝固した寒気、そして爆発的な火山の噴火、原初の響きと大都市の喧騒、魂のドラマと天高く歓声を挙げる熱狂、これら奇跡の世界は、バルトークだけが見て夢想したものなのである。彼はその音楽によって、共に旅をするよう私たちを誘うのだ。

バルトークのこの世を超えた音楽世界

バルトークの傑作の緩徐楽章を指揮するのが、私はことのほか好きだ。彼の緩徐楽章は、私たちにはただ予感できるだけで認識はできない影の世界を呼び出す。不気味で実体のない幽霊のような影が、片時だが浮かび上がり、孤独のうちにある人を幻覚が苦しめる。絶望の音楽が来たるものへの不安を表すが、その響きの中では知られざる夜の世界がいつまでも続くのだ。こうした特徴を持つ音楽として、私はピアノ協奏曲第二番と《弦楽器、打楽器とチェレスタのための音楽》の緩徐楽章、そしてピアノ協奏曲第三番の第二楽章、《オーケストラのための協奏曲》の第三楽章を挙げたい。

私にとってその度毎に全く違った体験となるのは、《ディヴェルティメント》の第二楽章に示される絶望の爆発を指揮することである。

この作品は弦楽オーケストラのために作曲された。バルトークは弦楽器の響きという控え目な手段を用いて、世界のあらゆる苦悩や悲劇性を比類なく表現している。それは《エロイカ》交響曲が示すような崇高な葬送の気分ではない。誰かのための哀悼ではなく、慰めなき破滅が音楽として表現されているのである。

この第二楽章は低いバスの響きで始まる。大地の懐から脅かすようなうめきが響いてくる。そして、長く引き伸ばされたこの世ならぬ旋律が、この薄暗いつぶやきを超えて姿を現す。それは歌うというよりもむしろ泣いているようである。「私の周りの全て、私が愛していたもの、生きる支えだったもの全ては過ぎ去り、死に絶えた。…内に向かって私は泣き、歌う。内に向かって我が涙は流れ、内に向かって私は祈る。」

この楽章の中間部は否応なく近づいてくる葬送行進曲になっている。ヴィオラ、チェロ、そしてコントラバスで弛まぬクレッシェンドが行われ、第一第二ヴァイオリンは震えるような嘆きを歌う。徐々に音楽は弱音から音量をどんどん増していく。ヴァイオリンは痛ましい叫びをあげるヒステリックな号泣へと高まる。悲劇的な真実が血も涙もなく私たちの前で露になるのである。この頂点のフォルティッシシモの後、うつろなピアニッシモが遠くから響いてくる。オーケストラは──典型的なハンガリー語のリズムで──助けを乞う。弱音器付きのヴィオラが、母親の声のように、途方に暮れて嘆願する…。それから再びあの単音による威圧するような地の底からのうめき声が、最初よりもさらに錯綜し、認識できないように現れるが、それは響きというよりはむしろ騒音というべきものである。またその上に重厚な嘆きの歌が響く。しかし、最初は二声部で模倣されていたこの歌は、今や第一第二のヴァイオリンのユニゾンで奏される。分かれていたものを苦悩が再び結び付けたのである。最後の悲鳴が響くと、全ては虚脱したように倒れ込む。苦痛によって皆死ぬということを私たちは予感する…人間は哀れだ…。しかし、この悲劇的で悲しい楽章の後、バルトークはその最終楽章で、再び人間の力強い音、生きる喜びの音を見出す。夜の嘆きの後には太陽の明るさが戻り、陽の光はオーケストラの響きによって再び放たれる。バルトークの理想があらためて示されるのだ。すなわちそれは、諸民族がみな兄弟になるということである。

バルトークの《管弦楽のための協奏曲》について

ここでバルトーク最後の管弦楽作品であるこの協奏曲について、いくらかの意見を述べたい。なぜなら、まさにこの作品についてはとても多くの誤解や誤読が生じているからである。以下、この作品を分析する。私はオーケストラを稽古する際、「キーワード」を用いて、曲をいかなる方法とイメージで理解するかを説明しているので、それと同じようにしてみたい。私はこの作品をわかりやすく説明しようと思うが、また強調しておくのは、この作品を「深読み」するつもりもなければ、ここで書いたことが作品の「解説」になるわけでもないということである。ここで書き留めておこうとすることは、この作品の内奥を見定めてから私の内部に呼び起された連想のみなのだ。「この作品の真正の内容を理解するための道筋」を示すことが重要なのである。

この作品について蔓延している誤解と誤読について話を戻そう。よく聞かれるのは、バルトークがアメリカ的な嗜好と妥協をし大衆の受けを狙ってこの作品を書いたのではないか、という意見である。

英語を見事に使うことができるにもかかわらず、外国語である言葉で講演をするには能力が足りないとして、アメリカで一度すら講義を引き受けようとしなかった、あのバルトークである！　だから、彼は自分自身に対して妥協することはなかった。そんな彼が管弦楽のための協奏曲を自分の筋を曲げ、成功を安易に得たいために書いてしまったというのだろうか？

——断じてそうではない！

この協奏曲は完全に音楽の弁証法の総合（ジンテーゼ）と考えられる。

ここでの「命題」はハンガリー精神であり、この民族への、その将来への、その自己認識への信仰である。

また「反対命題」はバルトークの亡命生活、故郷喪失の感情、隷従を強いられている同胞への思いや、郷愁、人間性への絶望である。

そして「総合」はこの協奏曲の総譜、つまり人が雷雨に抗うことなのだ！


第三楽章〈悲歌〉ではいろいろな出来事が悲しみのうちに歌われる。踏みにじられ、嘲られても、理想への信仰、彼の民族を千年もの間支えてきた力への信仰、人間性への信仰は揺るぐことはない。真実と自由が人と民族を互いに結び付けるという理念の体現は、この作品の最後で讃歌として示される。

この総譜の細部に――およそ百回は指揮し長く研究した結果――私が見たもの、そしてこれらの音符から読み取れるものとは何だろうか？

第一楽章の冒頭では、バスによってハンガリーをめぐるあらゆる悲劇が鳴り響く。この主題はすぐに三回反復され、ますます表現が情熱的になっていく。震えるように、不安げなフルートの音が響くが、それはぼんやりした夢の中にいるように子供の時代の追憶をよみがえらせる。三回目の繰り返しで、主題全部がフルートに委ねられるが、――それは私がまだ子供だった頃、ベッドの上で母が歌ってくれた歌のようでもある！――最後の小節では力を失ったように二オクターヴほど下降する。美しい夢見るような追憶は消え去るのだ！

それから聴こえるのはトランペットだ。はるか彼方からの英雄的な響きである。バルトーク自身がここで彼の雄々しい魂から歌っている（彼の体格は小柄で、華奢に見えた。しかし、魂においては彼の先祖からの誇り高き英雄性が生きていた。）のであり、このトランペットの響きは内奥の世界からのものである。この国家が最も過酷な運命の戦いにおいても決して失うことがなく、これからも失うことはないであろう、揺るぎない力についての歌なのである。小柄な人間バルトークはこの響きにおいて誇り高い英雄へと成長し、そこで過去の世代は信じられないほど見事に現れる。この響きには好戦的、攻撃的なところは全くない。誇り高く気高く大胆である。カルパティア山脈に生い茂る松が決して嵐で倒れたりしないのと同じだ。そのふくよかな和声は人間性について、また愛への憧れについて語る。

威圧的に反復されるバスの音型の上で、トランペットは警告的な性格を帯び、それは徐々に危険を知らせる信号へとなっていく。そして今や主要主題が始まる。人がすっくと立ち、身構えて、人生の嵐の真っただ中、暴風に逆らい、脅えることなく、一歩も退くことがない。「ここに私は立つ。いざとなればここで死にもしよう!」──

爆発するようなクライマックスの後、音楽はもっと優しく、愛撫するようになっていく。屈強な男が愛しい女性に、あるいは父親が彼の小さく寄る辺がなく頼ってくる子供に向かい合うようだ。クラリネット、フルート、ハープ、そして澄んだ響きの弦楽器が愛を語る。

主題はある形へと変化するが、これには「銃剣のシーン」という表現が一番ふさわしい。つまり、主題は狭い場所に押し込まれ、多声的に次々と響くということであり、それがきつい響きの楽器(トロンボーン、トランペット、ホルン)に委ねられているということである。どの吹奏も鋭く、的に突きさささるようだ。銃剣の先に陽の光が反射しているかのようだ。この響きは人を威嚇する。連隊の全員が銃剣を銃に付けて行進し、配置につこうとしているかのようだ。クライマックスが速い曲の中で次々と訪れ、各楽器がこれらを代わる代わる繰り返し鋭く強調するのは、大がかりで典型的なバルトーク的な主題の扱い方であり、多くの作品でこの「銃剣のシーン」が見られる。

この楽章の最後には、どんな危険と抵抗にも打ち勝つ嵐のようなコーダがある。

第二楽章は魅力的なスケルツォである。それは日々の労働や思い煩いについての歌ではない。日々の生活はここにはない。今日は愉快な祭の日である！　小太鼓がこの楽章を導く。――何か知らせる時は太鼓を叩いて人々を集めるのが、ハンガリーの村では昔からの習わしになっている。様々な二人組が現れる。ほろ酔いで機嫌のよい、おどけた二人の若者（六度音程による二本のファゴット）、カラフルなスカートをはいてチャールダッシュを踊る優雅な少女たち（三度音程差のオーボエ）、楽しそうに歓声を上げて有頂天の若い男たち（七度音程差のクラリネット）、色っぽくくすくす笑う二人の娘（五度音程差のフルート）、生意気で高慢で気取った若者たち（二度音程差のトランペット）、――これらの者たちが私たちの耳そして精神の目の前に現れては消える。

この楽章の中間部はコラールである。神に祈るのは祝日がふさわしい！　しかし、その敬虔な雰囲気においても、時折あの楽しそうな小太鼓の音が外から聞こえるのである。

それから再び有頂天の二人組たちが、今やグループ一つにつき楽器が一つ増えて登場する。そして、最初と同じように終わる。小太鼓の音ははるか遠くへと消えていく。

第三楽章について、既に私は前章でバルトークの緩徐楽章全般との関連を指摘した。

第四楽章は、この作品の中でも誤解されることの多い楽章である。

ほとんどの演奏会冊子の解説では、レハールの《メリー・ウィドウ》の引用によって、この楽章は喜劇的な曲だとされている。しかし自分の理解、推測を裏付けるものとして、私は我が学友（彼とは一緒に音楽院に通った）による証明を得た。彼の名はジョルジュ・シャンドールで、重要なピアニストであり、今はミシガン大学で教授をしている。バルトークのピアノ協奏曲第三番を初演したのも彼である。シャンドールはベラ・バルトークの最後のそして最も優秀な弟子であった。彼は巨匠から直接に、最後のピアノ協奏曲を初演するにあたって指導を受けることができたのであり、バルトークと密接な関係にあった。

シャンドールはこの協奏曲のピアノ用編曲を作ろうとし、バルトークにその許可を求めた。

バルトークはその計画に大きな関心を抱いたのだが、シャンドールは自分の計画を取り下げてしまう。その主たる理由は、この作品はもっぱらオーケストラの音色によって考えられるべきだということであった。もし多様な響きと音色が制限されてしまえば、この作品は特徴と偉大さを失ってしまう。第四楽章に隠されている劇的な内容はその好例である。このときの対話でしか、シャンドールはそのことに触れなかったが、彼は第四楽章での劇的な内容はピアノによっては決して再現できないだろうと言うのである。そう考えれば、第四楽章にあるのは高度なドラマなのであり、別の解釈はありえない。他の全ては完全な誤解なのである。

恋する若い理想家の男が、好きな女にセレナーデを歌う。導入の後、ヴィオラによる美しいカンティレーネとなり、ヴァイオリンがそれを受け継ぐ。ここで隠されている意味は、セレナーデを歌う男として、ある国民が擬人化されるということだ。彼が歌う理想こそ、彼の祖国なのである。この美しいカンティレーネは、ハンガリーでは子供なら誰にでも知られている。これはある童話オペレッタによって有名になり、ドイツでも――良くない比較かもしれないが――《リリー・マルレーン》などのように人気が出た。そのテキストはいい加減にではなく、きちんと理解されるべきである。率直に翻訳すると次のようになる。

美しい、お前は本当に美しい、ハンガリーよ、
お前は世界中で一番美しい。
音楽が響く時、
私を待つのはまばゆいほど美しい国。
魔法の馬に乗り、
あの国へ飛んで行こう。
向こうでは、木や花々が呼んでおり、

音楽の響きと共に、
多彩に輝く美しい国が待っている。

このメロディーをバルトークは脚色し、より高貴な形に仕立て、セレナーデとして心を込めて歌っているのだ。

するとそこへ、酔っ払いの一団が通りかかり——笛のトリルやトランペットやティンパニがそれを表す——彼らは乱暴にも、今まさに極めて美しい歌を口ずさんでいた可哀想な理想家を遮る。それだけではない。この場を乱暴にもだいなしにした男たちは、長靴をはいて行くところを破壊し廃墟にしてしまう野蛮な権力者だった。彼らはありきたりのメロディー、市井の流行歌を口笛で吹くのだが、それがレハールのある陽気なメロディーと極めて似ているのである。

当時バルトークがシャンドールに語ったところによると、長靴は占領軍の権力を表しており、それは人がもっと理想的な物事に打ち込んでいるような時には、優位と力によるぞっとするような印象を残すのである。まさしく酔っ払いが戻してしまうようなさまをテューバが描くのを私たちは聴く。

そしてシンバルによる無慈悲な三発の鉄拳とタムタムによる棍棒の一撃——あたりは静かになる。

騒動が過ぎ去ると、セレナーデを歌う男は壊された楽器と共に惨めな思いで取り残される。もう一度歌い出そうとするが、導入から先には進むことができず、泣いて声が途切れてしまうのだろうか、歌の一部だけが繰り返される。そして、これもしたたり落ちる涙であろうか、ピッコロが三回つぶやいてこの素晴らしい楽章は閉じられるのだ。

最終楽章は、バルトークによくあるように、力のみなぎった生きる喜びの表現である。緊迫する力を導入部の四本のホルンが示す。蓄えられた力は爆発的な和音によって解き放たれ、円舞が他には類を見ないようなやり方で突如として始まる。しかし、これはのんきな無窮動でもなければ、行儀のよい快速な舞曲でもない。生命を肯定する不敵で劇的な踊りでありリズムである。それはこのようなモットーを持つのかもしれない。「ここに私はいるし、立っている。そしてここに留まる。どんなことでも起こるがよい。」――

ここで最終楽章の細部と曲想の変化に立ち入ることができないのは、紙数がいくらあっても足りないからだ。ただ、一つだけ指摘しておきたい。最終楽章のコーダでは、スル・ポンティチェロで演奏される弦楽器の上でコラール風の主題が現れる。これはファゴットに始まり、拡大しながら秘密の合言葉のようになり、耳から耳へとささやかれて木管楽器へと至り、ホルンからトランペットやトロンボーンに引き継がれ、さらに大きくなりながら広がる。まるで、一人がもう一人に、「兄弟になろう。我々は自由だ。」と言いたいかのようだ。――瞬時の中断の後、この主題は有頂天の乱舞に巻き込まれ、総休止となるが、弦楽器とティンパニは、上下行するパッセージそしてクレッシェンドやディミヌエンドを繰り返し、勝利の歓声のように叫ぶ。以前は静かに奏されていたコラールが、今や勝利の凱歌を揚げる。バルトークは全部の金管楽器に世界へ向かって叫ばせる。「我々はついに自由になった！」と。

テンポ、表現、響きのファンタジーについて

かつてコダーイはメトロノームによるテンポ表示について、これらは速度ではなく音楽の性格を示すものと考えられるべきだ、と言ったことがある。たとえば私がある作品を正確に同じテンポで、ヴィーン・フィルハーモニー、クリーヴランド管弦楽団、あるいは私のオーケストラであるベルリン放送交響楽団と演奏してみても、同じ作品の違う演奏が三つできてしまうだろう。どのオーケストラもそれぞれ固有の性格を持っていて、当然のことながらそれが表現に出るものだ。したがって私は、そのオーケストラの響きや技術を踏まえ、その作品の性格を最もよく実現するようなテンポを選ぶことにしている。

演奏会場もそれぞれに状況が違うのであり、それはテンポに決定的に影響する。たとえば一つの交響曲を何度も繰り返すことになる演奏旅行では、同じ作品の同じ個所でもテンポを根本的に変えることがある。あるホールの音響効果がオーケストラの音を和らげるとしたら、別のホールでは乾いたようになり、第三のホールでは明るくなり、第四のホールでは固くなり、第五のホールは低音を増幅させる、ということはたびたび経験する。

響きの少ない会場で、抒情的かつ繊細な、入り組んだ主題を演奏せねばならない場合、イン・テンポではそれをうまく表現できない。なぜなら響きが生硬になってしまうからだ。反対に厳しく力強いアレグロ楽章を、響きが柔らかくて豊かな会場で演奏する場合は、テンポと音量を少し控えめにする。そうでないと、音楽が混沌としてしまうからだ。こういうことは誰にとっても自明であると思う。作品の性格が会場で聴衆の耳に正しく伝わるよう、私は自分の感覚を信じてテンポを選ぶのである。

そもそも音楽的なテンポとは何か？　テンポはたんなる時間の単位ではない！　時間の尺

度、リズムの構成、簡潔さ、基本の構造、フレージング、緩急、強弱、響き、表現、による複合や総合の作用がテンポを作る。これに加えて、音響状況も外的に影響する。また、会場によって響きが柔らかくなったり固くなったりするとすれば、使用する楽器も考慮されねばならない。

楽器の音色の選択は、特に重要な要素である。私は音楽、特にオーケストラ音楽を聴く時、いつもその色彩を聴く。その性向は私の天性のものである。どのオーケストラも特有の「響きの基本となる色」を持っているように私には思われる。作品にもそれぞれ特有の音色があるのと同じである。

リハーサルでは、総譜を研究した際に自分の中で聴いたり見たりしたものを実現するよう努めねばならない。たとえば、青白く光る、夢のようにうっとりさせるピアノ《魔笛》での天上の魔法の響きのような）であり、あるいは不吉で脅かすような響きによるどす黒く恐ろしいもの（バルトークの《青ひげ公の城》の冒頭）であり、まばゆい黄金色の眼もくらむようなローマの正午の太陽（《トスカ》の冒頭）であり、深紅や金銀色に輝き、何千もの花が咲き乱れる豪華絢爛（《カルメン》前奏曲の冒頭）であり、金茶色で老成しているが心の温かみを感じさせる赤みがかった秋の響き（ブラームスの交響曲第四番の冒頭）である。

固有の色彩を持たせられないなら、一小節たりとも響いてはならないのだ。——そうするためにはどうするべきか？——

少し多めの弦楽器が高音域で弾いており、輝かしく鳴っている。そんな時、コントラバスの性格をチェロよりも強くなるようにすると、その作品は威圧的に聴こえてくる。また、第一トランペットをもっと鋭く吹かせ、ピッコロの華やかさを強調し、シンバルは小さめのものを用いると、もっとまばゆく輝く太陽を表現できる…等々。（これ以上の例を挙げるのはやめておく。そうでないとこの文章が指揮者用の演奏法を論じたものになってしまうからだ。）

最後にバルトーク独特の時間表示について述べる。彼は——特に後期のオーケストラ作品で——ほとんど不可能なことを要求している。個々の楽章ばかりか、その中の部分についていちいち何分何秒でと指示したのだ。それは好事家的な評論家たちを勘違いさせ、私自身もディヴェルティメントの第二楽章が七分二七秒でなく七分三六秒かかったと非難されたことがあった。会場が違い、オーケストラが違っても、それは彼らにはどうでもよいことであるようだ。もしかしたら、自分たちの時計の方が狂っていたのかもしれないという疑問が、彼らには生じていなかったのは確かである。この作品が、バルトークの脳裏に浮かんでいたに違いない、まさに終わりなき悲しみを放射しているということに、彼らは全く気付いていないのである。

正しい固定したテンポというのは存在しない。響き、緩急、フレージングと調和しているテンポによって、正しい表現が可能になるということにすぎない。

バルトークとコダーイの意義と彼らが音楽界全体へ与えた影響

真にハンガリー的な作曲芸術はバルトークとコダーイによって始められたと言ってよい。それ以前の音楽は、たとえそれがハンガリー特有の雰囲気を持っていたとしても、間違った残照なのであり、真正のハンガリー音楽とはほとんど関係がない。本当にハンガリー的な音楽から流れ出しているものは、処女のような清らかな雰囲気であり、深い所に根付いていて、使い古されていないハンガリー精神の力である。また、それはトランシルヴァニアにあるトウヒの森が発する香りに似ている。そこはいつ訪れたとしても、この国にかつてあったものがそのまま保たれている——それはすさまじく強い生命の流れだ。

こうしたこと全てを私たちはバルトークとコダーイの音楽に聴くことができるのである。非常に強く創造的な力で、バルトークは無尽蔵の表現力を持ち堅実に構成された魂の言語を発展させた。今日の二〇世紀の音楽作品において、他にこのようなものは見当たらない。それは深い悲劇性を持ち、常にドラマに満たされており、誇り高い自意識や、荒々しい生命の力、そして熱い気質を備えた総合作品なのである。バルトークの音楽の激烈な気性によって描かれた瞬間には、いつもドラマがある——ベートーヴェンにおいてそうであったようにである。

コダーイの作品はバルトークより叙情的であり叙事的だ。悲劇的なものへの深い愛情のみならず、潜在するユーモアとある種の皮肉が彼の心にはある。紛れもないハンガリー農民の知恵が、コダーイの音楽から聴こえてくる。

彼の音楽は保守的に見えるが、それは彼が旋律を何より大事にしているからである。

コダーイは人間の声を叙情的に用いた作品を作った。したがって、彼の偉大な作品は声楽を伴っている。児童合唱曲、《紡ぎ部屋》、《テ・デウム》、ジングシュピール《ハーリ・ヤーノシュ》、そして彼の作品では頂点をなす《ハンガリー詩篇》などがそうである。彼の管弦楽作品の中では、七九歳の時に完成された交響曲が、私にとって最も偉大な作品である。（コダーイ自身の希望により、私はこの作品を一九六一年のルツェルン音楽祭の開幕演奏会で、ルツェルン祝祭管弦楽団と初演している。）悲劇的な根本楽想を持つ第二楽章は、内面的に充実しており、コダーイの作品全体においても比類ない頂点をなすものである。

ハンガリーの文化にとって、この偉大な二人の巨匠のうちどちらが優れているかなどということは、誰にも決められないだろう。バルトークの超絶の思考は時空をとびこえる。コダーイの深い人間性は、時空の出来事に対し常に完全に真実であり続ける。

バルトーク自身がこの問題に関して次のように語っている。「ハンガリー精神が誰の作品において最も具現しているのか、とあなたが私に問うとすれば、それはコダーイの作品であると答えねばなりません。彼の作品はハンガリーの守護神への信仰告白です。外的な理由としては、コダーイの作曲活動はただひとえにハンガリーの民族音楽の土台に根ざしているということです。また内的な理由としては、自分の民族が持つ構築的な力とその未来に、彼が揺るぎない信念と信頼を抱いていたということです。」バルトークやコダーイがなした以上に、私たちはヨーロッパ的に考えることはできない。彼らは真のハンガリー人であろうとし続けたが、そのハンガリー精神はより遠くを見据えた国際的な思考にとっての基礎となっている。

それが本当であるということは、バルトークとコダーイが当時の最も成功した作曲家であり、彼らの作品が音楽上の共有財産となっているという事実によって裏付けられているのだ！　ハンガリー特有の音楽語法は彼らによって国際的なものになった。彼らの成功は異国趣味によるのでは全くない。その反対である！――人間性が、あらゆる境界を飛び越える同胞感覚が、ヨーロッパでは異質なハンガリーの音楽語法を演奏会場では親しみやすくさせるのである。彼らの作品は世界的な成功を勝ち取っただけではない。もはや世界の音楽界には欠くことのできないものになっている。結局のところ、彼らの作品は世界に決定的な影響を及ぼしているのだ。

ハンガリーはバルトークとコダーイという同じ世代からの二人の偉大な息子を、ヨーロッパの音楽界に贈ったのである。

ベラ・バルトークを記念するには、彼の偉大な友人であり同志であるコダーイが語った言葉がこれ以上ないほど優れている。

コダーイの言葉を次に掲げることで、私のこの論考を締めくくりたい。彼の言葉はバルトークの生涯、彼の作品とその意義を最も見事に総括しているからだ。

バルトークは永遠の不満に駆り立てられ、この世のあらゆるものを変容させ、美しく、よりよいものにしようとするような類の人間の一人である。この種の人間から、かつてなかったような世界を生み出した偉大な革命家、最も偉大な人間が出た。もちろん、不満を抱いている人は他にもたくさんいるだろう。彼らは別のやり方で世界を変えようとするが、それができない。バルトークにはできたのだ。

どんな思想家についても、まず何より、彼が創造する「当事者」なのか、批評する側の人なのか、つまり彼がファウストであるかメフィストであるかを見極めなければならない。ただ創造者だけが責任感と愛から語っている。しかし、批評者は「生成するものは全て、滅びるだけの価値しかない！」というモットーから語るのである。

あとがき

（『モーツァルトとバルトーク』）

このヴィルヘルム・フルトヴェングラーの言葉は、フェレンツ・フリッチャイの中心的なテーマでもある。

世界中の聴衆は、第一級のオーケストラ演奏とオペラ上演に携わったフリッチャイが卓越した生粋の音楽家であることを知っている。しかし、同じフェレンツ・フリッチャイという人が、二十世紀のハンガリーの巨匠も含めた偉大な作曲家たちについて語る極めて重要な音楽思想家でもあるということを、この本を読む人はよく理解できるだろう。モーツァルトとバルトークに関する彼の思想は、ブルーノ・ワルターが『主題と変奏』で次のように書いていることにも重なっている。「…しかし私は全てを言おうと骨折ることはしなかった。この童話の青ひげ公と私が唯一似ているのは、我が家にも開けないままでいたい部屋が一つあるということである。その部屋には切り落とされた頭や血だらけの斧があるわけではないが、話し合う気になれず他者にほとんど興味が持てないという個人的な体験と感情はある。」

以上引用した二つの本の著者は、ただやみくもに選ばれたのではない。演奏という職業、私たちより前の世代の指揮者という仕事における、アポロ的なものとディオニソス的なものは、最も明瞭にブルーノ・ワルターとヴィルヘルム・フルトヴェングラーという二人の忘れがたい業績によって代表されているのである。この二人は、高いだけでなく広がりがあり、深いだけでなく充実があるというように、総合的な存在でもあった。

叙情的（＝旋律的）なものと叙事的（＝和声的）なものをたんに並べるのでなく一緒にすること、すなわち規則と極端、論理と陶酔、「歌」と「強勢」を有機的に新たに一つにすることによって、二つの神の像であるアポロとディオニソスを必然的に融合すること、これこそ現代のハンガリー人で国際人、指揮者で思想家、男（ザラストロ的な意味で）で人間であるフェレンツ・フリッチャイがなしたことだった。

何事も偶然には生じない。ハンゼン社（コペンハーゲン）のドイツ語部門を担当するヴィルヘルミアーナ社からこの本が刊行されたということは特徴的である。著作を残している音楽家の系譜で、最近の偉大な人はエドヴィン・フィッシャーであるが、彼はベートーヴェンの気質を備えた卓越したモーツァルト弾きであり、ディオニソスの恍惚を知るアポロの司祭である。「人は明晰に純粋に生きるべきだ。皆さんの心がメロディーの流れに満たされたら、この流れに身を任せるのです。皆さんは謙虚において、演奏芸術家としての最高の幸福を体験するのでしょう。神的で永遠なものと人間をひたすら仲介、媒介する者として。」このエドヴィン・フィッシャーによる文章はフェレンツ・フリッチャイにも言える。

この小文を終えるに当たって一言。フリッチャイは特異な人である。彼は彼自身の宿命によって、ブダペストからヴィーンを経てベルリンへと導かれた。私たちの誰をも心底から感動させ、「政治」というスローガンとは無縁であるべき考察の極限点に、この宿命はつねに接していた。彼は独自の精神世界を持っており、そこではモーツァルトからコダーイまで、ベートーヴェンからブラームスを経てバルトークまで、芸術の多様性から生命の統一までが繋がっていた。そして、彼はその結び付きを力ずくでなく達成したのだ。この最も重要なハンガリー人指揮者は、世界への曇りなく自由なまなざしにおいて、ドイツの伝統を備えつつ、人道主義に立って考えるヨーロッパ人になっている。この人は極めて高い芸術的境地にありながらも、ブルーノ・ワルター（故郷を去らねばならなかった）のようではなく、ヴィルヘルム・フルトヴェングラー（故国を去ろうとしなかった）のようでもなかった。そればかりかエドヴィン・フィッシャー（故国であるスイスに強いこだわりを持って留まった）でもなかったのである。

一九六二年一月一五日　ヴィーンにて

エリック・ヴェルバ

『モーツァルトとバルトーク』原書にある参考文献

A. MOZART

1. Marcel Brion: Mozarts Meister-Opern, Eugen Rentsch-Verlag, Erlenbach-Zürich
2. Edward J. Dent: Mozarts Opern, Erich Reiß-Verlag, Berlin
3. Kierkegaard: Mozarts Don Juan, Artemis-Verlag, Zürich
4. Bernhard Paumgartner: Mozart, Artemis-Verlag, Zürich
5. Bernhard Paumgartners Privat-Briefwechsel mit Ferenc Fricsay
6. 1931年の作曲の授業におけるアルベルト・シクローシュ教授の講義「楽天主義的な作曲家モーツァルト」。当時シクローシュ教授はブダペストのハンガリー王立音楽アカデミーで作曲を講義していた。私が自分のノートに書き留めた彼の解説は、シャンドール・ヘヴェシーの思考の道筋にも影響を与えている。ヘヴェシーは重要な文芸部員、著述家、シェイクスピアの翻訳家、音楽学者である

B. BARTÓK

1. Béla Bartók: Selbstbiographie
2. Zoltán Kodály: "Statt eines Vorwortes" zum Buch: Béla Bartók, Werk und Wort, Schriften und Briefe, Corvina Verlag, Budapest
3. Gustav Olah: Bartók und das Musiktheater, Boosey & Hawkes, Béla Bartók-Heft 1952
4. Bence Szabolcsi: Das Leben Béla Bartók, Corvina Verlag, Budapest, 1957

第二部　フェレンツ・フリッチャイを偲んで

（フリードリヒ・ヘルツフェルト　編）

ノート

第二部はフリードリヒ・ヘルツフェルト編『フェレンツ・フリッチャイを偲んで』(Friedrich Herzfeld(hrsg.): Ferenc Fricsay, Rembrandt Verlag, Berlin, 1964) から、第一部に収載したフリッチャイ自身が書いたものを除いたもので構成される。

同書には多くの音楽家たちによるフリッチャイへの追悼文が収められているが、その他に、四八ページにわたり写真も収載されている。原書では一六ページずつ三つのパートに分かれているが、この日本版ではまとめて、第二部の最初に写真を掲載する。

（訳者）

フェレンツ・フリッチャイ写真集

写真は、本書（『フィレンツェ・フレッチャイを偲んで』）のために提供された約千点もの写真の中から選択したものである。フリッチャイは疑いなく、今日、最もたくさん写真に収められた指揮者だろう。彼のリハーサルがあまりにも集中したものであったため、撮影により支障が出るのがはばかられるほどだったという。

本書の特徴は、ポートレートよりも、フリッチャイの指揮ぶりを伝える写真を多く収録したことである。彼の表情やしぐさ、とりわけ手のジェスチャーと目による表現力は演劇の一場面のようだった。多くの写真家が何年にもわたって取り組む中で、ベストと言えるような写真が生まれた。フーゴー・イェーレ、フランツ・ギッテンベルガー、ルドルフ・ベッツ、ハインツ・ケスター、ロッテ・マイトナー＝グラーフ、ヘルムート・ポラチェック、ヴェルナー・ノイマイスターらの一連の写真は、その高い水準によって、マックス・ヤーコビー、イルゼ・ブース、ハリー・クローナー、その他の人たちのものと肩を並べている。

フリッチャイの幼少期、青年期、またセゲードにおける指揮者時代の写真は、彼の生涯が、読者にさらに興味深く感じられるために掲載した。最初の子供時代の写真と、既にあの世にいるかのような最後の写真は、彼の劇的な生涯の両極端であろう。

フェレンツ・フリッチャイは芸術活動を除いて、家族と過ごす時を最も愛していた。したがって、居住地であるボーデン湖畔のエルマティンゲンやアローザの写真など、彼のプライヴェートな面の写真を欠くわけにはいかない。数あるオーケストラを指揮している写真では、ベルリン放送交響楽団を指揮しているものが最も優れているようである。このオーケストラこそは彼のライフワークであった。

（ヘルツフェルトによる「あとがき」から転載）

撮影者（ページ）

Rudolf Betz (122,123)

Ilse Buhs (105, 125 上 , 126, 128)

Comet (109 下 , 116 下 , 137)

Fayer (112)

Franz Gittenberger (130, 131)

Grammophon/Jacoby (108 上)

Max Jacoby (109 上 , 113, 133)

Hugo Jehle (110, 134, 135)

Heinz Köster (124, 125 下)

Landesbildstelle Berlin (111)

Lotte Meiner-Graf (121)

Werner Neumeister (119, 129, 138, 140, 141, 142, 143, 144)

Radio Symphonie Orchester (104)

Pius Rast (117 上)

D. Rubinger (103 上)

Jacques Schumacher (120)

Laila Storch (107)

Sabine Toepffer (106 左)

Curt Ullmann (106 右)

Ullstein-Croner (127)

Paul Weber (108 下)

上記以外はプライベート写真

フェレンツ・フリッチャイ　1916年

母と　1917 年

ゾンネン通りの両親の家の前で

両親、祖父、伯母と　1917 年

左ページ：父によるヴァイオリンのレッスン　1926 年

99

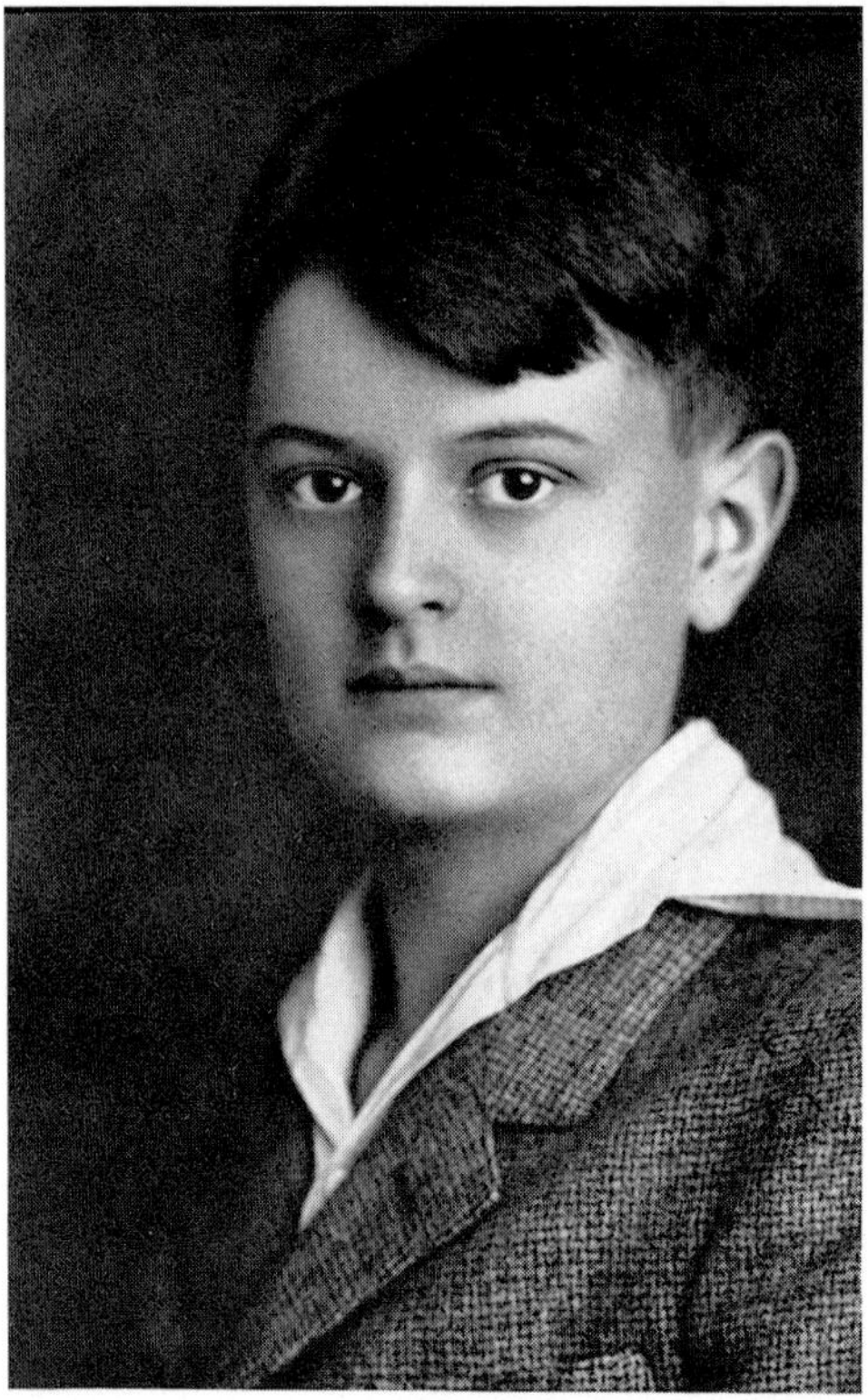

1928 年

1933 年

両親と　1932 年

セゲードで　1938 年

休憩中の談話　ヘルベルト・フォン・カラヤン、ゴットフリート・フォン・アイネム、
ベルンハルト・ウォージエンほか音楽祭出演者たちと　ザルツブルク　1947 年

フランク・マルタン、オスカー・フリッツ・シューと　ザルツブルク　1948 年

イスラエル首相J・ベン・ツウィによるレセプションにおいて　1956年
左より、キム・ボルク、ラッヘル・ジャネート、マリアンナ・ラデュー、ベン・ツウィ夫人、首相、フリッチャイ、マリア・シュターダー、ガボール・カレッリ、エユタン・ルスティッヒ

左より、フィッシャー＝ディースカウの母、フリッチャイ、エルザ・シラー、マルグリット・ウェーバー
ベルリン　1956

RIAS 交響楽団　ベルリン　ティタニア・パラスト　1951 年

イエス・キリスト教会におけるRIAS交響楽団とのレコード録音風景　ベルリン・ダーレム　1954年

クララ・ハスキルと　1955年

イルムガルト・ゼーフリートと　1957年

テキサス・ヒューストンにおけるリハーサル風景　1957 年
上 : アストリッド・ヴァルナイと、下 : アイザック・スターンと

左から、ウォルフガング・シュナイダーハン、ピエール・フルニエ、フリッチャイ、ゲーザ・アンダ
ベートーヴェンの3重協奏曲、録音の試聴　1960年

下　フリッチャイ夫妻とゾルタン・コダーイ夫妻　ルツェルン　1961年

マリア・シュターダーと　1958年

ホルテンゼ・ビューレと　ルツェルン　1960年

ユーディ・メニューインとの演奏旅行にて　1961 年

ユーディ・メニューインとベルリン放送交響楽団とのリハーサル
イエス・キリスト教会　ベルリン・ダーレム　1961 年

ヴィーン交響楽団とのリハーサル　ヴィーン楽友協会ホール

フェレンツ・フリッチャイ

エルマティンゲンの自宅

アローザにあるフリッチャイ家の別荘「マラン荘」

エルマティンゲンの自宅のテラスにて　エルザ・シラーと　1961 年

フリッチャイの家族　エルマティンゲンの自宅の庭にて　1960 年
左に娘マルタ、右から息子クリスティアン、フェレンツ、アンドラーシュ

シルヴィア夫人とモーターボートに乗って　ボーデン湖にて

フリッチャイの家族　エルマティンゲンの自宅のテラスにて

息子たちと　アローザのサッカー競技場にて

エルマティンゲンの自宅

キュヴィリエ劇場再開における歌劇《フィガロの結婚》 1958 年
（次ページも）

エリカ・ケート、ルドルフ・ハルトマン、クレア・ワトスン、フリッチャイ、
ヘルタ・テッパー、キース・エンゲン

前桟敷席において、左から
シルヴィア・フリッチャイ、
ロッテ・エンデルレ、
フリッチャイ、
エーリッヒ、ケストナー、
アンネッテ・コルプ

イワン・サルディ、ピラール・ローレンガー、ドナルド・グローベ、
エリーザベト・グリュンマーと

ベルリン・ドイツ・オペラにおける歌劇《ドン・ジョヴァンニ》のリハーサル
1961年
（次ページも）

トーマス・ステュワート、
ワルター・ベリーと

カール・エーベルト、
ジョルジュ・ヴァケヴィッチと

エリカ・ケートと

ピラール・ローレンガーと

ディートリヒ・フィッシャー＝ディースカウと
（次ページも）

ベルリン・ドイツ・オペラにおける歌劇《ドン・ジョヴァンニ》の初日　1961 年

 ゲーザ・アンダと　ドイツ博物館ホールにおいて　ミュンヘン

リハーサル風景　1960 年

ルツェルン音楽祭の開幕　1958 年

追悼文集

ヤーノシュ・エンゲ
リヒャルト・フリッチャイ氏讃

尊敬するフリッチャイ夫人！

ファビアン・ラヨシュネ・フリッチャイ・フリーダ夫人のご意志に従い、音楽院協会の創立五〇年の機に出された招待状を添えさせて頂きます。その招待状には、貴女の亡くなったご主人の父君、国防軍楽隊楽長リヒャルト・フリッチャイ氏のために、私たちが大理石の記念銘板を献呈したことが記してあります。この銘板は、ハンガリーにおいて最初にフリッチャイ氏を顕彰したもので、私たちの町が彼といかに深いきずなを持つか、また彼への永遠に変わらぬ謝意と敬意を表すものです。また、父君が生前、私たち、そしてハンガリー民族に贈ってくれた知的遺産に対して、いくらかでも感謝の念を表すものでもあります。

どうか、私のささやかな敬意をお受け取り下さい。

敬具

一九六四年五月五日　シェーケスフェールヴァーにて

音楽院院長　ヤーノシュ・エンゲ

イムレ・パロ

フェリ君の思い出

第一世界大戦後、ハンガリー放送には独自のオーケストラはありませんでした。そのため、フリッチャイ楽長が指揮する第一ブダペスト国防歩兵連隊のオーケストラの演奏がよく放送されていましたが、私も歌手として時々演奏に参加していました。そうした折に、いろいろな譜面を前に、ヴァイオリンやホルン、トロンボーン、ティンパニ等を演奏しているかわいい少年が私の目に留まりました。父君フリッチャイ氏は自慢げに、当時音楽院で作曲を学んでいるその子を私に紹介しました。

その子は一九三三年の秋に、航空隊の一年間の無給見習い楽長に任じられます。そのころ私とフリッチャイ親子の交友はますます親密になっていました。フェリ君は私たちの家族の一員同様となり、同時に我が家の専属伴奏ピアニストにもなりました。砲兵隊員たちが彼らの聖女バルバラの記念日を祝った折には、私たちは一緒に舞台に上がったものです。

見習い楽長も卒業したフェリ君はセゲードの連隊オーケストラの楽長になり、私は専属の伴奏者を失うことになってしまいましたが、私たちの交友は続き、この将来有望で才能のある若者にますます魅了されていきました。

我が家での晩さん会は「レシュック」と呼ばれていました。これは「愛し合え」という一節から始まる歌にちなんだものです。

愛し合え、子供たちよ。心は最大の宝物だ。
「愛」という言葉以上に美しいものはこの世にはない。

イムレ・パロ　ブダペスト国立歌劇場のバリトン歌手、支配人人生が過ぎゆくと、墓に入ることになる。
愛し合え、子供たちよ。時間を無駄にしてはならない。

私たちの会合の唯一の目的は、談笑することでした。ほかの人を笑わせ、楽しく過ごす。同席者は、指揮者アンタル・ドラティ氏、国立歌劇場コントラバス奏者の故ミハリー・シェケリー氏、上席演出家グスタフ・オラー氏、指揮者ヤーノシュ・フェレンチーク氏、音楽出版者ルドルフ・バレー氏（彼らはみなご夫人同伴）、テノール歌手の故ヨーゼフ・ガボール氏の子息と息女、私の妻とその兄弟、そして私。座長は教皇庁収入役でバジリカ聖堂の指揮者であるデツェー・デメーニ氏。名誉座長はヴィクトル・デ・サーバタ氏。

フェリ君がブダペストに客演で来た折に、私たちは彼をその晩さん会に招待しました。フェリ君は集まりの気の置けない愉快な雰囲気をみて、私たちの仲間に入りたいと言いだしました。次のレシュックでは、フェリ君がホスト役となり、「なんてこった」などと言っておどけて迎えてくれました。彼はとても居心地が良かったのでしょう、予定していた五日の滞在は二週間にもなりました。才気に富み、いつもユーモアあふれるフェリ君は、私たちの別荘に数日滞在するキャンプにも参加し、私たちの笑い声は、家にも庭にも一日中、時には早朝まで響きわたりました。

みんなを楽しませてくれるフェリ君も、セゲードでは懸命に音楽活動に打ち込んでいました。二〇代の彼は軍楽隊だけではなく、軍楽隊の隊員や市の音楽院の教授たち、そして市民からなるセゲード・フィルハーモニー・オーケストラの指導もしていたのです。

フェリ君が街頭公演を指揮し、町中の少女たちが素敵な将校指揮者に夢中になっているにもかかわらず、高齢の名士からなるフィルハーモニーの経営陣は、この勤勉な青年の重要性に気づいていませんでした。バルトークやドホナーニと彼が一緒に出演して初めて、この精力的、勤勉で有能なフェレンツ・フリッチャイは世に認められたのでした。

ついにフリッチャイは、芸術愛好家たちにも認められるところとなりました。ついでながら、彼は毎年開催されている劇場チームと報道チームのサッカー試合に参加したこともあります。劇場チームの中央フォワードとして参加した彼は、素晴らしいヘディング・シュートで対報道チーム戦での勝利に貢献しました。

フリッチャイの指導の下で腕を上げたオーケストラは、セゲードのみならず地方やブダペストでも成功を収めました。しかし志高きフリッチャイはこのような演奏会では満足しません。彼は歌劇の指揮を望んでいたのですが、当時の劇場で上演されるのは喜歌劇やミュージカルばかりで、ふさわしいソリストもオーケストラもありませんでした。しかし、フィルハーモニー・オーケストラとアマチュア合唱団はあります。フリッチャイは劇場の首脳陣と、これらを使って歌劇《リゴレット》の上演を敢行することで合意したのです。

ジルダ、スパラフチーレ、リゴレット役をブダペストの歌劇場から呼ぶのはフリッチャイが請け負い、その中には私も入っていました。彼は全く初めての歌手に、公爵役を徹底的に教え込みます。その他の役は、セゲードの歌手たちが占めました。

この歌劇《リゴレット》の上演は彼にとって最初の歌劇の指揮であり、一九四〇年四月四日に行われました。私たち三人の国立歌劇場の歌手は四月三日に当地に来て、歌手のアンサンブル練習にだけ参加しました。

フリッチャイは既に定評のある指揮者でしたが、劇場での経験がまだないので、私はリゴレット役としてとても心配していたというのが正直なところです。もしかするとフリッチャイは歌劇《リゴレット》でしくじってしまうかもしれない、と。

上演の開始前から私は舞台のそでに控えて、第一場を見てから以後どうしたらいいかを考えようとしました。

短い序曲の始まる前までは心配はしていませんでした。なぜって、私はコンサート指揮者のフリッチャイを知っていましたから。序曲の演奏は実に素晴らしいものでした。しかし、未経験のテノール歌手が歌い始めたらどうなるのだろう？

大きな拍手をきいて、私は安心して舞台に出ることができました。なんということ！　この歌劇《リゴレット》の上演は、オペラ経験が初めての指揮者のそれではなく、見事な腕前を持つ、熟練の楽長によるもののようでした。上演全体を通じて、テンポやデュナーミクの不安定さはみじんもありません。私はもう何年もフリッチャイの下でリゴレット役を歌ってきたかのように、またかつてこんなにうまく歌えたことはないような感覚を覚えました。この上演は、わが友人フェリ君がコンサート指揮者としてだけではなく、歌劇の指揮においても優れていることを証明することになりました。フリッチャイは舞台を愛しており、楽長としてそれを完全に我が物にしていたのです。上演後、私は彼を抱擁して祝福しました。この場のみんなが、この日、前途洋々たる楽長のデビュー上演に立ち会うことができたと思ったことでしょう。

第三幕では、彼の腕にアクシデントが起こりました。不自然な動きから右肩をくじいてしまったのです。そこで右腕は固定したまま、最終幕を左手で振ることになりました。彼は痛みをこらえながらも指揮を続けましたが、公演はそれによって影響を受けることはありませんでした。

歌劇《リゴレット》の大成功を受けて、劇場首脳陣はいくつもの歌劇上演を決めました。もちろんフェレンツ・フリッチャイの指揮でです。私もいくつもの新制作に参加し、フェリ君の指揮の下、一九四三年の夏、セゲード野外劇場でも歌いました。回を追うごとにフリッチャイは、長足の進歩を遂げていきます。私たちは、彼がブダペスト国立歌劇場と契約を結ぶことにとても期待をしていました。

戦争中、彼は軍人でしたのでその務めを果たさねばなりません。しかし一九四四年、傷病兵休暇証明を得て、家族とともにブダペストの私たちのもとに避難してきました。私たちは、包囲戦下の困難な日々をともに送ることになります。フェリ君は指揮台の上にいる時と同じように、全く寛大で、礼儀正しく、信頼のおける振る舞いを見せてくれました。この困難な時を共有し、私たちの友情はますます深いものとなっていきました。

一九四五年三月、ブダペストの歌劇場は再開しました。そして、私はフリッチャイの下での歌劇《椿姫》四月二六日の上演に参加することになりました。彼は練習に十分な時間をかけ、歌手にも優れた人がそろいます。第一幕が終わった時点で、指揮者への嵐のような賞賛の拍手がまき起こりました。忘れられないのは第二幕で、ヴィオレッタとジェルモンの二重唱は巨大な拍手とともに終わり、私はジェルモンのアリアを繰り返さなければなりませんでした。上演後も聴衆は席を立とうとせず、もっと聴きたいと望んだので、既に退出していたオーケストラ楽員は呼び戻され、私は耐火緞帳の前で、さらにもう一度歌うことになったのです。

それからの数年、フェリ君はブダペストの歌劇場でレパートリーとなっている偉大な作品を上演しました。とくに一九四八年四月三〇日の歌劇《ランメルモーアのルチア》は素晴らしかった。彼の下で歌っていると、練習で決めたことから外れることは決してないので、いつも安心でした。彼の指揮は、文字通り、歌手とともに理想的に呼吸をしています。他人を喜ばせるだけではなく、自分自身も上演を楽しんでいたのです。指揮を通して、彼が音楽をとても愛していることがわかります。

彼が「私の成長は常にあなたのおかげです」と言ってくれていたのは決して誇張ではないのでしょう。だからこそ彼は、一九四八年にヴィーンでのリゴレット役に、また一九四九年のベルリンでの歌劇《アイーダ》と歌劇《ドン・カルロス》の上演にも私を招聘してくれたのです。しかし、残念ながら、それはかないませんでした。当時、パスポートを手に入れることができなかったからです。

一九四九年三月五日、フリッチャイの指揮の下、歌劇《ランメルモーアのルチア》の舞台に立ちました。これは彼のブダペストでの最後の指揮となりました。

一九六二年四月四日、フリッチャイの希望で私は、重病の床にある彼をバーゼルに訪ねました。「訪ねてきてくれてありがとうございます。あなたは父の生前から『若い父』のような存在でした。そして父の死後は私の理想の父親像でした」と言ってくれました。涙が今にも溢れ出そうになるのを必死でこらえながら、私は笑顔を作り、会話をほかの方向に向けるのに苦労しました。

一九六二年八月九日は彼の四八歳の誕生日でした。この日、翌年の春には彼の家族とともにブダペストで再会することを約束しました。この時の私は、後に彼のお墓まで付き添っていくことになろうとは、夢にも思っていませんでした。

ゴットフリート・フォン・アイネム
歌劇《ダントンの死》の初演

一九四七年のザルツブルク音楽祭で、私の最初の歌劇《ダントンの死》の初演を指揮するはずだったオットー・クレンペラーが、最初のリハーサル時に病に倒れてしまいました。代役の指揮者を探していましたが、一九四七年の夏にヴィーンでブダペスト交響楽団と演奏会を持ったフェレンツ・フリッチャイに出会うことになります。ヘルベルト・フォン・カラヤンは彼の才能を保証してくれましたが、残念ながらそれまで彼の演奏会を聴いていませんでした。

私の作品を出版しているユニヴァーサル・エディション社で、フリッチャイに作品を弾いて聴かせると、彼はリハーサルを手伝うと明言してくれました。もしクレンペラーの健康状態が悪化することにでもなれば、フリッチャイは初演の指揮を引き受けるとも言ってくれました。そして事実その通りになったのです。

フリッチャイとオスカー・フリッツ・シュー、カスパー・ネーアー、それに私との間で、上演のスタイルをどうするか話し合いが持たれます。それは予想を超えた、まことに刺激的な議論となりました。主催者側は初演のために一流のキャストを揃えていました。マリア・チェボターリ、パウル・シェフラー、ユリウス・パツァーク、ロゼッテ・アンダイらの人たちです。上演の準備が始まりました。

ソリストたちと同じように、合唱団にも重要な役割が割り当てられました。フリッチャイがヴィーン国立歌劇場の合唱指揮者ロスマイアー博士と作り上げた、音も言葉もはっきりと聴き取れるという演奏は、本当に不思議な体験でした。フリッチャイは、ビューヒナーのテキストの美に対する繊細な感覚と、音楽に潜むドラマを引き出す情熱を示し、ボリス・ブラッハーによって大胆に編曲された、この革命ドラマの精神的な内容を理解している彼の表現は、実に圧倒的な印象を与えました。

ザルツブルクの大舞台にユーモアと厳しさを兼ね備えた新人として現れたフリッチャイは、次代を担う大指揮者の一人と目されるほどの偉業を成し遂げました。その人間性や芸術性は、今日でも語り草となっています。彼は真の芸術を探求し、それを成し遂げることができたのだと、私は断言します、

幸運にもフリッチャイやシュー、ネーアーのようなハイレベルの人々が私の歌劇の上演規範を作り上げてくれたので、歌劇《ダントンの死》の成功により、ザルツブルク音楽祭のとるべき方向性が定められました。それはすなわち、「今日の視点から考えてこそ、過去の正しい克服や再現も可能になる」ということです。

フリッチャイの偉大な歩みが私の作品の初演から始まり、私の《バラード》のレコード録音で終わったという事実は、不思議な因縁を思わせずにはおきません。

親愛なる友へ献げます！

【エピソード】ちょっとした悪戯

フェレンツ・フリッチャイ指揮、ギュンター・レンネルト演出、ペーター・アンダースのテノールにより一九五一年にナポリで歌劇《フィデリオ》が上演された。フリッチャイとレンネルトは早めに到着していたので、暇つぶしにいたずらをすることにした。ペーター・アンダースがまだ着いていないのをよいことに、彼に一杯食わせてやろうとしたのだ。

フリッチャイとレンネルトは、「我々は、ローマでバルトークの歌劇を上演するために、既にナポリを発ちました」とアンダースに手紙を書いた。そしてあろうことか、S・カルロ劇場の便箋をどこからか手に入れ、第一楽長の名でアンダースに手紙をしたためた。「拝啓、アンダース殿。私共の下手なドイツ語と、貴殿がイタリア語をおできになるか存じませんことをどうかお許しください。本日、私共は不幸にもキャストに穴が開いてしまいました。フリッチャイ氏とレンネルト氏は出立してしまい、ローマでバルトークの歌劇を上演しています。我々は歌劇《フィデリオ》の代わりに歌劇《ローエングリン》を上演することにいたしました。これは私共の常備のレパートリーなものですから。クレンペラー氏が指揮をいたします。貴殿には四月二〇日と二五日の二回目と三回目の上演の代役をお願いいたします。マリネスク氏がきっとイタリア語の素晴らしい歌唱を披露してくださるでしょうから。ご理解を賜りたく。敬具」

二人は、「きっとアンダースは歌劇《フィデリオ》の初日ではなく、歌劇《ローエングリーン》の二日目と三日目を歌えと頼まれたらとても怒るぞ」と思っていた。

二人はホテルのドアマンに、二つの手紙をアンダースに届けるようにたのみ、ロビーのヤシの木の陰に隠れた。はたせるかな、アンダースはすっかり腹を立て、すぐにナポリを発とうとした。そこで仕掛け人の二人が現れて種明かしをすると、三人はこの悪戯の成功に、学校の生徒のように大笑いしたのである。

【二人からのアンダースへの手紙】

アンダース様

私たちは残念ながらあなたを待つことができなくなりました。でも、決して闇夜にまぎれて出かけたわけではありません。

というのも私たちはレンネルト博士ともども、劇場側と決裂してしまいました。私たちはローマの歌劇場よりバルトークをやらないかと招待を受けております。

私たちはローマのアストリア・ヴァレーゼホテル八号館に滞在しており、電話番号は二二二六四一です。思い立ったら電話ください。それも今日のうちに。

一文にもならない仕事のためにそこにとどまるのはおやめなさい。そして何百マルクも無駄にするようなことになるなら、一刻も早く出かけなさい。

妻からもよろしくとのことです。

あなたのフリッチャイ

ディートリヒ・フィッシャー＝ディースカウ
《ドン・カルロス》から《ドン・ジョヴァンニ》へ

ベルリン市立歌劇場の音楽監督に任命されたばかりのフェレンツ・フリッチャイは、新しく採用されたオペラは初めてのフィッシャー＝ディースカウという男を、最初のピアノ合わせのために待っていました。私は気が重かった。なぜならオペラ歌手などになる気はなかったのに、人にまんまと載せられて総監督ハインツ・ティーチェンの前で歌い、採用されてしまったからです。ティーチェンは、歌劇《ドン・カルロス》の新演出上演を四週間後に控えながら、ロドリーゴ役が見つからないで困っていたので、いずれにせよ八日前までには誰かを見つけないといけないと考えていました。「私の歌唱を指揮者ははたしてどう思うだろうか？」意を決して練習室のドアノブを下げた時、事前に吸っていた気つけタバコの効果はもう切れていました。ピアノの横の譜面台のところに、革のオーバーを着たフリッチャイが座っています。なぜなら一九四八年当時、練習室に石炭ストーブを置くなど、贅沢以外の何物でもなかったからです。私が持ち前の完璧癖で発音の不備につまずきながらも、ロドリーゴ役を歌うと、フリッチャイは短くこう言いました。「もうベルリンでイタリア人バリトンを見つける必要はなくなった。」彼は例の高い声で、たびたびフレーズを歌って聞かせてくれました。練習が終わって彼のもとを退去する時まで、彼の目は友好的で若々しい微笑みを浮かべたかと思えば、隅々まで探るような、時には独裁的な厳しい表情を見せました。

フリッチャイは少ない舞台練習では、私が人前に出せるほどのレベルに達するとは思っていませんでした。のちに何度も経験することになるのですが、彼は演出家の意図に激しく共感し、舞台上での出来事と自身の演奏を音楽的に合致するように常に努力していました。そんなわけで私には、いつ終わるともしれぬ価値ある個人レッスンが課せられました。そこでは、「あたかも若駒のようにしなやかな足関節を持つ英雄が、剣の柄を静かに握って、優雅にマントを風にひるがえるに任せながら、いつでも飛び出せるよう控えているように」というたとえを持ち出しながら、「練習では高音をフォルティッシモで歌うのをセーブするように」と、彼が自ら歌って示してくれたりしたものです。

初舞台の私にはさらなる困難が待ち受けていました。舞台上から下方の指揮者を常に見ている必要があったのです。また最初のオーケストラとの練習の折、たとえばロドリーゴの登場の場面も、自分にとって待ち焦がれているパートナーがカルロス王子であると思えてくるまで、そしてついに激情を抑えてオーケストラとも一体になるまで、本当に何度も繰り返し練習が行われました。

私はフリッチャイがオーケストラを粘り強く指導して、彼の理想の音に近づける術を知っていることに感心したものです。それはいくつかのバトンテクニックにおいて、ヴェルディを演奏する場合のトスカニーニと似ていないこともありません。とりわけ歌劇における音楽の主導性を発揮することに成功していました。音楽はそのあるべき姿を再び認められたのです。フリッチャイとの演奏では、緊張の初日が無事過ぎると、続く上演においては、指揮者が歌手と一緒に呼吸してくれていることに、私は喜びを感じたものです。フリッチャイの視線はほとんどすべて舞台に向けられており、指揮者の意図を離れた、いささかの不安定さも成り行きまかせもありませんでした。もしオペラデビューに際し彼の細心の指導を受けられなかったならば、私の舞台人生は、こんなにスムーズに発展することはなかったでしょう。

それからすぐ、今度は歌劇《フィデリオ》で、異質の要素から緊密なアンサンブルを作り上げるという彼の天分も知ることになりました。どんな小さな部分でも、見たところどうでも良いような細部にいたるまで、彼は愛情をもって取り組みます。彼の解釈は素晴らしく新鮮で、自由で、懐疑的な反対派もたちどころに納得させるものでした。室内楽的で、ロマンティックな情熱とは無縁な若々しい演奏を得て、作品はいつもと違ったように響くのです。彼のたっての希望により、私は大臣役のほか第一の囚人役までも歌いました。演奏会ポスターに三ツ星で示されるこの「特別出演」によって、自分の成長の機会を得たことにとても感謝しています。

次のベルリンの歌劇場での共演まで、かなりの時間が過ぎましたが、その間もレコードやラジオ放送のために、たくさんの歌劇作品の録音を行いました。フリッチャイはそんな折、グルックの歌劇《オルフェオとエウリディーチェ》においてアルト歌手に独占されていたオルフェオのパートを私に割り当てました。ドニゼッティの歌劇《ランメルモーアのルチア》では歌心で私たちを魅了し、またバルトークの歌劇《青ひげ公の城》の総譜には書かされていない秘密を明らかにしてくれたりもしました。私のアリア集の録音に際しては、きわめて献身的な情熱をもってオーケストラ伴奏をしてくれました。《魔笛》、《ドン・ジョヴァンニ》、《フィガロの結婚》の録音では、彼の様式上自由で、きわめてドラマティックなモーツァルトの演奏スタイルに大いに驚かされることもありました。

この頃、フリッチャイは既に病魔に冒されていたのですが、彼の精神的な充実はそれを凌駕していました。幸運にも彼は、まだ指揮も録音も続けることができたのです。

指揮台の上での、彼の目の、そして正確な色彩や精神的緊張を要求する顔の表情は、歌手を彼の魔力のとりこにし、時には思いもかけない成果を引き出すこともありました。

悲劇の素晴らしい表現は彼の得意とするところになっていきました。当初の簡素で、リズミカルで、対声がはっきり分離して聞こえた彼の演奏は、透明で、表情豊かで、幅広いテンポによる表現に変貌していきます。輪郭は軟らかめに、デュナーミクの段階は、より細かく設定されていきました。

一九六一年秋の、新設ベルリン・ドイツ・オペラの柿落しは、フリッチャイの最後の輝きの場となりました。彼が青白く、びっくりするほどやせて最初のリハーサルに現れた時でも、持ち前の表現したいものへの情熱と激しい愛情は依然健在であることがはっきりとわかりました。彼の楽器となる演奏者すべてを、自分の感情表現の中に取り込んでいきました。「ドン・ジョヴァンニ」というこのさまざまな解釈が可能で、私の中でも役柄の理解が常に変化している役が、あるとき議論の対象になりました。当然のことで、またよくある話ですが、演出家と指揮者は全く違った見解を持っていました。私はアンサンブルを壊すことなく、フリッチャイの音楽上の解釈に全幅の信頼を置きつつも、私自身の主張を通すという困難な道を選びました。抑制された激情、絶えず募る自暴自棄の絶望感、悪魔が地獄に突き落とされる前に自我への執着において見せる偉大さ、モーツァルトはこれらをこの役の中に表現し、それがフリッチャイの演奏で明らかになったのです。

この輝かしい人物に出会えて、その活動の一部に添い得たという運命の恵みには、ただ感謝あるのみです。

マリア・シュターダー
フェレンツ・フリッチャイと共に

チューリヒ・ラジオのオーケストラ部局長であったロルフ・リーバーマンは、彼の劇的カンタータ《戦いの歌》の初演の後、私に「君をフリッチャイに引き合わせよう」と言いました。「君たちは一緒に素晴らしい音楽ができると思うよ。」フリッチャイは当時昇り竜の勢いで、少し前に、ザルツブルクにおける歌劇《ダントンの死》の初演を急遽引き受けたことは、音楽家たちの間では広く知れわたっていました。オーケストラやソリストに対して厳しいことも。私は緊張しました。

約半年後、フリッチャイと初めて会った時のことです。オーケストラ・スタジオで彼と軽い挨拶をした後、ロルフ・リーバーマンは録音機材室に控え、私たちは《踊れ、喜べ、幸いなる魂よ》（モーツァルトのモテットＫＶ一六五）を中断なく通して演奏しました。演奏後しばしの静寂の後、フリッチャイは「とても素晴らしかった！」と言いました。この一五分ほどの演奏から、私たちの共演と交友は始まったのです。最高の芸術的な充足感を与えられた時もあれば、奥深い人間的な共感と絶望を感じたこともあります。世界的な演奏会場での忘れられない大成功の間には、手術を受ける彼の部屋の前で何時間も待つということもありました。そして最後には彼との感動的な別れとなります。

フェレンツ・フリッチャイの能力で最も驚いたのは、歌唱に対するきわめて鋭い直感的洞察です。これについては第六感ともいうべきものとしか言い表せませんが、人の声に対する彼の感情移入の能力は完璧でした。これまで声楽の訓練を受けたことがなく、人の声の複雑な生理的プロセスについて知らないにもかかわらず、彼は傾聴に値する技術上の助言をすることができ、その助言は私自身の常なる向上につながり、また他の歌手にも同様に助けとなりました。私はよくこの非凡な才能の根源がどこにあるのか考えたものです。第一には彼が他のどんな楽器よりも、人間の声そのものに対し深い愛情を抱いていたということでしょう。その理由は、他の楽器は総じて人間の声ほど旋律線を完全に表現できないということにあります。旋律線というのは、どんな場合であっても、音楽を作る上で、最優先すべきものなのです。彼にとって旋律というものは、たんなる異なった高さと時間的な間隔を持った音の並びではなく、幾通りにも表現できる緊張や弛緩、音色を備えなければならないものでした。第二に彼の天才的な聴覚、明白な音に対する美感ともいうべきものです。これは第一のことにも関係していますが、彼はほんの些細な音の出だしのミス、ちょっとした音色の違いをも聴き逃すことはありませんでした。正しくはまっていない音は彼に生理的不快感をもたらすのです。

この音楽家としての根幹である感受性により、彼はオーケストラの総譜にひそむ究極の可能性を引き出しました。それに比較的長大な作品の立体的構造への鋭い理解に支えられた解釈が加わるのです。どんな作品を演奏する際にも、彼は自身の内に完全なるイメージを作り上げ、それがリハーサルによって理想の形へともたらされました。演奏と内にある完全なイメージとが合致しないことを嫌い、またまさに憑かれたように常に完成度の向上を目指したので、彼は同じ作品に同じキャストを何度も割り当てました。やりやすいという理由からではありません！　内なる耳の理想像に近づくまで、練習と彫琢を繰り返したのです。ルツェルンの芸術週間において、ロッシーニの《スターバト・マーテル》を演奏した時のことです。私たちソリストはもう何度も同じキャストで演奏していました。しかし彼は上演の後、私に暗澹たる面持ちで言うのです。「困った、この作品は既にレコードになっている。今こそ我々は録音をやり直すべきなのだが！」　とはいってもこの録音はいかなる観点から見ても素晴らしいものなのですが。

　このような感性と常に完成度を高める努力によって、彼は理想的な「伴奏者」となりました。といってもいわゆる「伴奏」をするのではなく、歌手と同時に呼吸するオーケストラの演奏によって、歌が旋律的に発展するのを助けてくれるのです。彼は適切な瞬間にどんなことにも対応でき、また活かせるよう、オーケストラに徹底して聴くことを要求しました。なぜなら、リハーサルにおいて詳細な細部の確定をしていても、音楽というのは瞬間瞬間に新たに生まれてくるものでなければならないと考えていたからです。このようにして私にとっても、そしておそらくは彼自身にとっても、最高に充実した音楽的瞬間が成し遂げられたのです。そんな時彼は、周囲にはばかりもなく目の涙をぬぐうのでした。

　彼にとって音楽とは命と引き換えにしても惜しくないくらいの大切なものですから、「おざなり」という言葉はもちろん言語道断で、ましてや腑抜けた歌手や無気力なオーケストラなどは言うに及びません。そのような状況ではもう手が付けられません、彼は個人的に侮辱されたように感じ、自分の愛する音楽も冒涜されたように思い、そしてよく知られているように衝突が起こりました。そんなとき彼は、どのような声にも耳を貸さず、ひどく怒ってしまうのです。「あなたは音楽をまるで愛していない、ただ音を出しているだけだ」と歌手の一人にどなったこともあります。こうなると彼はもう妥協もできません。そして当面の目的を達することができず、障害を感じたリハーサルの後は絶望的な気分になってしまうのでした。彼にはその意図の理解者が必要でした。理解者たちがいてこそ、彼は最高の成果を上げさせることができたのです。その時、神秘の深淵から芸術家の理想とすべきものが再び浮かび上がります。それは彼らが、かつてこの高貴な仕事に就く動機だったものであり、残念ながらあまりにも忙しい日々のルーティンワークの中で忘れていたものなのです。各々違う知覚や感覚を持った奏者たちが、同じ一つの目標に向かうということです。そのような瞬間に指揮する彼の手を見ることは、この上ない贅沢でした。その手は大きな動きでフレーズを描き、片や各音や楽句を愛おしげに、すべてを誰にでもわかるように表現するのでした。

フリッチャイには、意図するところをわかりやすいイメージで伝える特別な能力がありました。ドイツ語がそんなに堪能ではなくても、驚くほど豊かな言葉と表現力を駆使することにより、合唱団、オーケストラ、そして私たちソリストに対して意図を伝えることができました。ヴェルディの《レクイエム》とハイドンのオラトリオ《四季》のリハーサルにおいて忘れられない思い出があります。どちらも、是非もう一度行いたいプロダクションだったと今も語り草であり、そのリハーサルが録音されなかったのはとても残念です。なぜならば今日でもなお、演奏家や学生にとって教育的価値があるリハーサルであることは想像に難くないからです。フリッチャイはハイドンのリハーサルでは、イメージを喚起しようと絵本まで持ってきて楽員に開いて見せていました。私たちはみな作曲者の思想世界とその時代にいるように感じたものです。自然な響きを持ち、芸術的に作られているこのオラトリオは、演奏の際には細部にいたるまでそれにふさわしい意義を与えられ、居合わせた人はハイドンの天才性に対して賛嘆の念を抱きました。この上演は私の長い演奏キャリアの中で経験したもののうち、最高の思い出となりました。

フェレンツ・フリッチャイを仕事の付き合いやコンサートホールにおいてしか知らない人は、その人となりの半分しか知らないことになります。仕事に集中すればするだけ、彼はストレス解消にも時間を割きました。気ままに過ごすだけではなく、才気あふれる会話を楽しんだり一緒に食卓を囲んだりもします！　家族や友人たちの集まりでは、彼は面白くなかったことや心配事、苦労や仕事のことなどを全て忘れることができました。演奏とはまた全く違ったやりかたで、人生や美しいものに関することなど、彼が関心を持つ全てのことが語られたのです。彼の愉快な、そして心のこもったユーモアにより、私たちはいつも楽しい夕べの時間を過ごし、それを今日でもなおひそかに思い出して楽しんでいます。少人数の人たちとの深い交友が彼には必要で、その小さな輪の中に私も加えてもらえたことは、とてもありがたいことだったと思っています。それは共通の目的に向かって仕事をする上で、お互いの理解を深め合い、人間的な向上の場にもなりました。この「すべての美しいものを愛でる」という彼の理想を実現したものが、彼の愛するシルヴィア夫人と作った素晴らしい住まいなのです。ボーデン湖の一部をなすウンター湖に浮かぶ、三つのロマネスク様式の聖堂があるライヒェナウ島の対岸の町、エルマティンゲンにその住まいはあります。フリッチャイは大都会ではなくこの地を愛し、常にこの地に戻ることを楽しみにしていました。この地の西欧における文化史的な重要性に対する深い理解があったからこそ、彼は新しい故郷を熱愛したのです。この地で彼は、それはもう幸せそうでした。しかし恐ろしい運命とも闘わなければならず、ついには天国に召されていくことになったのです。

レイラ・ストーチ
アメリカ合衆国におけるフリッチャイ

一九五三年、フェレンツ・フリッチャイは客演指揮者として、初めてアメリカ合衆国にやってきます。演奏旅行はボストンでハイドン、バルトークおよびチャイコフスキーの四夜にわたる演奏会から始まりました。それは大成功をおさめ、後年フリッチャイは、「ボストン交響楽団はとてもいいオーケストラだ」とよく言っておりました。

最終公演地サンフランシスコへの途上、南西部の都市テキサス州ヒューストンで一回だけ演奏会をします。この演奏会の成功によってフリッチャイは、一九五四～一九五五年の次期シーズンにおける音楽監督および首席指揮者に選ばれたのでした。

太平洋岸の美しい街サンフランシスコでは約四週間過ごし、三つの異なったプログラムによる、八夜にわたる演奏会を持ちました。その中には二つのサンフランシスコでは初演になる曲が含まれていました。コダーイの《ガランタ舞曲》とフランク・マルタンの小協奏交響曲です。

ヒューストン交響楽団の第一オーボエ奏者であった私は、テキサスでフリッチャイと知り合いました。彼は私たちの前に、鳴り物入りではない、全く未知の人として現れたのです。私たちが彼について知っていることといえば、ベルリンの放送交響楽団でいくらか指揮をしたということだけでした。オーケストラの現場ではよくあることですが、フリッチャイもまた若さゆえに懐疑的に迎えられました。しかし私たちは、モーツァルトの交響曲第三五番《ハフナー》の最初の一〇分のリハーサルで、平凡ということをはるかに超越した、最高水準のものを内に秘めた人物であることを感じ取ったのです。

一九五四年の終わり、フリッチャイは熱烈な歓迎の下ヒューストンに再びやってきて、次期シーズンの音楽監督の仕事を開始します。英語は完璧ではありませんでしたが、オーケストラの楽員たちとはよく意思の疎通ができました。言葉に詰まると、ドイツ語がわかるオーケストラ楽員の誰かがいつも、正しい意図を伝える手助けをしたものです。フリッチャイは想像力が豊かでしたから、少ないが的確な言葉で正しいイメージを示し、オーケストラに伝えることができました。指揮者たちの中ではめったにお目にかかれないのですが、彼はあるフレーズが難しいと見るや、美しく豊かなテノールの声でそのフレーズを歌って聴かせてくれるのです。たとえ何度も繰り返し演奏された曲、たとえばドヴォルザークの交響曲第九番《新世界より》でも、どの小節も毎回新しく生気に満ち、新鮮な生命を吹き込まれたものです。

リハーサルは徹底していながら、生気に満ち刺激的でした。バルトークの込み入ったスコアも、彼の手にかかれば単純で明快なものとなりました。各奏者には高度の集中力が要求されましたが、それでも彼はいつも紳士的に目的を達していたのです。アメリカの著名な指揮者に残念ながらよく見られる、当てこすりや専制的な振る舞いは、彼には見られません。ユーモアのセンスを備え、オーケストラを笑わせるタイミングを逸することはありませんでした。

ヒューストン交響楽団はその大部分がアメリカ全土から集められた若いエリート奏者からなっていました。ほとんどすべてが指揮者のエフレム・クルツにやとわれて、ヒューストンにやってきたのです。みな仕事に情熱をもってあたり、フリッチャイの下で音楽ができることを幸せに思っていました。フリッチャイは当地の音楽家たちにも聴衆にも満足していたのです。

しかし、第二次世界大戦後に揚げられたアメリカの高度な文化的目標に、テキサス州は全体として達しておらず、中心都市ヒューストンでも完全に消化しているとは言いがたかったのは確かです。まだまだ古く粗野な開拓者精神が生きており、ヨーロッパの伝統などは大切にされていませんでした。テキサスは、なんといっても新開発の油田や鉱山資源が豊富なため、様々なことが実現可能なはずでしたが、当時の豊かさと文化的レベルは、バランスが良く取れているとは言えない状況だったのです。情熱と真の芸術家的使命感を持ってやってきたフリッチャイには、計画とその成果のアンバランスさが理解できませんでした。

理由の一つには、フリッチャイの理想とするものが、オーケストラ後援会の人々のそれよりも、はるかに高いものであったことがあげられます。（アメリカのオーケストラ後援会とヨーロッパのオーケストラ運営組織の違いについて説明するのには困難を伴います。アメリカのオーケストラ後援会というのは、町の企業や社会に基盤を持ち、無報酬であるばかりか、オーケストラの維持のために出資してくれる有力者の集まりです。彼らはオーケストラの運営に参画する権利を持っており、ビジネスマネージャーが主として女性で占められたオーケストラ後援会と指揮者の間をとりもつのです。）ヒューストン交響楽団をアメリカの一流オーケストラの一つにするために、フリッチャイはいろいろな非公式の提案をしました。たとえば楽員の給料をシカゴやクリーヴランドの水準まで上げることや、それに見合ってシーズンを長くすることなどです。管楽器の首席奏者の二人制や一級の弦楽器の購入も提案しました。コンサート・ホールの音響が、本格的なオーケストラ演奏には全く不十分であると主張し、後援会の人たちを驚かせました。

テキサスの人たちはまた、ドイツ・グラモフォン社によるヒューストン交響楽団との録音の計画にも懐疑的でした。残念ながら人間関係の誤解により、彼のシーズン後半の復帰は水泡に帰してしまいます。確かにフリッチャイに対して、思うがままに活動してよいという約束はなされていたのです。しかしこの約束は、空言であることを露呈してしまいました。アメリカ式オーケストラ運営の状況は、彼の肌に合わないものだったようです。

ヒューストン滞在中のことについては、フリッチャイ自身がヒューストンの友人に対して書いていることを引用するより適当なものはないでしょう。

「このオーケストラの楽員たちはいつも私のよき仕事仲間でした。私と同等の才能にも恵まれながらも、運命によってこのオーケストラで演奏することを強いられている。二つの方法で彼らの負担を軽減してあげたいと思ったのです。

一、私と共演することは、明らかに彼らに演奏する喜びをもたらしましたし、私自身も少なからぬ喜びを覚えました。このオーケストラは優れた感受性を持つ音楽家たちの集まりであり、人間的に素晴らしいグループです。正しく運営され、またそれによって人間的な温かい交流が生まれれば、すべての課題を解決することは可能でしょう。

二、わずかながら、彼らの社会生活の状況改善を試みました。これは私の任務ではなかったし、私は埒外のことに精通していないかもしれません。しかし私の生来の性格は当地の状況に違和感を覚えました。そして、その試みの成果は、私以上にあなたやオーケストラがご存知でしょう。強調しておきたいのは、もし再び同じような状況と立場にあったとしても、私は決して別の行動はとらないだろうということです。私の同僚は幸福で満ち足りた状況にいてほしいし、少なくともその能力、人間的価値そして才能に相応して評価されるようにすることは、さらなる私の責務と思っています。」

これが彼のヒューストンとの別れとなり、アメリカにとっての大きな損失となります。しかし彼は、後年レコードによって評価が高まりアメリカでも有名になりました。そればかりかボストン交響楽団が、一九五八～一九五九年および一九五九～一九六〇年のシーズンに客演指揮者として招待さえもしたのです。しかし、残念ながらいずれの機会も彼の病気のためキャンセルとなってしまいました。

短いが素晴らしい大成功をおさめたヒューストンにおけるフリッチャイとの思い出は、彼の指揮の下で演奏を許された者すべてにとって忘れがたいものとなっています。

ラディスラウス・パータキ
フリッチャイ、イスラエルを征服

何かと話題の多いイスラエルの音楽界の中でも、次の三つのできごとは特にぬきんでています。一つは一九三六年のアルトゥーロ・トスカニーニ指揮のもとに行われたパレスティナ交響楽団の創立演奏会、一九五四年のフェレンツ・フリッチャイ指揮でのヴェルディの《レクイエム》、そして一九六一年の音楽祭におけるパブロ・カザルスのチェリストまた指揮者としての登場。誇張なしに申しあげても、フリッチャイが指揮したヴェルディの《レクイエム》ほど、聴衆の熱狂と興奮を引き起こし、演奏会に人々が殺到した例はありません。

興行的には、同公演の成功はさほどではありませんでした。というのも当時わがイスラエル・フィルハーモニー・オーケストラは、今日の二千七百の座席と二百の立見席を待つマン公会堂を自由に使用できなかったからです。各プログラムを、小さめで千二百席のオーエル・シェム・ホールで七回も繰り返さなくてはなりませんでした。

フリッチャイを招聘するという案は、セゲードにおける彼の支援者にして友人で、建国以来イスラエルに在住の、ベラ・タカーチュによるものです。タカーチュの提案を受けて、イスラエル・フィルの主要メンバーでコンサート・マスターのツウィ・ハーフテルは、一九五三年にスイスにいるフリッチャイに最初は電話で、そしてニューヨークでは直接会って話をしました。彼らは一九五四年にヴェルディの《レクイエム》の演奏を行うことで合意しました。

出演交渉を行っていることが発表されました。しかし、テルアヴィヴ室内合唱団にラテン語の練習をつけるのには相当な困難が予想されました。またそれは多くの時間を必要とすることにもなります。フリッチャイによって呼ばれたソリストたちは、既に彼のレコード録音でラテン語のテキストを歌っており、彼もヘブライ語を学ぶ時間的余裕はありません。フリッチャイは最終的に、ソリストはラテン語を歌い、合唱はヘブライ語で歌うことに不本意ながら同意せざるを得ませんでした。最初の合唱練習で、エフレム・ドローによる見事なヘブライ語版テキストは、抑揚や発音、また内容の点でオリジナルのテキストによく沿っていることをフリッチャイは確認しました。ドローはラテン語からヘブライ語のテキストを作成するにあたり、出発点としてキリスト教とユダヤ教に共通する典礼のテキストを使用したのです。

フリッチャイは合唱に大きな役割を持たせました。テルアヴィヴ室内合唱団の創立者で当時の指導者、またかつてブリュンナー歌劇場の指揮者だったエユタン（オットー）・ルスティッヒは、一九五四年のヴェルディの《レクイエム》と、二年のちのドニゼッティの歌劇《ランメルモーアのルチア》とヘンデルのオラトリオ《ユダス・マカベウス》での、フリッチャイとの実り多かった共演について適切に語っています。

「合唱団は三月末にブラームスの《ドイツ・レクイエム》を演奏したばかりで、ヴェルディの《レクイエム》を六月に上演するとなると準備期間が短すぎると感じたので、私は初めはお断りしました。しかしイスラエル・フィルの切羽詰まった要請に押され、結局ヴェルディの《レクイエム》を四月から練習を始めることにしたのです。フリッチャイはオーケストラ演奏会を一つ終えた後、合唱リハーサルにやってきました。そして合唱の演奏を聴いてこう言うのです。『困ったなあ。でもやろうではありませんか。』コンサートまであと一四日しかなかったのに、合唱団はまだ二重合唱の《サンクトゥス》の練習を始めていませんでした。」

「極度に集中して、目標がはっきりとしたリハーサルが続きました。それについてはいまだに忘れることができません。」エユタン・ルスティッヒはさらに続けます。「フリッチャイは難しいところを予想していました。それは声楽的、かつ音楽的本質に基づいたものでした。

彼は合唱団に（美しい声で）歌って聴かせて、息継ぎにも配慮して声楽指導をしていきます。いささかも声を荒げたりすることもなく、時にはユーモアに満ちたコメントも交えてはいましたが、彼は妥協することを知りませんでした。こんなことを言ったこともあります。「あなた方は、私が意図するように歌わなければならない。私だっていつも人の言いつけに従順であろうと思っているのです。なんなら、家内に尋ねてみてください…！」

オーケストラとのリハーサルがアメリカ・シオニスト協会の中庭で行われました。私とフリッチャイは交互に指揮をしてお互いに聴きあい、スピーカーからの演奏をチェックしました。彼は音響機器の技術的なことにも精通していました。

この上演の成功の秘密、そして私たちが受けたきわめて深い感動は、彼が人間としての存在の根本のところで敬虔であるところから来ています。そのことについて、彼は会話の中でもよく話していました。彼はこの曲によって祈りをささげているのであり、たんに音楽的に演奏しているのではありません。激情や華美さの代わりに、内面性、精神性そして神への帰依が表現されました。彼の上演は、聴衆を毎回、至福で満ち足りた、感動的で敬虔な気持ちにさせたのです。生涯のうちにこの方と出会えたことは、私にとって恩寵のように感じられます。」

フリッチャイが二年後、歌劇《ランメルモーアのルチア》とオラトリオ《ユダス・マカベウス》をイスラエル・フィルおよびルスティッヒの室内合唱団と上演するために再び訪れたとき、合唱団はフリッチャイを旧友のように迎えました。心のこもった交流が、すぐさま再開されました。かつてのヴェルディの《レクイエム》の経験はいまだ忘れられませんが、この時も、とても言葉では言い表せないほどの素晴らしく、実りあるリハーサルと上演が繰り広げられました。

ヴェルディの《レクイエム》は一九五四年の六月に十回演奏されました。六回はテルアヴィヴのアメリカ・シオニスト協会の中庭でですが、他にハイファとエルサレムで各一回、さらに遠い地方の屋外円形劇場である北方のビース・シャーンでは五千人の熱狂的なキブーツ農場の職員の前で、またエネック・ヘーファでは三千人の聴衆の前で演奏されました。イスラエル全土で、合計で約二万五千人の聴衆がフリッチャイ指揮のヴェルディの《レクイエム》を聴いたことになります。

オーケストラ側は、もっと長く滞在してくれることを望みました。しかし、フリッチャイは私たちの秘書にこう回答したのです。「残念ながらそれは無理です。たいそう疲れてしまった…」と。

既に最初のイスラエル滞在の時、ハイファの小さな映画館の舞台で《レクイエム》の演奏中、途中で演奏を中断せざるを得なくなりました。フリッチャイは体調の不良を感じ、長い休憩の後ようやく最後まで振り終えることができたのです。

第二次世界大戦の悲劇的な出来事は、フリッチャイの心にも深手を負わせていました。一九五四年一〇月一一日付けの、エルサレムにある全イスラエル放送の当時の番組編成部長カレル・ソロモンにあてた手紙で彼はこう書いています。「ドイツ・グラモフォン社のディレクターたちは、『恐ろしい過去は、ただ、良き行いと誠意によってのみ忘れられる』という認識で私と一致しています。私たちはそれぞれの分野で貢献するべきでしょう。このような考えから、ドイツ・グラモフォン社による私の録音をあなた方が自由に使えるようにしたいと思います。」

エルザ・シラー
ドイツ・グラモフォン社とフリッチャイの共同作業

一九四八年にザルツブルクでフェレンツ・フリッチャイと出会ったとき、彼はフランク・マルタンのオラトリオ《魔法の酒》を指揮していました。彼が将来大成するであろう才能を持っていることは知っていましたが、この彼との出会いが芸術的かつ人間的な交友をもたらし、しかもそれが彼の死去までずっと深まり行くことになろうとは思ってもいませんでした。

フリッチャイは個性的で、あらゆる美に対する没入力と、全身全霊をささげる、きわめて高い志をもっていました。そして、そのハンガリー人気質とあいまって、どのような場合でも粘り強く芸術上の必然性を貫徹するよう心がけていました。そんな時彼は、常識的かつ現実的に可能な方法に逃避することに抵抗を示したので、直面する課題解決のための妥協を促すためには、しばしば議論や説得のための多大な時間を必要としました。そのような話し合いは「いつも円満に」というわけにはまいりませんでした（彼は怒りっぽい性格なので）。しかしそれは最終的に、お互いの芸術的活動を実り豊かなものとしてくれたのです。

当時のＲＩＡＳ交響楽団の、今日における放送交響楽団としての第一級の名声は、フリッチャイの熱意と献身によるものですし、彼自身もオーケストラに感謝していました。このオーケストラは彼の楽器です。このオーケストラがあってこそ、彼はのちに発揮する偉大な手腕を習得することができたのです。

ドイツ・グラモフォン社は、この若きフェレンツ・フリッチャイに多大な信頼を置いていました。同社は彼のベルリン初登場の直後からたくさんの仕事を依頼し、しかも彼は期待を裏切ったことはありません。彼の最初の録音はチャイコフスキーの交響曲第五番でした。この作品は彼の個性や気質にとても合っていて、もっとも脂が乗りきった時期の実演では、世界的な大成功をおさめたのでした。

やがてドイツ・グラモフォン社は、彼が理想的なレコード録音の指揮者であることにも気づきました。正確さへのあくなき探求心や疲れというものを知らないリハーサルは、彼の音楽の独特の性格をレコード録音に永遠にとどめるという意味で、制作サイドにははかり知れない価値がありました。

当初の仕事上の関わりは、次第に交友ともいうべきものに変わっていきました。ドイツ・グラモフォン社の技師や経営陣からの絶対的な信頼のもと、百にも及ぶ歌劇や管弦楽曲、オラトリオなどの録音という、実り多い仕事がなされたのです。彼の録音のレパートリーは大変広いのですが、モーツァルトとバルトークという二大巨匠の作品の演奏は特筆に値します。フリッチャイは彼らの作品に特別な愛情を寄せていました。彼の指揮により、この二人の作品の孤高の本質が生き生きと再現されるのです。彼の四つのバルトーク作品の録音や歌劇《ドン・ジョヴァンニ》の録音によって、ドイツ・グラモフォン社はディスク賞を受賞しました。ドイツではまだ知名度のない頃からこの若い指揮者を信用して起用したことも賞賛されました。

私にとって忘れられないのはフリッチャイのリハーサルで、思い出はたくさんあります。誰にとっても、彼のリハーサルは気楽なものではありませんでした。彼自身にとっても、同僚たちにとってもです。演奏が彼の意図している理想の響きに合致するまで、徹底して、また演奏者が疲れ果てるまで細部の彫琢をするのでした。その一方で、彼が集中して進める仕事の厳しさは、臨場感にあふれる、また童話のように想像力に富んだたとえ話によってほぐされるのです。たとえ話によって彼は詳しく説明をすると同時に、流暢ながら少し間違いもあるドイツ語で笑いも誘いました。たとえば「ファースト・ヴァイオリンのＦの音が不潔です」などという具合です。

フリッチャイが病床にあった日々、近づきつつある最期を彼が予感しているとはだれも知りませんでした。彼は深く絶望し希望を失いかけましたが、それでもどうしても再起したいという意欲がまた沸き起こってきます。彼は休むことを知らない性格と性急さに突き動かされ、今後の仕事の計画を公にしたのです。それは、当時の彼の健康状態では到底不可能と思われるものでした。強い情熱をもって仕事にのめりこみ、彼は両端から燃えるロウソクのように消耗していきます。この時期、彼は最高の境地に到達し、あらゆる人間的欲望を超越した精神性を備えた演奏で、聴衆の心をつかんでいました。

忘れ得ぬかつての巨匠、ブルーノ・ワルターの温かく敬意に満ちた言葉を、私は感謝の気持ちとともに思い出します。「フェレンツ・フリッチャイは、謙虚の美徳を備えた、数少ない若い指揮者のひとりです。」

ベルンハルト・パウムガルトナー
フェレンツ・フリッチャイとザルツブルク音楽祭

フェレンツ・フリッチャイは、病に倒れたオットー・クレンペラーに代わって、一九四七年の夏のザルツブルク音楽祭におけるゴットフリート・フォン・アイネムの歌劇《ダントンの死》の初演の指揮を執ることを急遽決断します。彼は当時まだ若く、世間にはまだほとんど知られていなかったのですが、関係者の間では、専門家がこぞって賞賛する指揮者が現れたと評判になっていました。フリッチャイはまれにみる集中力でリハーサルに臨み、驚くべき指揮テクニックの正確さを披露し、私たちはその最初の瞬間から感嘆したものです。熱狂的で仮借なく、厳格さと情熱的な真剣さを備え、また曲を内面から理解して形成できる音楽性は、かつてのグスタフ・マーラーを思い起こさせます。そして真に力量のある人にだけ見られる厳しさ、生気、若さは、将来の成功を確信させるのでした。

オペラやコンサートの指揮者として衆目の認める成功を収める前から、フリッチャイが次代のザルツブルク音楽祭において重きをなす指揮者であることは、私たちにはわかっていました。フリッチャイが、一九四八年にフランク・マルタン作曲のオラトリオ《魔法の酒》の公開初演の指揮を約束してくれた時、再びフリッツ・シューの演出とともに、この公演を大成功に導いてくれるだろうと、いやがおうにも期待は膨らみました。次の一九四九年には、音楽祭の初演シリーズは一つの頂点を極めます。オルフの歌劇《アンティゴネ》がフリッチャイ指揮によって初演されたのです。それは劇的迫真性と当時のオルフの先鋭的なスタイルにより、オーケストラや指揮者など、上演に関わるすべての者に細心の準備と演奏を要求していました。

ある優れた音楽著述家のお墨付きをもらえたというだけでなく、ザルツブルク音楽祭としても確信するのですが、この上演のきわめて高い評価は、フェレンツ・フリッチャイの世界的キャリアの出発点となったのでした。ドイツのミュンヘンとベルリンの歌劇場、ＲＩＡＳ放送、そしてドイツ・グラモフォン社はフリッチャイをしっかり握って放しませんでした。

数年後、フリッチャイはザルツブルクに素晴らしく円熟して戻ってきました。その姿は痩せて背が高く、苦悩を抱え、深い自省によって達観した修行者のようです。そして、音楽への献身には不可欠な情熱と、音楽の世界の存在と構造に対する知識による、確たる自信に満ちていました。（むろん、決してその自信の上にあぐらをかいてはいません。）そしてその世界観に幸運にも備わっている美と精神は、いまや彼の演奏にもっと本質的な重要性をもって立ち現われたのです。それは、比類ない高いレベルの感情移入、寛大さ、心からの共感をもって私たちに語りかけます。職人仕事のように素晴らしいが硬直したやりかたとは無縁の、また日常や伝統のしがらみやあらゆる困難から解き放たれた、自由な魂として。

フリッチャイは一九六一年の夏の新しい祝祭大劇場におけるモーツァルトの歌劇《イドメネオ》の新演出の指揮を引き受け、二度目の偉大なスタートが切られました。《イドメネオ》は、モーツァルトが特別な愛情をもって仕上げた作品であり、このオペラが成功裏に再び世に認められるようになることを、私たちはとても期待していました。モーツァルトに対する心からの献身と畏敬から、フリッチャイ自身もこの歌劇を愛していたのでした。当時彼自身が言っていたのですが、《イドメネオ》は、モーツァルトが書いた最高に悲劇的な音楽表現として、彼に深い衝撃を与えていました。それは決して習作などではない素晴らしい作品で、その音楽は独創的な創意に満ちています。バロック時代のいわゆる英雄物などとは異なり、人間の行為の真の本質を賞賛するものなのです。「この作品の唯一の欠点は、世間がこの歌劇をあまりにも知らなさすぎるということだ」と彼は言っていました。

上演に際して、指揮者の作品に対する愛情に気づかない者はいませんでした。素晴らしくドラマティックなレチタティーヴォやアリア、合唱やオーケストラ演奏の美しさ、愛情に満ちた細部の表現、旋律的楽句の流れるような自由さなど、それらは彼のモーツァルト作品に対する並外れた理解力によるものでした。

ザルツブルク音楽祭の関係者は、出演している優れた指揮者たちの中から、新しい偉大なモーツァルト指揮者が出てきたことを悟ります。私たちは同じ夏に、大ホールでフリッチャイが指揮するベートーヴェン、ブラームス、そしてコダーイの作品からなる管弦楽演奏会も体験する幸運に恵まれました。私たちは、フリッチャイが次のシーズンには歌劇《魔笛》を上演することを約束してくれたのでとても喜びましたが、それは一九六三年におけるモーツァルト作品の上演計画の重要な柱となるものでした。ザルツブルクにおける公演の計画について彼と何度となく話し合ったことは、私の人生において忘れられない思い出となっています。幸いなことに、彼はこの音楽祭の理念に賛同し、その理念に沿ってくれ、レパートリー制の硬直したシステムに縛られることを望みませんでした。慎重に仕上げられるリハーサルによって、芸術的な再現をするための自由が生まれてくることが大事であると考えていたのです。モーツァルトの作品に対するまさに予言的なはっきりした見解は、彼との魅力的な会話において深く示唆に富むものでありました。

私たちは大きな期待をもって、来る一九六二年の夏を待っていました。パンフレットには既に彼の名前が予告されていたのですが、フリッチャイが《イドメネオ》の再演を指揮することはもはやかないませんでした。病院から良い知らせが届くことを根気よく祈っていた頃、フリッチャイが執筆したモーツァルトとバルトークに関する素晴らしい小著を、感動をもって受け取ることになります。指揮者として完成の域に達しようとしており、それが天職であると熱烈に信じていた彼は、自分が不治の病を得たとは思いたくなかったはずです。希望を持ち、苦しい手術を何度も甘んじて受けたのでしたが、思い出せなくなったり書けなくなる前に、どうしても言っておきたいことがあったのでしょう。ザルツブルク音楽祭の関係者は、彼の苦悩に心からの同情を寄せ、彼がかつて言ったように、生気に満ちた楽の音が響く聖堂に彼が上機嫌で再び現れるであろうその日を辛抱強く待ちました。しかし、私たちの輝かしくかけがえのない計画は実現せず、ホールの前に半旗を掲げることになってしまったのです。

ルドルフ・ハルトマン
ミュンヘンにおけるフェレンツ・フリッチャイ

フェレンツ・フリッチャイは、最初の大手術後の長い療養期間中の一九五九年三月二六日、私にミュンヘンやバイエルン州立歌劇場でのできごとについて次のように書いています。「四カ月ものあいだ、この家にずっといました。もし私が再びそちらのアンサンブルの前に立つことが許され一緒に音楽をできるのであれば、たとえば昨年の共演の時のように、神のご加護の下、更なる素晴らしいプロダクションを実現できるだろうと考えると、胸が高鳴ります。」

また、音楽総監督としての最初のシーズンの終わりに、彼はこう書いています。「あなたとの素晴らしい個人的な、また芸術上のお付き合いによって、今日、他では実現できないような公演の数々を行うことができました。」

これらの発言は、ミュンヘンにおけるフェレンツ・フリッチャイの芸術活動が、いかなる成果をあげたかを物語っています。私たちの付き合いは一九五五年までさかのぼります。その折、フリッチャイは私にとって強烈な、後々まで印象に残る個性的な演奏を披露したのでした。それに続く出演交渉により、私たちの共同作業を計画し、後の上演が実現したのです。フリッチャイは、私が新演出をしたヴェルディの歌劇《オテロ》の客演指揮を引き受けてくれました。リハーサルは極度に集中した雰囲気の中で進み、アンサンブルに実り豊かな影響を与える、彼の仕事の流儀が明らかになりました。彼は演奏者たちを、友好的ながら厳しく導くことで、目的を達成していくのです。ソリスト、合唱団、オーケストラは今までなかったほどにどれも訓練が行き届いていました。なぜなら、上演の能うる限りの完璧性が唯一の目的であるような、揺るぎない基本構想が、全ての演奏者に強く浸透していたからです。演出家と指揮者の相互理解は円滑に進み、私たちはお互いを尊重しあった共同作業の幸せをかみしめました。歌劇《オテロ》の上演の、素晴らしく印象深い成功により彼は、文化大臣が要請したバイエルン州立歌劇場の音楽総監督の職務を与えられたのです。

歌劇《オテロ》の成功を皮切りに、フリッチャイのミュンヘン在任中、新演出が続きました。いずれの上演も洗練された音楽的表現により、非凡なものとなります。ヘルベルト・リストとフリッチャイは、ドニゼッティの歌劇《ランメルモーアのルチア》を大成功へともたらしました。その成功は今日もなお語り草となっており、古いスタイルのレパートリー制歌劇場に新しい風を吹き込んだフリッチャイの才能は、誰の目にも明らかなものとなりました。

私自身のフリッチャイとの次の共同作業は、アルバン・ベルクの歌劇《ヴォツェック》でした。この上演はヘルムート・ユルゲンスによって三幕を続けて上演できるように考案された舞台美術が、強烈な印象を与えました。ムソルグスキーの歌劇《ホヴァーンシチナ》の後に、一九五八年、ミュンヘンのキュヴィリエ劇場の創建記念の年の開幕に合わせた、モーツアルトの歌劇《フィガロの結婚》の祝賀新演出が続きます。これは対外的にも、私たちの共同作業で特に強調すべき成果です。この頃は良い星回りの下での、幸せな時でした。

フリッチャイは、彼の職務の管理業務的な面もおろそかにはしなかったので、日々の経営陣の要求や芸術上の予期しない問題とも苦闘していました。いまや日々深刻になってきている健康上の問題も、旺盛なエネルギーで克服します。健康上の不安と満足のいかない配役にもかかわらず、ヴェルディの歌劇《仮面舞踏会》の新演出上演は、素晴らしい成功を収めました。

この上演の後に提出された「演出家と完全に了解することによって、指揮者の負担を最大限減らす」という内容の手紙の中で、彼は楽しかった私との交友について語っています。

私たちは当時、共に芸術活動を続けることができなくなろうとは夢にも思わなかったのです。

アンネッテ・コルプ
忘れられない夕べ

大作曲家たちの系譜は、私たちを音楽の歴史の中に深くいざなってくれますが、大指揮者の歴史はたかだか百年にすぎません。大指揮者というものは、リヒャルト・ワーグナーの以前には存在していないからです。偉大な指揮者と言うのに恥じない人にお目にかかるのもまた珍しいのが事実ですが、その中の一人にフェレンツ・フリッチャイがいます。彼は真に非凡な人でした…。

一九五〇年代の半ばには、歌劇《オテロ》のセンセーショナルな上演によって、もはや彼のバイエルン州立歌劇場の音楽総監督就任を妨げるものはありませんでした。

キュヴィリエ劇場の再開の折、私は彼を至近の一階さじき席から見ておりました。この時の演目は歌劇《フィガロの結婚》でしたが、その夕べのことが忘れられません！　フリッチャイの風貌は感動的で、精神が全身から放射していました。

私はその素晴らしいモーツァルト指揮者の上演に、二度ほど観客として参加し、そして今度は客として彼の家を訪問しましたが、その時はとても普通の状態ではありませんでした。彼は重い病のため床につき、いつ死んでもおかしくない状態でした。しかし彼は、最後まで休むことなく、芸術のために生き抜いたのです。

早世した人に対して、「やり残したことがたくさんあって残念だ」と世間はとかく言いたがるものです。しかし、フェレンツ・フリッチャイにおいては、病気が影を落としているとはいえ、精力的に仕事をし、生前の最後の円熟と完成を迎えていました。

ミュンヘンに限らずどこの人であっても、すべての内声のパートにいたるまで霊感を与え、芸術家として情熱をもって導き、あたかも天上の音楽を地上に引き下ろさんとする、フリッチャイのような生き生きとして知的なリハーサルを、長く語り継ぐことでしょう。

いつまでも心に抱くのは、彼への追憶、共感、哀悼の念です。

エーリヒ・ケストナー
キュヴィリエ劇場における美

「信仰は山をも動かす」と聖書には書いてありますが、本当にありえることなのでしょうか。正直に言ってそのような例を私は知りません。しかし、それによく似た素晴らしいできごとを目にしました。信仰は劇場の建物をも動かすことができるのです。ミュンヘンのフランソワ・キュヴィリエの手になる、赤と金の光を放つロココ・スタイルの宝石箱のような旧宮廷劇場にまつわるできごとです。

マックス・ヨーゼフ広場にあったこの建物は、空襲によって完全に破壊されましたが、疎開していた内装とともに再建されました。ただ、もともとあった場所、国民劇場の隣ではありません。数百メートル離れた、宮殿のブルンネンホーフに「動か」されたのです。でも今やキュヴィリエ劇場は、幸いなことに、昔からの正しい場所にあるかのように見えます。

再開に際して、歌劇《フィガロの結婚》が上演されました。私たちは大きな期待と共に、刻限に絶対遅れないように劇場に到着したのですが、それは必要ありませんでした。前桟敷はロビーからは通じておらず、舞台入口から舞台裏を通ってしか行けなかったからです。

アンネッテ・コルプ、シルヴィア・フリッチャイ、パートナーのロッテと私はそんなわけで、四人で聖地に向かいました。舞台の脇の特別の廊下を通り、小さくて重い鉄の扉まで行く特権を与えられ、そこを抜けて、ようやく約束の地にたどり着き、「観客席」に収まりました。

キュヴィリエ劇場をよく知っている方は、この「観客席」という言葉が、いかに陳腐で舌足らずなものかお分かりでしょう。五百人足らずの華やかに着飾った人々のいる居心地のよい空間、そして晴朗かつ優雅な味わいを持つ真の傑作を、言葉で言い表すなんてできません。そして、軽々と宙に浮いているように見えていたシャンデリアが上がって行き、フェレンツ・フリッチャイが指揮棒を振り上げてモーツァルトの音楽が鳴り響いた時の感動は、何と表現したらよいのでしょう。空間と時間が一つに融合しているようでした。こういうものをまさしく美というのでしょう。

その夜のことを思い出しつつ、ルガーノ湖から三百メートルほど上がったところにあるレストランの前庭に座って、この文章を書いています。季節は五月、フジの花が咲いています。私を覆うようにしてフジの生垣が周りを囲んでいるので、紫色の部屋にいるようです。ミツバチやハナバチが花垣の周りでブンブン飛んでいます。

ここからそう遠くないジェンティリーノ霊園にはブルーノ・ワルターが眠っています。彼もまたミュンヘンとモーツァルトを愛していました。彼はともかくも歳をとってから亡くなりましたから、その死は早すぎるということはなかった。彼は天寿を全うしたのです。しかしフリッチャイの場合は違います。彼には短い「猶予期間」しか与えられていなかったのです。

フリッチャイはキュヴィリエ劇場で歌劇《フィガロの結婚》を指揮したとき、既に外科医からの所見を聞いていたのです。後日、最初の手術と療養の後、ヘヒト広場にあるチューリヒ劇場のロビーで彼と偶然出会いました。別人のようになっていて、全く彼だとはわからないほどでした。「どうだい、ハリウッド映画に出てくるお化けみたいだろう?」。彼はこう言って、寂しそうに微笑みました。私たちは狼狽の色を隠すのに大変苦労しました。

しかし、ほどなく新聞には彼の近況と、期待の大きい今後の計画が載ります。ニュルンベルクのホテルの廊下で、彼とまたしても偶然出会ったとき、私たちの勝手な予想は裏切られたと思いました。フリッチャイは病気をしていたとはとても思えないくらいしなやかで、かつてのように朗らかでした。

しかし、この新しい幸運は長くは続きませんでした。それは本当に「猶予期間」と呼べるものでした。結局、再び彼と会うことはなかったのです。

エリック・ヴェルバ
フェレンツ・フリッチャイ——思索の人

自己をアピールするのが好きな演奏家がいる一方で、対外的には自己の芸術をさらしたがらない芸術家がいます。そんな人の中の最右翼がヴィルヘルム・バックハウスです。彼は、ヴィーンのモーツァルト記念誌に寄稿するという、名誉ある仕事から解放してほしいと言ってきたことがあります。（曰く、「私は物書きでもないし、教師でもない。一介の美の探求者に過ぎないのです。」）ピアニストは、自身の演奏解釈を作り上げるために協働者を必要としないので（それに対し、表現の意図をオーケストラに伝えなければならない指揮者にとっては、絶対的に必要なことですが）、対外的に自己をさらけ出す必要がほとんどない、ということは理解できます。

一方、指揮者については、フルトヴェングラーのようなタイプ、ブルーノ・ワルターのようなタイプ、フリッチャイのようなタイプというようなものが存在します。ヴィルヘルム・フルトヴェングラーは、一部の哲学的素養のある人々に向けて彼の思想を盛ったテキストを著わし、そしてまたその思想はとてもよく知られています。ブルーノ・ワルターは、北アメリカの音楽事情に多分に影響を受けてはいますが、作曲家の世界の難しい問題を、より明確によりわかりやすく説明することを心得ていました。そして、フェレンツ・フリッチャイは、彼の芸術的な使命を全体的に評価する徹底的な議論、巧みな論争や談話がなされたことで、ようやく典型的な世界的に通用するハンガリー人となったのです。

ドイツのテレビ局は、スメタナの交響詩《モルダウ》のリハーサルと本番、ゾルタン・コダーイの組曲《ハーリ・ヤーノシュ》およびデュカスの交響詩《魔法使いの弟子》の演奏をフィルムに収めています。これらのドキュメントは、フリッチャイのオーケストラ指導者としての面だけではなく、思索家また心理学者のような面も余すところなく伝えています。描写的に楽員たちに（加えてテレビの向こうの視聴者たちにも！）楽曲のプログラムについて、時には各楽器についての冗談も交えながら理解を促す様子は、彼の巧みな楽曲理解の表れなのです。

フリッチャイはこの意味からも、根っからの現代の音楽家でした。専門家や愛好家のみに音楽の受容層を求める時代は終わっていることを理解していました。そのためにこそ、コンサートホールや歌劇場が、レコードやテレビ放送があるのだと考えていました。また、フリッチャイはその魅力的な人柄によって、自分の仕事である演奏のために、新しい人の輪を作ることに長けていたのです。

子を成し、家を建て、著作をあらわすといったことを成し遂げて初めて人生の義務を果たしたことになる、というような模範主義的な古い価値観では、フェレンツ・フリッチャイを理解することはできないでしょう。『モーツァルトとバルトーク』という本（訳注　本書第一部に収載したもの）を書くことを決める前から、彼は既に指揮者として「書いた」たくさんの「本」ともいえるもの、すなわちたくさんのレコードアルバムで世界的に知られていたのです。

モーツァルトの町ザルツブルク、その新祝祭劇場でフリッチャイは、感動的な歌劇《イドメネオ》の上演を行い、この地で本を書くことを決意します。世界の歴史におけるもっとも重要な天才と、二〇世紀のもっとも偉大なハンガリーの作曲家のことについて書こうと考えたのです。当時バルトークは世界的な名声を博して日が浅く、その作品はまだ十分に知られていませんでした。フリッチャイはバルトークに私淑し、またモーツァルトの永遠の弟子です。彼の本質の中には、美的なものと倫理的なものの統一に対する憧憬と、きわめて強く断固として主観的な表現をしようとする傾向がありました。

ヴィーンの私のもとに、タイプ打ちされた数章が届いたとき、呪わしい病が彼の健康を既にむしばんでいたのです。私たちは電話で原稿について長く協議し、最終的にアメリカ合衆国にいたユーディ・メニューインによる巻頭言と、私の巻末言をこの本に添えることができました。

その後の彼が計画していたことについて、かいつまんで申しあげましょう。フェレンツ・フリッチャイは病に冒されながらも、常に新しいことを考えていたのです。指揮法教本や、彼の師のコダーイについての研究論文、また、音楽のロマン主義についての本を書く、などの計画がありました。

だが、レーナウの文章を少し変えて引用するなら、フリッチャイは「不幸へと運命づけられていた」のです。あるいは、シューベルトの死んだ年に、ゲーテがエッカーマンにあてた言葉を引用するほうが、より良く、美しく素晴らしいと思えます。「非凡なる者には、それを成し遂げるために生まれてきたという使命がある。しかし、それを成し遂げたとき、もはやこの世に存在する理由はなくなっているのだ…。」

早熟の天才モーツァルトと、故郷への満たされることのない憧憬のうちに力尽きたバルトークへのあふれんばかりの愛情は、音楽の思索家フリッチャイの心からの深い共感なくしては実現しなかったことでしょう。言葉においても、行動においても。

ユーディ・メニューイン
フリッチャイと演奏旅行をともにして

ソリストと指揮者の間の意思の疎通は、不自然であったりその場限りであったりして、往々にして満足のいかないものになりがちです。ベートーヴェンやモーツァルト、あるいはストラヴィンスキーの作品についてちょっとした意見を交換する場を持ったとしても、しばしば音楽上の意見の衝突以上のものが表面化します。最悪の場合、真の音楽的融合がほとんどない、不本意な妥協に落ち着いてしまうのです。もし、ソリストと指揮者の双方が、一連のコンサートについて力を合わせ、たとえば演奏旅行期間中に十分な時間をとって、腹を割って話し合い、お互い共通点を見出すことができれば、とても理想的なことと思います。

私はこのような幸運を、フェレンツ・フリッチャイと経験できました。一九六一年の春にＲＩＡＳ交響楽団と行ったドイツ国内、コペンハーゲン、ロンドンそしてパリへと行った演奏旅行は、音楽的にも人間的にもよろこばしい、感動的な経験として、いつまでも私の記憶にとどまることでしょう。私たちは、演奏する作品に対する完全なる意見の一致を見ただけではなく、フリッチャイが各曲の総譜から、並はずれたやり方で音楽を紡いでいく様を、まざまざと経験することができました。どの作品も彼の手にかかると、あらゆる瞬間が閉塞と打開、歓喜と苦悩の変転に満ち、人間的表現を得て、新しく生まれ変わるのでした。彼のファンタジーが微細な点まで把握している音楽の流れに、すべてのことは埋め込まれています。彼は音楽にこのように文学的でドラマティックな本質を見ていたため、彼の実生活に文学作品は必要ないかのようにすら思えました。

かつてドヴォルザークの交響曲第九番《新世界より》について話してくれた時、ニューヨークの地に到着した移民の様子を彼は思い浮かべていました。約束の地への彼らの到着、漠然としたものから輝かしい絶頂を迎える希望、彼らの望郷の念とかつて味わった悲壮な体験。フリッチャイのきわめて劇的な表現ができる能力は、聴衆に大きな印象を与えるであろうとは想像に難くありませんでした。呼び起こされる音楽が自身の思い描く情景の生気や色彩と合致したときのみ、彼は心情的に満足したのでした。そうした時にのみ、彼が発生させるあの電流が聴衆の心を打つのでした。そのようなことができるのは音楽だけです。音楽のドラマ性を余すことなくとらえることができる彼が、卓越したオペラ指揮者になりえたのは、何ら不思議なことではありません。

フリッチャイは日々オーケストラを鼓舞しつつオペラの台本を生き生きとよみがえらせる一方で、日常では屈託なく子供のようにふるまうこともありました。仕事仲間たちや、賢く献身的な愛妻との日々のできごとは、彼にこの上ない喜びをもたらしました。映像を撮ることを好み、食事をしながらの談笑にとても楽しそうに加わります。彼が退屈しているところを見たことがありません。何にもまして、彼は常に心使い細やかに、また内省的であろうとしているように思えました。神と人生の深い本質への信頼に身を任せていたのです。

フリッチャイをおそった悲劇は、私に追悼の念を抱かせずにはおきません。彼の人生の砂時計は、容赦なく流れ落ちていきました。生きる力と才能の豊かさがもっとたくさんのことを為し得たにもかかわらず、また成功と生きる喜びをもっと享受できたにもかかわらず、多くのことが道半ばのままに終わってしまったのです。

彼の光輝あふれる偉大な人間性に間近に接することができたことは、素晴らしい経験でした。その霊感あふれる音楽に始まり、夜食のために彼自身で用意していたタルタルステーキを分け合った時の若者たちが共にするような喜びにいたるまで、彼は私を魅了したのです。また列車で一緒に過ごした折、バルトークの《ディヴェルティメント》のすべての音の意味を私に説明してくれた彼のその音楽への没入ぶりや、ハンガリーでの子供の時や彼の父の軍楽隊のこと、最初に指揮した時の楽しい思い出話など、多くのことを聞かされました。

フリッチャイの名前を聞くと、私は成し得なかったたくさんの計画を思い出します。しかし私の音楽人生における、彼と過ごした幸福なひと時を思い出すことで、その悲しみを紛らわしているのです。

ハインツ・ヘーフス
ハンス・シュラーダー
フリードリヒ・ヘルツフェルト
楽員から見たフリッチャイ（鼎談）

ヘルツフェルト　この追悼文集では、芸術家としてのフリッチャイやその人となりについて、歌手や友人、またその演奏を聴いた人たちが寄稿してくれています。さて、ここではフリッチャイの薫陶を直接受けた、オーケストラ、それはベルリン放送交響楽団の同僚たちにご登場願いましょう。彼がもっとも信頼を置いたオーケストラと仕事を始めたときはまだ放送交響楽団ではなく、ＲＩＡＳ交響楽団といっていました。ヘーフスさん、どのような経緯でこのオーケストラは生まれたのですか。

ヘーフス　戦後、アメリカ占領区域放送（ＲＩＡＳ）として放送局が設立されました。つまり共産圏にあるベルリン放送に対抗する形でです。ほどなくＲＩＡＳは、音楽番組と演奏会のために自前のオーケストラが必要になったのです。

ヘルツフェルト　どこから楽員は集められたのですか？

ヘーフス　初期のころはフリーの音楽家たちで編成されていました。

ヘルツフェルト　当時どのくらいの人数でした？

ヘーフス　約四十五人ですね。

ヘルツフェルト　一九四八年にフリッチャイがベルリンにやってきたとき、その人数では、きっと足りなかったのではないですか。

ヘーフス　はい、エキストラや東の州立歌劇場の楽員たちにも来てもらいました。ＲＩＡＳ

ハインツ・ヘーフス　ベルリン放送交響楽団第一フルート奏者
ハンス・シュラーダー　ベルリン放送交響楽団ソロ・チェロ奏者

の音楽部門の長であったエルザ・シラー女史が、ともかくも放送局にふさわしい、大規模で高性能な交響楽団をフリッチャイのために作り上げようと、あらゆる方策をとったのです。

ヘルツフェルト　そういうわけでＲＩＡＳ交響楽団と命名されたのですね。なぜ、その後ＲＩＡＳの名前と縁が切れたのですか？

ヘーフス　私たちオーケストラの楽員は、ベルリンＲＩＡＳ放送の職員でした。一九五三年、ＲＩＡＳ放送は、同交響楽団がアメリカにより賄われている唯一の国立オーケストラということになってしまうため、私たちに雇用契約の解消を通告したのです。確かにアメリカには国立オーケストラはありません。アメリカにないものをベルリンが持つことは認められませんでした。

ヘルツフェルト　そこで楽団の名称を変えたのですね？

ヘーフス　一九五六年以降、私たちはベルリン放送交響楽団と名乗り、ＲＩＡＳ放送のためだけではなく、自由ベルリン放送やドイツ・グラモフォン社その他のためにも演奏するようになりました。それ以外にも、従前通り自前の定期演奏会も行いました。

ヘルツフェルト　フェレンツ・フリッチャイとの最初の出会いがどんな風だったか、お話しいただけませんか？　既に彼のことは知っていたとか、彼の芸風について情報はありましたか。あるいはまったくの初対面だったとか。

ヘーフス　私たちは彼の下で歌劇《ドン・カルロス》を演奏したベルリン・ドイツ・オペラの楽員たちから、非凡な音楽家で、演奏者たちに容赦なく全力を尽くすことを要求するという情報を得ておりました。

ヘルツフェルト　フリッチャイがリハーサルにやってきたとき、何やら儀式めいたものがあったように伺っておりますが？

ヘーフス　それは私がオーケストラで演奏を始めたころにあった話で、一九四九年の五月か六月のことです。ランクヴィッツのジーメンス・ヴィラにあるホールで、譜面台の前に座って黙って彼を待っていなければなりませんでした。突然、団の雑用係が大きなホールの扉を開け、オーケストラに静かにするようサインを送りながら入ってくると、フリッチャイがさっそうと登場してきたのです。

ヘルツフェルト　それはまた、まことに芝居がかった登場の仕方でしたね。

ヘーフス　ええ。まばゆいばかりの演出を伴ったものでしたが、それはリハーサルの最初から最高度の集中力を引き出すための配慮でした。

ヘルツフェルト　シュラーダーさん、この初期のベルリン時代のフェレンツ・フリッチャイと、どうやって知り合ったのですか？

シュラーダー　もＲＩＡＳ放送局での私の入団オーディションの時でした。若い元気の良いハンガリー人が座っていましてね、シラー女史や他のベルリンの音楽界の著名人、たとえばマールケ教授なども同席していたと思いますが、それらの人の援助を受けながら、それは熱狂的にオーケストラをまとめ上げていくのです。

ヘルツフェルト　オーディションというものは、そもそも音楽家の生活の中では最もしんどいものですが、フリッチャイの前でのオーディションが、ことのほか厳しいものであると思いましたか。

シュラーダー　はい、楽屋でのピリピリした雰囲気をはっきりと覚えています。私は四時間も待っていなければなりませんでした。私は極度に緊張していまして、すべてが終わったときは本当にほっとしました。誰にとっても、この火のような指揮者の前で演奏することは忘れがたい精神的な重労働だったと思います。

ヘルツフェルト　たとえ卓越した指揮者であっても、各楽器の技術や性能についてあまり理解していないことがよくあります。フリッチャイはこの例に当てはまりましたか？　あるいは、楽器について詳しく知っているとお感じになりましたか？

シュラーダー　全員が最初の音を出した時から、「この指揮者は楽器について詳しいぞ」と気づいたのです。ヴァイオリンやクラリネットなど、彼はほとんどの楽器を自ら演奏しました。フリッチャイはトランペットにさえ、難しいところにおける技術的な助言を与えて解決させることができました。そのような指揮者ならば、オーケストラを前にして、即座に高い権威を得ることができます。そんなわけで彼の前で恐ろしい目にあうとしても、私たちはフリッチャイに最初から敬意を払っていました。

ヘルツフェルト　初めのころ彼があなた方と行った演奏に、ベートーヴェンの交響曲第九番がありませんでしたっけ？　彼の練習方法について少し話して下さいませんか。

シュラーダー　フリッチャイは、何というか、ありえないことを要求したのです。彼はつまり一プルトずつ、また一人ずつさえ弾かせたのです。もちろんオーケストラに極度の緊張が走りました。第一楽章の導入部の最初の六連符を一人ずつ弾かせたのですが、その演奏は彼にとっては鋭すぎたり、柔らかすぎたり、またリズムがはっきりしなかったり、抑揚が正確でなかったり、と様々に聴こえるようでした。彼にも楽員にも不満が募るのは避けられず、私たちにとってはつらい時間でした。

ヘルツフェルト　フリッチャイは弦や管、打楽器など、いろいろな楽器の奏者に、そもそも満足していましたか？　それとも希望や指示を出しましたか？

シュラーダー　フリッチャイは、適材を適所に配することができるという、たぐいまれな才能を持っていました。ある人には特に何が備わっており、また何が備わっていないかを、鋭くかぎ分ける能力がありました。そして、管楽器の一番奏者やコンサート・マスター、ソロ・チェロ奏者などの役割を振り分けたのです。これこれの曲には誰それ、このプロダクションには誰、あの演奏会には誰というように。

ヘーフス　それを私は、交響曲第九番の折に経験しました。ベートーヴェンは二本のフルートのほかに、終楽章ではピッコロを使用しています。私たちのオーケストラのピッコロ奏者は、残念ながらフリッチャイを満足させることができませんでした。そこで彼は、まず二番フルート奏者に、そして私にピッコロのパートを吹かせたのです。私は一番奏者だったのですが、最終的にその個所を吹くことになりました。

フリッチャイは、どうやったら奏者を最適の場所に配することができるかということを、常に試していました。曰く、たとえば、「トランペットのボーデ氏は旋律を吹かせるとうまい叙情的奏者だ」とか、「イェーンシュ氏は早いパッセージがうまい」、などなど。おかげで両者は、難しいパッセージを分担することになりました。

ヘルツフェルト　リハーサルの進め方について、もっとお聞きしたいと思います。フリッチャイが、はじめは精神的な造形よりも技術的な完成度を求めたというのは本当ですか？

ヘーフス　それは仕方のないことでした。私たちのオーケストラの訓練には、まずは技術的なことの解決が必要だったのです。ですからフリッチャイはよくこう言っていました。「みなさん、機械のようにきわめて正確に演奏してください」と。厳しいリハーサルを経て技術的な前提条件が達成され、作品が完全に演奏されるようになると、フリッチャイはすぐさま表現の彫琢に向かっていったのです。

何にもまして、音楽の歌謡性が彼にとって重要でした。楽器といえども歌わなくてはならないのです。ヴァイオリンや管楽器における内面的な歌謡性は、少なくとも技術的完全性と同じくらい大切なことでした。

ヘルツフェルト　彼がプルトごとに弾かせたとか、楽員のいく人かが交代させられたとかいう話を聞きますと、あなた方は常に緊張を強いられていたようにも思われます。また、あれこれ陰口をたたかれたり、フェレンツ・フリッチャイはあなた方から必ずしも手放しの賞賛を受けていたと言えないであろうことは容易に想像できます。このようなことは初めのころだけでしたか？　それともずっとそうだったり、あるいは徐々に変化していったりしましたか？

ヘーフス　もちろん、以前から厳しいリハーサルにも慣れていた楽員には、フリッチャイのもとでの訓練はそんなに驚くほどのものではありませんでした。しかしそうでない者にとっては、そのように厳しく、苛酷ともいえる指揮者との演奏は必ずしも快適なことではありませんでした。しかし、楽員はフリッチャイについて、「我々はみな、リハーサルのたびごとに、レコーディングのたびごとに、演奏会のたびによくなってきたのを感じる」と考えていました。フリッチャイのもとでの仕事はあたかも激流のようなもので、それを逃れうる者はいません。この厳しい訓練がオーケストラ全体によい結果をもたらす、という見解に異を唱えることを誰ができるでしょうか。彼はドイツのオーケストラの歴史の中にあって、かくも短期間にかくも大きな発展をもたらした、多分に唯一無二の存在なのです。私たちは何もないところから、フリッチャイのもと、最高の評価を獲得したのです。

　フリッチャイが私たちのもとを去り、ヒューストンやミュンヘンに行ってからも、二〜三か月間だけ、客演指揮者として戻ってきました。その度に幸せに思いました。彼が再びここにいて私たちと一緒に仕事をしている、いま彼がこのオーケストラと成し遂げたことは、今後の私たちの活動の糧になると。

ヘルツフェルト　フリッチャイの指導により高まったオーケストラの能力は、彼が去った後も高まっていった。つまりフェレンツ・フリッチャイと放送交響楽団は、数年のうちに真の「共演者」の間柄になっていたのですね。

シュラーダー　毎回新しく顔を合わせるたびに、彼は世界中に仕事があっても喜んで私たちのところに戻ってきてくれると感じました。彼も、ここでは芸術的にも人間的にも理解されているとわかっていました。初めのころの緊張関係も、相互理解に満ちた芸術上の協力関係、深い友情といっても過言ではないものに変わっていきました。

ヘルツフェルト　そのころでは、リハーサル中にアクシデントや感情的な衝突は起きませんでしたか？

シュラーダー　いいえ、全く！　ただ一度ＲＩＡＳ放送のエンジニアとの激しい口論がありました。長時間にわたるレコードやテープへの録音では、とりわけフェレンツ・フリッチャイのような気性の人には、多少のアクシデントは不可避でした。しかし、そんなことは全体から見れば、取るに足らないことです。

ヘルツフェルト　レコード録音のことについて話を進めましょう。フェレンツ・フリッチャイは技術的なことには関心がありましたか？　たとえばフォン・カラヤンの例のように。あるいは技術の世界のことには、全く疎かったのでしょうか？

シュラーダー　年を追うごとに、フリッチャイは技術的な世界にどんどん入っていきました。最善のレコード録音に必要な理想的な技術的条件を見つけるため、試聴室に長時間入っていました。

ヘルツフェルト　彼は楽曲を、通して録音しましたか？　それとも部分部分を後で編集するように録りましたか？

シュラーダー　部分録音を全くしないというわけにはいきませんでした。というのも絶えず邪魔が入ったからです。たとえばティール広場にある教会（訳注　ベルリンのイエス・キリスト教会）では、絶えず飛行機の騒音に悩まされました。しかし、マイクロフォンの前で経験を重ねるにつれ、一つの楽章全部、少なくとも一テイクで長めの部分を録ることができるようになりました。

ヘルツフェルト　それは、指揮者とディレクターの双方が習熟したということでしょう。双方とも最初は最高の完璧性を求めますが、そのことによって楽曲再現の大きな流れが失われることに、だんだん気が付くのです。インスピレーションというものは、二十回も繰り返し得られるものではありません。

　フリッチャイのリハーサルについてお話しいただいたことから考えますと、彼はリハーサルでたくさんしゃべったり説明したりして、オーケストラを退屈させることがありましたか？　あるいは違いましたか？

シュラーダー　いいえ、彼が話したり歌ったりすることが、やりすぎだと思ったことは、一度もありません。逆に彼があるフレーズを歌って聴かせると、奏者はその部分を彼の意図、期待通りに演奏することができました。

ヘルツフェルト　ところでフリッチャイは、完全にはドイツ語はできなかったようで、いつも名詞の性を間違えたり、語順も間違っていたとか。それに笑いを禁じ得なかったり、嘲笑したりすることはなかったのですか？

シュラーダー　とんでもない！　彼のしゃべることは常に描写的なので、何が言いたいかを正確に思い描くことができるのです。彼が交響曲第三番の葬送行進曲におけるコントラバスのスラーのついた前打音について、「(英雄を埋葬するための) 土で一杯の手」と言ったことがありましたが、それをどうして笑ったりすることができましょう。フリッチャイの手にかかると、よく知られた作品でも、まさに初めて接するように、また想像力が掻き立てられるように感じられたのです。

ヘルツフェルト　音の詩人とでも言えますね。

　描写的な説明のほか、彼は意図を伝える何か他の伝達手段を持っていましたか？

シュラーダー　たった今お話ししましたように、歌うことによって彼は素晴らしい効果をあげました。時には指揮棒も置き、ハンガリーのチャールダッシュの時のように両手を頭の後ろにやり、オーケストラの前で踊りだしたこともありました。

ヘルツフェルト　何の曲を演奏した時のことですか？

シュラーダー　たとえば、コダーイの《ガランタ舞曲》の時です。他の曲でも、舞踏的な要素がある曲では、それを考えずに演奏することはありませんでした。

ヘルツフェルト　彼はあなた方とどのように話をしたのでしょう。あなた方にはどう話しかけたのでしょう？

ヘーフス　たとえば、弦楽器や管楽器奏者が独奏をしなければならない時など、フリッチャイはこんな風に言っていました。「親愛なる…さん、お願いします」とか、「教授、もう一度試してもらえませんか、…のところをもう一度やってみてください。」そういう時、彼は個々の人に直接話しかけました。その人の奮起を期待したからです。オーケストラ全員に向かっては、よくこう言っていました。「親愛なる皆さん、もう一度やりましょう。」リハーサルがとてもきつく、意見の齟齬が起こりそうなとき、時として楽団員の中からベルリンっ子独特のジョークが出ることもありました。そんな時フリッチャイは大声で笑い、こう言いました。「では休憩にしましょうか。」そうすれば頭を冷やせて、またうまくいくようになりました。

ヘルツフェルト　もう一つ質問があります。良い指揮者というものは、リハーサルでもそれを規律正しく進められるかと思います。フリッチャイの場合、規律という点ではどうでしたか？　集中力を持たせるために、休憩が必要だったでしょうか、それともあなた方はみなやる気満々だったのでその必要はなかったでしょうか？

ヘーフス　まさにその通り。フリッチャイのリハーサルは大変魅力的で、心躍るものだったので、規律などというものはおのずとできていました。彼がオーケストラの左側に座っているパートに注意を与えているときも、他のパートからおしゃべりが聞こえたりすることはありませんでした。彼はオーケストラ全体に集中力を持つことを要求しました。それはつまるところ作品のためなのです。なぜならば、コントラバスがやっていることを、ファースト・ヴァイオリンは知っておかなければならないし、またその逆も言えるのです。
ヘルツフェルト　それではフリッチャイは、ことのほか正確さを要求したのですね。朝の練習で作り上げられたとおりに、夕べの演奏会でも弾くことを要求したということでしょうか？　あるいは本番では、ある一定の自由度は許容していたのでしょうか？　言い換えると、本番ではオーケストラに即興的な演奏を許したのでしょうか？
シュラーダー　フリッチャイは即興の技においてぬきんでた、数少ない指揮者です。作品の細部を詳しく練習するにつれ、音量やリズムなどの表現を、決して刷り込まれたもののようには感じなくなっていきました。本番では、音楽を楽しんで演奏できました。
ヘルツフェルト　あなた方のオーケストラがフリッチャイの指揮において経験したようなことが、協奏曲のソリストにおいても見られましたか？
シュラーダー　何年にもわたってフリッチャイと共演を重ねた歌手や器楽奏者たち、たとえばマリア・シュターダーやゲーザ・アンダのような人たちも、私たち同様、彼から得るものは多かったのではないでしょうか。
ヘルツフェルト　私たちはフリッチャイは重病の後、別人になったかのように聞いているのですが、あなた方も同様ですか。
シュラーダー　フェレンツ・フリッチャイと過ごした後半の時期、時に最後の頃のリハーサルやレコーディングは、関係者全員にとって深く心を揺さぶられる経験となりました。一九四九年当時の健康な、そしてまばゆいばかりの姿を知っているだけに、なおさらです。
　フリッチャイには、繰り返し演奏する、お気に入りの作品がいくつかありました。ヴェルディの《レクイエム》、ロッシーニの《スターバト・マーテル》、ベートーヴェンの交響曲第三番、ドヴォルザークの交響曲第九番《新世界より》、そしてバルトークの全作品。共演する人たちが高レベルであればあるほど、彼自身も常に成長していました。百人を超す合唱団、オーケストラやソリストも――みなリハーサルや上演の時には、彼の魅力にとらえられました。彼は目の一瞥や指の動きによって、予想以上のものを共演者から引き出すのです。《荘厳ミサ曲》やことにヴェルディの《レクイエム》においては、カール・フォルスター名誉教授によって訓練された聖ヘドヴィッヒ大聖堂合唱団や秀逸なソリストたちによって、この世のものとは思えない素晴らしい瞬間を作り出していました。その時彼は、自分が作品を本当に理解できたと感じて涙がこぼれ落ち、その涙を恥じることもありませんでした。きっと、その瞬間に最高の充実を感じたのでしょう。

ヘルツフェルト　あなた方が、フリッチャイと最後に共演した作品は何ですか？

ヘーフス　マズーア通りの音楽堂における、ハイドンのオラトリオ《四季》ですね。一九六一年一〇月の終わりです。

シュラーダー　それから、自由ベルリン放送のためのコダーイの組曲《ハーリ・ヤーノシュ》と、ポール・デュカスの交響詩《魔法使いの弟子》のテレビ収録もありました。完全に最後のものは、一九六一年一一月一六日のボンにおける連邦政府主催の演奏会で、ベートーヴェンの夕べと銘打って演奏しました。

ヘルツフェルト　フリッチャイと最後に行動を共にしたのはいつですか？

ヘーフス　私は一九六二年の六月にもう一度会いました。その時はとても重病の様子で、杖をついて歩いていました。四か月後の一〇月にシュラーダーさんと私は、再度彼をエルマティンゲンに訪ねました。その時はとても具合が良いように見えました。十分快復し、力みなぎり、精力的ですらありました。

しかし一九六二年の晩秋には、彼自身もう次のシーズンに指揮ができないということがわかっていました。それでも私たちが共演する指揮者やソリストの計画を立ててくれていたのです。彼は何度もラファエル・クーベリックの名を挙げていましたが、その彼が私たちのフェレンツ・フリッチャイ追悼演奏会を指揮することになります。

ヘルツフェルト　あなた方は病魔に倒れたフェレンツ・フリッチャイのことをいつまでも忘れることはないでしょうね。

ヘーフス　もちろんです。彼は本当に火のような情熱に満ちた人でした。たとえば一一時から お昼を挟んで夕方の六時まで私たちと話しているときも、彼の目はいつも光り輝いていました。不屈の意志の力というべきものを備えていて、それによって私たちは奇跡のような仕事をなしとげることができたのです。

ヘルツフェルト　今や追憶のみが残った…。

シュラーダー　とんでもない！　フリッチャイの下で何度もてがけた作品を演奏するとき、いつも彼の精神がよみがえってきます。多少なりとも私たちは、今でもそれらの作品を彼が教えてくれたように演奏しているのです。

ヘーフス　フェレンツ・フリッチャイの名前は、私たちのオーケストラと永遠に結びついています。その名前は私たち、そして次の世代にとっても、七十年、八十年にわたるオーケストラの歴史の一部となっているのです。ベルリン放送交響楽団は、フェレンツ・フリッチャイの名とは切っても切り離せません、なぜなら彼こそが私たちのオーケストラを育て上げ、今日ある姿にしてくれたのですから。

フリードリヒ・ヘルツフェルト
完璧性と人間像の間で

フェレンツ・フリッチャイは、ヴィーン滞在を経てドイツに第二の故郷を求めて故国の国境を超えたときも、かけがえのない財産としてハンガリー人気質を携えていました。それのおかげで彼は、重要な地位における可能性を最大限に引き出すことから、一つの旋律を完全に歌うように表現することにいたるまで、物事を徹底して成し遂げることができたのでした。

ハンガリー人気質というのは、人生上のあらゆる局面において発せられる人間性や、芸術家としての熱狂性ということだけを意味しているのではありません。そこにはハンガリー民族芸術の新鮮な力も包含されています。ヨーロッパの周辺諸国の作曲家たち、すなわちスカンディナヴィアではグリーグ、ロシアではムソルグスキー、チェコではスメタナやドヴォルザーク、モラヴィアではヤナーチェク、そしてハンガリーでは、ベラ・バルトークとゾルタン・コダーイは一時代を築き上げました。このように偉大な創造的才能は演奏芸術家に受け継がれていきます。たとえばヴァイオリニストのヨハンナ・マルツィやティボール・ヴァルガ、シャンドール・ヴェーグ、ピアニストではアニー・フィッシャー、アンドール・フォールデシュ、ユリアン・フォン・カロリー、ゲーザ・アンダ、そして何よりも指揮者ではフェレンツ・フリッチャイと並んでアンタール・ドラティ、イシュトヴァン・ケルテス、そしてゲオルグ・ショルティがあげられます。

精神的に優れた人が融合することで、これまで何度も卓越した成果が示されてきました。ドイツの古典派やロマン派はこのような国境の向こう側の芸術家からも最高のものとして受け止められ、またそれは彼らにとって門戸が開かれているだけではなく、修得し、貢献すべきものとされていました。そして、それを彼らは一から徹底的に学んで自分のものとしたのです。フェレンツ・フリッチャイにとって、ドイツの名作は自明のものでも初めから成功が約束されたものでもありませんでした。彼はその修得のため非常な努力を払い、自身でようやく明確なイメージを手に入れた結果、共演者を導くことができるようになったのです。

払った努力は報いられました。フリッチャイは、花形指揮者へなろうとする者が陥るよくある失敗とは縁がありませんでした。ある作品をいろいろなオーケストラと何度も繰り返し、リハーサルや演奏を行っても、たんなる繰り返しにはなりません。音楽をすることへの喜びにあふれ、二度目、三度目のリハーサルも、初心を失わず、火のような情熱をもって行ったのでした。

フリッチャイは、その受けた教育と軍楽隊長としての最初の活動によって、徹底的かつ職人的に訓練されました。彼は他に類を見ないくらい、オーケストラとすべての楽器について理解しているばかりでなく、彼の世代を特徴づけ、かつ私たちの技術万能主義の時代にも通ずる「完璧性」に注意を払っていました。ロシアやアメリカのオーケストラが追求し、トスカニーニも最高度の努力を払った完璧性を、はるかに若い彼は最終的にほぼ達成したのです。完璧性を求められるテープやレコードにおける録音がはらむ新しい可能性は、このことを強く後押しするものでした。この完璧性への志向は、器楽曲のあらゆる分野において、格段の成果をあげることになりました。それは指揮者においても例外ではありません。

フェレンツ・フリッチャイは、特にオーケストラ演奏の完全さへの志向により、初期の成功を勝ち取ります。どこのオーケストラででも、彼はものすごいエネルギーでそれをなしとげる術を心得ていました。そして彼は、ベルリンのＲＩＡＳ交響楽団を、またたくまに高水準のオーケストラに仕立て上げたのです。フリッチャイの完璧さへの志向により、彼の百点にも及ぶレコード録音は、他の指揮者が達成し得なかった、またそうしようとすら考えなかったような稀有の記録となっています。当時彼は「音の技術者」、あるいは「音の外科医」などと呼ばれていました。このことは、彼が若い人たちに熱狂的に支持されたことを証明しています。もしフリッチャイがもっと長生きしたら、どれほどの高みまで達していたか想像もつきません。

彼は自身のスタイルの変化を、まさに「完全なる回心」ともいうべき境地において成し遂げたという意味において、あまたの指揮者の中にあって特殊な地位を占めています。ビューローもニキシュもフルトヴェングラーも指揮者はみな、何十年もかけて成長し、至高の芸域に達したのです。そうした彼らは、むろん若かりし頃と同じではありません。しかしその芸風の深化も、天才や才能に恵まれたというだけでなく、結局はすべての人間について共通する、「成熟」という過程をたどりました。

それに対してフリッチャイは、全く違った道をたどる運命にありました。死を前にした心の浄化と恐ろしい病気により、その進路変更を余儀なくされました。トーマス・マンは、病気による創造性という概念について印象深い言葉を残しています。彼は多くの人々、もとより精神的に偉大な人々にその例を見出し、さらにイメージを膨らませ、偉大な作品の源泉としたのです。

フリッチャイはそのもっとも実りの多い時期に、病を得る運命にありました。よく公言していたように、彼は病を得たことにより、より内面的になり自己に沈潜するようになり、自分自身のみならず神を前にして、人間としての振る舞いや芸術のありようを徹底的に吟味することになったのです。病の床は、彼にとっての心打つ告白の場となりました。

病癒えて指揮台に復帰したとき、フリッチャイの変化は誰の目にも明らかでした。何にもまして彼のオーケストラがそのことに気づきました。フリッチャイは別人に、新しい音楽家に生まれ変わりました。完璧性というものは、いまや余計な重荷のようなものでもなく、芸術活動の目的でもないことは明らかとなり、リハーサルで払った努力により、おのずと達成される結果であるべきものとみなされるようになりました。

音楽というものは、「鳴り響きつつ運動する形式」でも、エネルギーの流れた結果でもないこと、つまり芸術家や音楽美学者たちが主張したがるようなものではないとフリッチャイは理解していました。彼は本質を追求する美学を信奉していると公言し、リハーサルにおいては、もっとも純粋なタイプの形而上学者であるかのようでした。彼にとっていまや音楽は、人間そのものを表現し、人間に世界の表象を映し出す、一つの言語ともいうべきものになっていました。

フリッチャイはどんな作品、どんな旋律や主題からでも、その音響以上のものを見出そうとしていました。そのふさわしい表現を求める努力の中に、彼は人間臭さや人間像を求めます。無味乾燥な絶対的な音楽というものは、もはや彼にとってはありえませんでした。誤解を恐れずに言えば、彼は「イメージの音楽家」と呼ぶのがふさわしいでしょう。フェレンツ・フリッチャイは常に音の詩人であり続け、そしてその詩作というものが、ヘンリク・イプセンが言うように、「自分自身が正しいかどうかを判断するためのものである」ということを理解していました。

フリッチャイのとった道が、人間喜劇の巨匠、モーツァルトに通じていたことは決して偶然でありません。何にもましてモーツァルトを理解しようと努力し、彼の唯一の著作で、私たちの時代のもっとも偉大な作曲家で彼の同郷人であるベラ・バルトークを、モーツァルトに対置して論じたのでした。

指揮芸術の分野に限って言えば、フリッチャイは、一時期賛同できなかったこともあったようですが、生前から既に、もっとも重要な指揮者として、ヴィルヘルム・フルトヴェングラーを信奉していました。フリッチャイの遺稿の中には、フルトヴェングラーに関する一文の草稿が残されており、それによると、フリッチャイはフルトヴェングラーの人間としての精神性こそ彼の非凡な芸術の紛れもない源泉であると理解しています。フリッチャイが年を経るごとに、フルトヴェングラーに外見的にも似てきたのも、決して偶然ではありません。

私たちは、音の詩人としてのフェレンツ・フリッチャイの姿を、スメタナの交響詩《モルダウ》のリハーサルを収めた有名なテレビ映像と、その後録音されたレコードによってうかがい知ることができます。リハーサルが始まって数分で、間違った音を出すことは全く問題ではないと、オーケストラに対して言っています。その努力は、もっぱらふさわしい表現を見つけることに注がれていました。もともとは一つである二つの源について説明をします。大地からほとばしり出た水脈は、やがて一つの流れとなり、小川となり川となり、大河となっていく。この情景をより分かりやすくするために、地面から頭と尻尾を出して、お互いに挨拶をかわすミミズの話を持ち出します。ハンス・シュラーダーは、交響曲第三番のリハーサルでの体験をこう報告しています。葬送行進曲の最初の小節にある、コントラバスのスラーのかかった前打音についてフリッチャイは、「(英雄を埋葬するための)土で一杯の手」であると表現しました。また歌劇《ドン・ジョヴァンニ》の終曲を導く例の有名な、オーケストラによる二発の強奏は、石となった騎士団長が招きに応じてやってきたとき、この詐欺師にして好色漢である主人公がいまだ捨てきれない、不屈の生への意志なのです。バルトークの《管弦楽のための協奏曲》におけるトランペットの主題には、アメリカに流れ着いた者が抱く、「故郷ハンガリーへの郷愁」を聴きとっています。ユーディ・メニューインは、フリッチャイがドヴォルザークの交響曲第九番《新世界より》を、約束の地にたどり着いた移民が抱いたヴィジョンとして説明したと報告しています。ヴェルディの《レクイエム》の開始部は、「明かりのない地下墓地に降りていくように」と説明しました。

彼のリハーサルでは、次々にイメージが喚起され、どんな作品からでも詩的な情景を作り出していきました。これについてまたもユーディ・メニューインは、「フリッチャイはいかなる音楽からでもオペラを作った」と評しています。

また、フリッチャイは完全性を目指して作品に臨みました。彼はグルックの歌劇《オルフェオとエウリディーチェ》をその音楽だけではなく、劇的作品としても愛しました。オルフェオの役は元来カストラートで歌われるべく書かれていますが、彼にとってはアルトでもありえないものでした。（このアルトで歌うという慣行は、エクトル・ベルリオーズによって推奨されて以来、百年も続いています。）フリッチャイはまた、オルフェオの役にカウンター・テノールを当てているパリ版には従わず、バリトンに歌わせました。これの理由としては当役のために、ディートリヒ・フィッシャー＝ディースカウを自由に使えた、ということもあります。ソプラノとバリトンの対比によってはじめて彼は、この作品を高度に劇的な緊張感をもって演奏できたのです。フリッチャイはこの作品を舞台で上演するだけに満足せず、レコードにも録音しました。レコードというものを、根本的に音楽的な面だけではなく、劇的な要素も併せ持った記録と見なしていたからです。

フリッチャイが発揮した音楽上の劇的表現力は、また新たな試みを許しました。彼は序曲《レオノーレ》第三番を、牢獄においてピツァロの正体が暴かれた後に演奏するという、グスタフ・マーラーによって始められた慣行によらず、歌劇《フィデリオ》の終曲の後に置いたのです。これにより聴衆は、このオペラが序曲《レオノーレ》第三番の中に劇的に要約されていることを初めて体験することになりました。それ以外の表現方法では、既に歌われたことの色あせた繰り返し以上の効果は得られなかったことでしょう。フリッチャイが音楽のみに集中することにより、舞台上の劇の筋書きに、高揚感と迫真性が相乗的にもたらされたのです。

フリッチャイが示した、演奏されている各場面に対する没入は宗教的ともいえるものでした。もしそれが信頼を置くに足るものでなかったならば、彼の解釈はオーケストラに特別の感銘を与えはしなかったことでしょう。このことから、指揮者というものは、言葉に対する高度なセンスを持った闘士でなければならないということがはっきりとします。彼は自分自身のためにしゃべるのではなく、彼を感動させたものが他の人の行動の原動力となることを期待していました。オーケストラというものは明らかに、指揮者の発言の真偽について測る、繊細な耳を備えています。たとえフリッチャイが、他の場面では失笑を買うかもしれない、ブロークンな表現をオーケストラに言ったとしても、彼の詩的な描写は、音としてのイメージに変わっていくのでした。フリッチャイのリハーサルがきわめて刺激的な体験となったのは、彼の言葉が即座にわかりやすい音のイメージと独特の色彩を与えてくれたからです。

明らかにこの内容の深さによって、彼は周囲の人間を魅了したのでした。どのように詩的なイメージによって響きが形作られたのか、彼らは認識してはいなかったことでしょう。しかしそこに彼の人間的な深さとの結びつきが感じられ、聴き手に長く残る影響を与えたのです。

理想的な技術の用法と人間性の充実が相まって、フリッチャイの演奏における表現は至高の域に達していました。彼の火のようなハンガリー人気質は、人生の最期を迎える覚悟を持つことで、純粋な人間性へと高められたのです。

ゼンタ・マウリナ
人間そして芸術家としてのフェレンツ・フリッチャイ

ある偉大な人物に出会うということは、たとえて言うと、星を発見するようなものです。たとえその星がなくても夜の道を行くことはできましょうが、その素晴らしい人がいなければ、この地上の生活はたとえ人であふれていたとしても空虚なものになることでしょう。

フェレンツ・フリッチャイの人となりを思うとき、私は古い聖譚に思いを馳せます。聖書によりますと、あるとき、ロトのところに天使が現れました。ロトは天からの使いのために、最高のもてなしをしました。天使というものは食べたり飲んだりしないものなのですが、この天使はたくさんのごちそうや飲み物の中から、いくばくかを口にし、ロトとその妻は大いに祝福されたのです。

この周囲の人に好影響を及ぼす、他人の言うことに耳を傾ける感受性と結びついた特性は、フェレンツ・フリッチャイという存在に、他に類を見ない特徴を与えています。

友情や愛において、同様に芸術や信仰においても、彼はその時々の表面的なものから物事の核心的なものにまで入っていきます。この、喜びも痛みも「深く共にできる能力」は、人種や社会的地位、才能というものにとらわれない、「人間性の美しさそのもの」といえるのではないでしょうか？

自己中心的な振る舞いというものは、「名声」と「病」という二つの事柄が原因になることが多いのです。社会において輝ける光の中にある人と、生きる試練の暗闇を強いられている人は、隣人を顧みることはほとんどありません。ただ非常に強靭で、想像力に富んだ、フェレンツ・フリッチャイのように形而上の世界に根を下ろしたような人のみが、周りを取り囲む名声という名のガラスの壁や、疾病による心の壁を打ち破ることができるのです。

隣人を思う心を生来持つ彼は、十億もの人が、誰ひとりとして同じ顔でないという神の創造力に、驚嘆の念を抱きました。人間社会の中の芸術家として彼は、人に対しても物に対しても明朗に接しました。かたくなな慣習や偏狭性と同じく、気まぐれ、感傷、気取りも彼は嫌いました。親しい者に対する生きた関心は、彼の手紙や会話をとても魅力的なものにしていますが、これは他人を評価するということや、理解するということとはいささか違います。むしろ、あからさまに求めない親しさや、暖かな畏敬の念が感じられました。

熱血漢の彼は、会話や交友において魔術のような力を発揮しました。まさに天才的な相手への思いやりにより、彼は自身のことばかり話して会話を独占することはありませんでした。何人たりとも神や死の絶大な力の前には平等で、とるに足らないものであることを知っていました。

彼の話すドイツ語は、きわめて純粋で、色彩豊かでとても自然かつ的確に表現できました。正しい語順はもとより、冠詞や名詞の格その他些末なことにはこだわりませんでした。心象の細部の正確な表現のほうが大切だったからです。

私は一九六一年から彼の生涯の最後の二年間、文通を行うことができました。彼の情熱的な筆跡はまさに生きている証そのものでした。それを見るとまるで彼自身が部屋に入ってきたような感覚を覚えます。行間からは文体上の完全性への心配や、作文の苦労の跡などは感じられません。それどころか熱い創造の息使いと偉大な人格のエネルギーというべきものに満ちています。はかなくも浅はかな、文章の公表とそれに伴う名誉にほんのわずかでもこだわるような手紙の書き手がいると、彼はそれがおかしくてたまらないとばかりに笑っていました。

彼は人が陥りがちな虚栄心から最も遠く離れた、精神の巨人でした。世の中を鋭敏に感じ取るセンスと情熱あふれる力は彼にとっては同じ一つのものでした。美を求める厳しさ、道徳上の純粋さ、謙譲の美徳もそれに通じます。

ハンガリーとドイツという二つの文化の遺産は、世界中で時空を超えて脈々と受け継がれています。俊敏な知性によって、彼は人間性や芸術について独自の的確な判断基準を持っていました。

私は彼ほど感謝の言葉を心の底から発することができる人を見たことがありません。彼は畏敬の念を込めて父と恩師たちに思いを巡らせ、友人たちに、演奏会に来てくれた人たちに、看護婦たちに、そして家政婦にも感謝するのでした。缶詰工場の従業員が送ってくれたその年最初のイチゴのことや、ある老婦人が庭から持ってきた花のことなど、何と感動を込めて話したことでしょう。うまくいくこともいかないことも神に感謝し、夫人のことに話題が向くと、彼は上機嫌になります。

普通の人と同様に、芸術家もいかなるものに感動したかによって、その性格がわかります。フリッチャイのハンガリーとチェコ人気質は、彼自身の言葉によれば、イタリア音楽に一番向いていたそうです。ヴェルディの《レクイエム》は彼の中で特別な位置を占めています。彼はヴェルディにより、高い境地へいざなわれることに喜びを感じ、死と神の義へ思いを致し、深く感動するのでした。《レクイエム》に指揮者としてだけでなく、「涙と慰めの体験を共にするため」向かい合ったのです。彼は人間愛を持った強い人でした。この音楽を聴いて、「知人でもそうでなくても、愛する人すべてのための涙」を流すことに対し、恥じることはありませんでした。

フリッチャイの心の中では、カルパチア山脈の松の森や川の力強いざわめきが鳴り響いており、神の御業が心の中を最も強く占めていることを感じていました。始原的なエネルギーと熱狂的な活力という言葉は、彼がベラ・バルトークの本質を説明するときに用いましたが、また彼自身にも言えることです。モーツァルトについては、浪費家で遊び好きと評していましたが、フリッチャイ自身は全くそんな面はありませんでした。

　フリッチャイにとってベラ・バルトークは、その故郷であるハンガリーの大地のようなものですが、モーツァルトは――「その大地を覆う空」なのでした。バルトークの《アレグロ・バルバロ》はその本質において、モーツァルトの神々しい響きが同様に聴き取れます。その悲劇的な響きは彼にとって、決して風変わりなものではなく、叙情的で愛情こまやかなものなのです。ベラ・バルトークとフェレンツ・フリッチャイ――両人とも同様に厳格で、ひどく繊細でした。しかしこのハンガリーの作曲家の氷のごとき炎のような特質は、この指揮者には無縁でした。歌劇《青ひげ公の城》に関する対話の中でフェレンツ・フリッチャイはこう言っています。「ベラ・バルトークは人間による人間の救済などは信じておりませんでしたが、私はこの奇跡を自ら経験したことがあります。」

　苦痛というのは人生で最も現実的なものです。大いなる精神的、肉体的苦痛は減らせないし、ごまかすこともできません。気取った言葉で表すことなどもちろんできません。フェレンツ・フリッチャイは真理の探求者であり、神が示す道のもとに生きたのです。しかし彼の命の交響曲はまだ響きが絶えていないのに、度重なる肉体的な苦痛が命を脅かすものになろうとは到底信じることができませんでした。彼は死を意識することになりました。

　最初の胃の手術を彼は一七歳の時に受けていましたが、二度目のものは一九五八年の一一月に、三度目のものは一九五九年に行われ六時間を超えるものとなりました。一九六二年の一月からは腫瘍の手術を伴う大いなる苦難の時期が始まります。十回に及ぶ手術をもってしても、彼を死から救い出すことはかないませんでした。聖セバスチャンが矢に射抜かれたように、フリッチャイの体も、外科医のメスに貫かれたのです。たび重なる手術がこの傷つきやすく繊細な人をいかに苦しめたかを、正しく書き表すことはできないでしょう。

一九六二年の一月、彼は私あての手紙でこう書いています。「神は私を再び厳しく試されました。ある時私は確信したのです。この先には安息が待っており、そこには心配も苦痛も恐れもないと。私はほとんど死んだようなものですが、まだ彼岸にいるのでもありません。なぜならば、魂が浮遊を始めているのに、体には苦痛を感じるからです。」

快復期中の一九六二年二月に、彼は書いています。「キャンセルした演奏会のことが気がかりでなりません。しかし、ああ神よ！　そんなことは、私が生きていながら既に平和な彼岸にいる、と世間が思ってくれるのであれば、たいして重要ではありません」。

一九六二年の六月一九日の手紙では、音楽を聴くこともすることも、また読むこともできなくなったことが書かれていました。その上「この世は私にはとても新鮮で、とても美しい。私はあなた方の心の中に生き、もうどこへも行きません」とも。

人は、表に現れる事柄の後ろに、深い精神の営みと、大自然の美と、神の行う奇跡があるということを学ぶべきなのです。

私が一九六二年の八月に、見渡す限り真っ青の美しい湖畔にあるエルマティンゲンを訪問した際、彼はかなり具合が悪そうでした。しかし体は衰弱しているにもかかわらず、周知の軽妙な優雅さを備えた紳士ぶりで、顔や腕は日焼けしたように血色がよく、目は天才ならではの、炎の中の燃える石炭のように輝いていました。自分の運命を受け入れようとする自制の様は、奇跡といっても過言ではないものでしたが、それでも殉教者のような様子は少しも見せませんでした。挨拶に引き続き、彼はきわめて自然に、気取った風もなく、自分の置かれている苦境について話してくれました。私がどうしてそんなに忍耐強いのかと尋ねると、彼はため息をつきながら、「ああ、私の痛みが、時にいかに狂暴であるか、あなたは想像できないでしょうね」と答えました。彼の生と死の意味に対する理解は、このとき極限まで高められていました。すべてのものに意味があるとすれば、人智を超えるものとして、彼の病も意味があるものなのでしょう。説明が難しいところに来ると話は止まり、その代わり彼の手が語り始めるのです。その手は、細く繊細で、ほとんど肉が付いておらず、形の良い額が目立つ、痩せた引き締まった彼の顔以上に精神的なものを表現しており、お金を数えたりするような世俗的なことからは、縁遠いもののように感じられました。その手が触れるものはすべて偉大で豊かで純粋なものになりました。彼は音楽の豊かさと友情、そして愛と諦念によって完全に充たされていたのです。

彼からの最後の数通の手紙には、至福の光が漏れていました。体と精神はもはや敵対するものではなく、物質は最後には精神的なものになります。

人生の最期が迫っていました。たくさんの星々はみな彼のものでした。忌まわしい病気の進行とは逆に、内的な昇華はますます高まっていきました。病魔に敗れた彼は、精神の勝者となったのです。

「未知のこの世の闇は、この響きによって永遠のものになった」という言葉を添えて、彼はベラ・バルトークの《弦楽のためのディヴェルティメント》のレコードを私にささげてくれました。フリッチャイが金色に輝く音楽と評するモーツァルトのト短調の交響曲を彼が指揮するのを聴いても、それは世俗から遊離した響きです。

私の書斎机の上方には、最後まではとても読み通せない手紙のような献辞とともに、手を顔にやっている彼の肖像がかかっています。その下にはフィンランドの画家ピュージアイネンの小さな絵『青き永遠なるもの』があります。水も大地も、春霞におおわれた森も空も、すべて青。この青はあらゆる緑や銀色、灰色の色合いを備えており、お互いに融合しあい、また深め合っています。これらの色は視る者を永遠なものに、また永遠に語りつくせないものへといざなうのです。あたかも歌劇《魔笛》を指揮した時に、そのオペラに銀系の青を見たフェレンツ・フリッチャイへの想いのように。

マルグリット・ヴェーバー
フリッチャイの他者への尽力

一九五五年の一月、フェレンツ・フリッチャイはヴィンタートゥールの音楽協会ホールでの演奏会を聴きに来ていました。当晩、私はソリストとして、モーツァルトのピアノ協奏曲と、リヒャルト・シュトラウスの《ブルレスケ》を演奏したのです。

演奏会の休憩時間にこの偉大な指揮者を紹介され、彼はすぐさま私をナポリとベルリンでの演奏会に招待してくれました。この晩は、短い期間で二つの新しい協奏曲を勉強しなければならないという課題を喜んで引き受けた、私にとって記憶すべき晩となりました。

それまで私は、国内外の大小さまざまな街で独奏会やオーケストラとの共演を行っていましたが、まだ若い無名のピアニストでした。

フリッチャイと出会った最初の晩から、この親切な人の本質的な特徴を知ることができました。彼は若い芸術家を見つけ出して支援することを、芸術家としての倫理的使命（同時に彼の心からの願い）と思っていたのです。

それからというもの、集中的でハードな、しかし喜ばしい共演、演奏旅行、そしてベルリン放送交響楽団とのレコード録音、さらにヨーロッパ諸都市での演奏会が続きました。フリッチャイの指揮のもとでの、私にとってもっとも素晴らしく忘れられない経験は、コペンハーゲンの王立劇場においてブラームスのピアノ協奏曲第一番ニ短調を演奏したときのことです。最後の和音が鳴り終わったあと、聴衆は音も立てずに椅子から立ち上がり、拍手が沸き起こるまでの数秒間、息を飲むような静寂が支配したのでした。

フェレンツ・フリッチャイは、私が現代音楽に興味があり、数人の同時代の作曲家とも交友を持ち、また彼らが私にピアノの曲を献呈してくれていることも知っていました。それでも、彼からの働きかけに応じて、イーゴル・ストラヴィンスキーが私のために、ピアノ協奏曲を作ることになったと手紙で知らせてきたときには、さすがに驚きました。このフリッチャイの善意からの意思表示に対して、大いに違和感を覚えました。正直に言って、この分不相応な名誉には抵抗を感じたのです。しかしながらストラヴィンスキーのもとには既に私のレコードが送られており、すぐさまに丁重な連絡が来て、やがて《ピアノとオーケストラのためのムーブメンツ》の最初のページが書かれることとなったのです。この巨匠のもとでの初演以降、ストラヴィンスキーとの交友が途切れたことは一度もありません。私はこの時以来、ストラヴィンスキーと過ごした実り多い機会を与えてくれた、フェレンツ・フリッチャイにとても感謝しています。

私はこの《ピアノとオーケストラのためのムーブメンツ》を好み、しばしば演奏しました。顧みますに、この作品は確かに私に献呈されてはいるのですが、そういった個人的なことより大事なのは、ストラヴィンスキーの当時の創作とその語法的な発展の跡をこの作品が見せてくれているということです。ストラヴィンスキーが《トゥレーニ》でものにした、声楽を使う術を応用するために器楽曲が書かれなければなりませんでした。私はただ、フリッチャイの英断のおかげで、この状況の恩恵に浴したにすぎません。

フェレンツ・フリッチャイの演奏会は特別の光彩を放っていたので、たくさんのメッセージを受けた多くの聴衆は、至福の瞬間に天国の扉が開かれる思いがしたことでしょう。神々は彼に、まことに多くのものをお与えになりました。彼は、才能に恵まれ、愛し愛されるという天性も備えていました。そしてキャリア形成の幸運にも。しかしそれゆえにまた彼は、果てしない苦悩と死ぬほどの苦痛を経験することになりました。鋭敏な知覚と大いなる意識を持った彼には、非常に辛いものであったに違いありません。

彼の死の少し前の一九六二年のクリスマスに、私と夫が受け取った最後の手紙は、深刻な内面の戦いを感動的に伝えるものでした。そこでは、絶望的な数週間の後に得た深い信仰心、死後の世界での再生への想いと神への信頼が勝利をおさめ、天国へ行く準備ができている様子が見て取れます。

「今年もまた、多くの人の心を喜びと愛で満たす聖なる夜がやってきました。残念ながら私たちの場合は、不安が付きまとっています。私の苦悩の道のりはいまだ尽きず、絶望はいや増すばかりです。とてもつらいです。天使のようなシルヴィアと築いた満ち足りた家庭、健康で立派に育ってくれた子供たち、何の心配事もないかのようにすべてを手に入れたまさにその瞬間に、不幸が強引に押し入って来てすべてを破壊しつくそうとしているのです。私の精神は深く痛めつけられ、体力も著しく落ちてしまいました。このような容態でまた手術が必要ということになれば、その後どうなるか、わかりません…。しかし愛する神の試練が多ければ多いほど、すべては神の深いご意志なのだと思うようになりました…、かかわることができたこの世のすべてのことに、そして家族と友人たちに感謝しています。来たる年には、私がまた健康体に戻れるか、それとも今年のうちにクリスマスのロウソクが燃え尽きてしまうのか、はっきりしていることでしょう。」

ゲーザ・アンダ
もっと素晴らしい演奏を目指して

フリッチャイと私が、一九五二年のザルツブルク国際現代音楽祭の開幕演奏会で、バルトークのピアノ協奏曲第二番の第三楽章を、アンコールで演奏することになったとき、待ち望まれていたものがついに訪れたことがはっきりとわかりました。それは、この作品が既にクラシック音楽のレパートリーとして定着したということです。この共演ののち、バルトークのピアノ協奏曲第二番だけでも約六十回も演奏したことからも分かるように、私たちは集中的に共演しただけでなく、兄弟のような交友を常に新たにしたのでした。

私たちの関わりは、フリッチャイがセゲードで軍楽隊を率いて屋外演奏会を催したり、既に行進曲の録音を行っていたころにまでさかのぼります。ちなみに彼はこれらの演奏も、後年偉大なクラシック音楽の指揮者となってからと同様に熱心に行っていました。セゲードの田舎劇場でフリッチャイは、《メリー・ウィドウ》のようなオペラやオペレッタを、指揮者の怒ったような命令的な視線ににらまれて、ようやく養豚の問題や街の新たな色恋沙汰の話をやめて音楽に聴き入るような聴衆を前に上演していたのです。

私たちは当時まだ若く、彼は二〇代半ば、私は二〜三才年下で、トスカニーニとホロヴィッツよりも、大きな音で速く弾こうと頑張っていたのです！　セゲードで私たちがチャイコフスキーのピアノ協奏曲を演奏した折、聴衆の鼓膜は破れんばかりでした。またブダペストにおけるデビュー演奏会の時は、チャイコフスキーの大序曲《一八一二年》の終わりの部分で、舞台の後ろにある舞踏会場の大きな扉が開き、フリッチャイの軍楽隊が制服に身を包んで現れました。そして緋色の帽子をかぶった隊員たちが、よく磨かれ光り輝く楽器で《マルセイエーズ》を朗々と吹き鳴らした時には、荘厳な会場全体が揺れているのが分かるほどでした！

件の国際現代音楽祭まで、あれからは十四年ほどです。私たちはこの短い間にそれぞれ独自に次のような確信に至っていました。バルトークのピアノ協奏曲第二番は、当初聴衆にとっては理解しがたい騒音のように感じられたかもしれませんが、実のところとてもロマンティックな音楽です。そしてまさにこの点まで理解が及んだことが、私たちがこの作品を演奏しての成功の秘密であったと思っています。私はこの曲を、たとえばシューマンのピアノ協奏曲と同じくらいの愛情をもって弾きましたし、フリッチャイもオーケストラ・パートをただの伴奏ではなく、ブラームスの交響曲と同じくらい重要なものと認識していました。思った以上に彼はこの作品の準備を重要と考え、多くのリハーサルを行ったので、私は同じ町に数日間滞在しなければなりませんでした。彼は自分が手がけるものは完璧にしないと気が済まない性分だったので、たとえばバルトークの録音を行う際、ベストな位置を見つけようと、お祭りの行列よろしく、マイクロフォンを高く持ちながらピアノの周りをゆっくり歩くというようなこともしましたが、それには頭が下がる思いでした。私たちには優秀な録音チームがついているので、そのようなことは本来必要なかったのかもしれませんが、彼は関与してベストな位置を見つけ、すべてが万全であることを確認したかったのです。ピアノの響きは彼にとってはオーケストラの響き同様に重要でしたので、演奏がうまくいったとき、彼の顔は子供のように輝いたのでした。

バルトークの協奏曲のレコードによってディスク大賞を受賞したのちに、私たちはヴィーン・フィルハーモニー管弦楽団とピアノ協奏曲第二番を演奏しました。それは、私にとっておそらく最高の演奏であったと思います。フリッチャイは演奏会後すぐに、もっと素晴らしいレコードを残すため、すべてのバルトークの作品をもう一度録音したいという希望を語っていました。彼は新録音のために、この先二年の予定を決め始めていたのですが、その計画もついに実現するには至りませんでした。彼の未亡人シルヴィアさんの話によると、彼は最後の晩に、ハンガリー語で私についてなにか言っていたそうです。残念ながら同席した者はおらず、何と言っていたのかははっきりわからなかったようです。例の協奏曲の、もっと素晴らしい演奏をしている夢でも見ていたのでしょうか？

ゾルタン・コダーイ
我が精神の弟子

フェレンツ・フリッチャイは、彼の父が入学試験の際に旧友のシクローシュにその指導を依頼したにもかかわらず、本人はその生涯を通じて私の精神を継ぐ者と自任していました。

私たちの交流は、彼の指揮活動を通じて一層深まっていきました。彼はセゲードという一地方都市に、想像以上の成果によるオーケストラ文化の花を咲かせたのです。また若い管楽器奏者たちをゼロから育て上げた彼の強靭な忍耐力には驚きました。オペラに関しては、ブダペストで特にイタリア・オペラの傑作に新風を吹き込みました。

戦時の混乱期の空白期間を経て、フリッチャイのキャリアアップはようやく一九四五年以降、外国にふさわしい活動の場を見出した時に始まりました。私たちは遠くから彼の活躍の様子を聞き、届けられた数枚のレコードでそれを想像していたものです。

私にとって最もうれしかったのは、一九六一年のルツェルンにおける私の交響曲の初演に立ち会えたことです。フリッチャイの天性の、活気あふれる熟達の指揮ぶりには驚嘆しました。

これ以上はたどり着けない最高の境地に到達した時点において終わりを迎えたという点において、彼の運命は幸せだったかもしれない。その一方で、彼にとっても私たちにとっても、この高い境地がみごとに栄え行くという、豊かな実りが奪われてしまう結果になってしまったことは、まことに痛恨の極みでありました。

シラーの挽歌を彼に捧げます。

「美というものもまた滅びなければならない。」

グスタフ・ルドルフ・ゼルナー
別れと感謝

私たちの友フリッチャイは、モーツァルトとバルトークについて論じた本において、意味深長な一節を書いています。「私の母語は音楽である」と。

音楽というものは、彼がその中で生き、その法則に従って生きなければならない絶対的な世界でした。彼の精神的な故郷にして火のように激しい魂の故郷でもある音楽、そこから彼は出たり入ったりしていたのです。

様々なものが激しくぶつかり合うこの世において、絶対的なものが精神的な大いなる熱意をもって形而下のことに介入しようとするとき、軋轢が常に生じるものであります。しかしそれはフェレンツ・フリッチャイ像に厳しさとともに、きわめて魅力的で細やかで愛情深い輪郭を与えている、二つの特質によって和らげられました。それはすなわち彼の比類ない愛情表現と真正にして偽りのない友情です。

他人を援助する気持ちのみならず、かかわるすべてのことに対する彼の関心には限界というものはないようでした。そればかりか、彼と近くで接した人は誰でも、その情熱的で創造的な普遍愛に感化されたのでした。彼の力の源は成熟した深み、すなわち音楽の精神的な領域にありました。彼がよく予言めいたことを言っていたこともそれが原因だと思われます。ある種の予言者的情熱が、彼の大きく素敵な目から消えることはありませんでした。

しかし、わが友フェリ・フリッチャイの本質はこれだけではありません。彼のことは描写するのも理解するのも容易ではありませんが、それは彼に付き添い、彼が愛し、彼と談笑を許された友人たちにとっても同様でした。彼の辛辣な冗談は、無邪気な生真面目さを直接の源としていました。それは、彼の目から発せられる真剣さと同じように、全く突然に発せられるのです。

彼の愛情、真剣さ、喜び、ユーモア、これらはすべて通常のレベルを超えており、彼の生活を気前のよい、時として貴族のそれのように思わせることもありました。幅広い交友の中にフェレンツ・フリッチャイの重要な一面がはっきりと見えてきます。それは、火のように激しい精神に、はっきりとした特質を与える枠組みのようなものです。その枠組みによって、彼のふるまいがいかに心の奥底の愛情から来ているかを、理解することができます。なぜならば彼の愛情の全体像は、シルヴィア・フリッチャイ夫人によって息を吹き込まれ、形作られ、完成されました。準備のできた食卓の明かりのもと、しきたりどおりに主人と夫人が仲睦まじくいる姿は、ハンガリー人たちが定めた生活様式をあらわしているかのようです。彼のハンガリー人たるアイデンティティは、この世でのゆるぎないよりどころでした。彼の広範囲にわたる演奏旅行のうち、夫人を同伴した時には、二人からはハンガリーの地主の家庭のような雰囲気が感じられました。

そして、最初の深刻な運命の時がやってきました。今日では、彼が生と死のはざまをさまよっていたということはよく知られています。この世とあの世を行き来したことを、今やフリッチャイも意識して音楽作りを行うようになったのです。

約一年のちに、恐ろしい病気に再び倒れるまで、フリッチャイの音楽は、表現やテンポになどにおいて、正しいとかそうでないとかいった批評的なこととは全く別の世界で行われました。彼は自分の音楽を別の次元から受け止めるようになりました。この時期に彼の音楽を聴くことができた私たちは、もはやこの世の音楽ではないと感じたのです。

最後にあえて申せば、これは彼の天使との戦いであり、私たち他者にはリルケの叫びによってのみ理解できるものなのかもしれません。「主よ、すべて人に、ふさわしい死を与えたまえ！」

それは彼にとっては厳しすぎる運命でした。夫人は彼が亡くなるまで献身的な愛で付き添いました。彼女の献身により、彼の道は光へとつながっていったのだと思います。

親愛なるフェレンツ・フリッチャイ、もはやお別れと感謝と、あなたにまつわるすべての素晴らしい思い出が残るのみです。人間としてのあなたに頭を垂れ、あなたが音楽を通じて、私たちすべてに送ってくれたものに対し感謝いたします。

あとがき

（『フェレンツェ・フリッチャイを偲んで』）

このフェレンツ・フリッチャイの追悼文集は、シルヴィア・フリッチャイ夫人と共に作り上げたものである。彼女が挙げてくれた友人や同僚が、快くフェレンツ・フリッチャイとの出会いについて書いてくれたことに感謝したい。

もちろん、ここに寄稿した人はフリッチャイと親しい交わりをした人々の中のほんの一部に過ぎない。この有能な人物と交わって魂が豊かになることを、多くの友人たちは望んだのであり、フリッチャイも毎日のように意見交換や討論を必要とし、その際にも相手の意見を尊重する姿勢を示した。彼の話し方は、決して会話の独り占めに陥ることはなく、とくに故郷のハンガリーの友人たちに対しては、心からの連帯意識を持っていた。

イムレ・パロはフリッチャイの古くからの友人であり、ブダペスト国立歌劇場のバリトン歌手から後に支配人になった人である。ラディスラウス・パータキはイスラエル在住のフリッチャイの同郷人で、イスラエル・フィルハーモニーからの依頼によって実現した、フリッチャイによるイスラエル客演の模様を報告している。初期のベルリン放送交響楽団の第一フルート奏者ハインツ・ヘーフスは今では事業部長、ハンス・シュラーダーは、ソロ・チェロ奏者であると同時に、放送交響楽団有限責任会社の共同経営者である。ラトヴィアの著述家ゼンタ・マウリナとフリッチャイは、好んで人生哲学を議論していた。彼女は現在ウプサラ在住である。フリッチャイとギュンター・レンネルトによるペーター・アンダースあての手紙は、スザンネ・アンダース夫人の提供による。エルザ・シラー教授は、ドイツ・グラモフォン社クラシック音楽部門の企画部長だった。レイラ・ストーチは、当時テキサス州のヒューストン交響楽団の第一オーボエ奏者で、今はペンシルヴァニア州在住である。ゴットフリート・フォン・アイネム、ディートリヒ・フィッシャー＝ディースカウ、マリア・シュターダー、ベルンハルト・パウムガルトナー博士、マルグリット・ヴェーバー、バイエルン州立歌劇場支配人のルドルフ・ハルトマン博士、ゲーザ・アンダ、ユーディ・メニューイン、アンネッテ・コルプ、エーリヒ・ケストナー、エリック・ヴェルバ、総支配人のグスタフ・ルドルフ・ゼルナー、ゾルタン・コダーイの諸氏については、もはや紹介は不要であろう。

ヤーノシュ・エンゲからシルヴィア・フリッチャイ夫人にあてて、一九六四年五月五日に書かれた「リヒャルト・フリッチャイ氏讃」は、フリッチャイの愛する父への、人々の感動的な顕彰の証となっている。没後十九年経ってもかくも鮮明に人々の記憶に残っているということが、記念銘板による顕彰に繋がった。その文章はハンガリー語で書かれていることから、フリッチャイ夫人がそれを理解できるよう、ヤーノシュ・エンゲが自身の訳を添えたものである。そのドイツ語は決して洗練されているとは言えないが、そのまま収録した。

フェレンツ・フリッチャイ自身の文章「私の幼少期と青年期」、「そのような教えを喜ばない者は、人としてはふさわしくない」は、遺稿の中から発見された自伝的なテキストから採っている。これらは、ヨーゼフ・ミュラー＝マーラインとハンネス・ラインハルトによる本『音楽の自叙伝』へのフリッチャイの寄稿文と内容的には同じだが、言語と文体が異なっている。寄稿文は掲載する際に編集されているのに対し、オリジナルにはフリッチャイらしい、エキゾチックな雰囲気が残されている。彼が病気そのものを語る場合と、病気を「授かった」と語っている場合には違いがある。後者では、運命を受け入れるという謙虚さが感じられる。フリッチャイの「私の道」は編集者宛ての手紙である。（訳注　フリッチャイ自身によるこれら三つの文章は本訳書では第一部に収録した。）

ユーディ・メニューインの寄稿文は英語で書かれており、しかもかなり独特の英語であったので、独訳文は一つの試みにすぎない。ヤーノシュ・クルカ、パウル・フォン・プラッテイ、イルムガルト・ゼーフリート、ヴォルフガング・シュナイダーハン諸氏からの寄稿は残念ながら到着が間に合わなかった。彼らは長い演奏旅行や他の諸事で多忙を極めていたのだと思う。

フリードリヒ・ヘルツフェルト

第三部　フェレンツ・フリッチャイの記録

ノート

第三部はこの日本版のオリジナルである。

年譜はフリードリヒ・ヘルツフェルト編『フェレンツ・フリッチャイを偲んで』の巻末にあったものを訳出した。

演奏記録、放送録音、ディスコグラフィはウェブサイト「My Favorite Fricsay」の管理人である大脇利雄氏の提供によるデータを基にして作成した。ヘルツフェルト編『フェレンツ・フリッチャイを偲んで』にもディスコグラフィは収録されていたが半世紀前のものなので、日本版では割愛し、大脇氏によるものを掲載する。

横組なので巻末から始まる。

J. フランセ (1912-1997)

■ピアノ協奏曲

●ベルリン RSO ◆ 1956 年 9 月 5 日▲ M. ヴェーバー (Pf) ◎ CD(M)：DG

F. フリッチャイ (1914-1963)

■メライ・マーチ

●室内アンサンブル◆ 1937 年◎ CD(M)：

●第 9 陸軍軍楽隊◆ 1938 年 10 月 27、28 日◎ CD(M)：NEMZETEK

■《ヴェルト・ヘンリク》行進曲

●第 9 陸軍軍楽隊◆ 1938 年 10 月 27、28 日◎ CD(M)：NEMZETEK

■生涯を語る（インタビュー）

◆ 1962 年◎ CD(M)：DG

G.v. アイネム (1918-1996)

■カプリチォ Op.2

● RIAS-SO ◆ 1952 年 3 月 22 日◎ CD(M)：DG

■バラード Op.23

●ベルリン RSO ◆ 1961 年 9 月 30 日◎ CD(M)：DG

■ピアノ協奏曲 Op.20

●ベルリン RSO ◆ 1961 年 2 月 7 日▲ G. ヘルツォーク (Pf) ◎ CD(M)：DG

■歌劇《ダントンの死》

●【L】ヴィーン PO ◆ 1947 年 8 月 6 日▲ダントン：P. シェフラー、デムーラン：J. パツァーク、セシェル：P. クライン、ロペスピエール：J. ヴィトー、ジュスト：L. ヴェーバー、ヘルマン：H. アルセン、シモン：G. ハン、若人：E. ノバロ、絞首刑人 1：W. ヴェルニック、絞首刑人 2：M. フェルデン、ジュリー：G. トゥリィ、ルシレ：M. チェボターリ、娘：T. バラッシ、ウイーン国立オペラ Cho ◎ CD(M)：Stradivarius（ザルツブルク音楽祭における世界初演の実況録音）

■歌劇《ダントンの死》から「急速な行進曲」

● RIAS-SO ◆ 1949 年 9 月 22 日◎ CD(M)：DG

H.W. ヘンツェ (1926-2012)

■バレエ変奏曲から第 4 曲、第 5 曲

● RIAS-SO ◆ 1949 年 12 月 6 日◎ CD(M)：DG

以下、生没年不詳

D. ピーター

■《ラースロー 1 世》行進曲

●第 9 陸軍軍楽隊◆ 1938 年 10 月 27、28 日◎ CD(M)：NEMZETEK

N. アラジョス

■《第 34 ウィルヘルム》行進曲

●第 9 陸軍軍楽隊◆ 1938 年 10 月 27、28 日◎ CD(M)：NEMZETEK

A. ドヴォルザーク

■《赤・白・緑》行進曲

●第 9 陸軍軍楽隊◆ 1938 年 10 月 27、28 日◎ CD(M)：NEMZETEK

C. オルフ (1895-1982)
■カンタータ《カルミナ・ブラーナ》 から「胸のうちは抑えようもない」「わしは僧院長さまだぞ」「酒場に私がいるときにゃ」「今こそ愉悦の季節」
●【R】RIAS-SO ◆ 1949 年 12 月 8 日▲ D. フィッシャー＝ディースカウ、A. シュレム、RIAS 室内 Cho ◎ CD(M)：DG、TAHRA
■歌劇《アンティゴネ》
●【L】ヴィーン PO ◆ 1949 年 8 月 9 日▲アンティゴネ：R. フィッシャー、イスメネ：M. イロスファァィ、クレオン：H. ウーデ、ヘモン：L. フェーンベルガー、見張り：H. クレプス、テレシアス：E. ヘフリガー、使者：J. グラインドル、エウリディーチェ：H. ツァデック、合唱指揮：B. クッシェ、ヴィーン国立オペラ Cho ◎ CD(M)：Stradivarius（ザルツブルク音楽祭における世界初演の実況録音）

A. チェレプニン (1899-1977)
■ 10 のバガテル
●ベルリン RSO ◆ 1960 年 6 月 3 ～ 9 日▲ M. ヴェーバー (Pf) ◎ CD(S)：DG

W. エック (1901-1983)
■フランス組曲
● RIAS-SO ◆ 1955 年 9 月 12 ～ 23 日◎ CD(M)：DG
■バレエ《アブラクサス》組曲
● RIAS-SO ◆ 1949 年 9 月◎ CD(M)：DG

B. ブラッハー (1903-1975)
■パガニーニの主題による変奏曲
● RIAS-SO ◆ 1950 年 10 月 4 日◎ CD(M)：DG
■ピアノ協奏曲第 1 番より第 3 楽章
● RIAS-SO ◆ 1949 年 12 月▲ G. ヘルツォーク (Pf) ◎ CD(M)：DG

K.A. ハルトマン (1905-1963)
■交響曲第 6 番
● RIAS-SO ◆ 1955 年 9 月 19、20、23 日◎ CD(M)：DG
■弦楽のための交響曲第 4 番から第 3 楽章「アダージョ・アパッショナート」
● RIAS-SO ◆ 1949 年 12 月◎ CD(M)：DG

D. ショスタコーヴィチ (1906-1975)
■交響曲第 9 番
●【R】RIAS-SO ◆ 1954 年 4 月 30 日、5 月 3 日◎ CD(M)：EMI

W. フォルトナー (1907-1987)
■交響曲（1947）より第 4 楽章
● RIAS-SO ◆ 1949 年 12 月◎ CD(M)：DG

R. リーバーマン (1910-1999)
■オーケストラのためのフリオーソ
● RIAS-SO ◆ 1954 年 5 月 15 日◎ CD(M)：DG

●ベルリン RSO ◆ 1960 年 9 月 14 日▲ M. ヴェーバー (Pf) ◎ CD(S)：DG

■詩篇交響曲

● RIAS-SO ◆ 1951 年 1 月 30 日▲ RIAS 室内 Cho、聖ヘドヴィヒ大聖堂聖歌隊◎ CD(M)：DG

■オペラ＝オラトリオ《オイディプス王》

●【L】ベルリン RSO ◆ 1960 年 9 月 29 日▲オイディプス：E. ヘフリガー (T)、イオカステ：H. テッパー (Ms)、クレオン：K. エンゲン (BBr)、使者：I. サルディ (Bs)、ティレシアス：I. サルディ (Bs)、羊飼：P. キューン (T)、語り：E. ドイチェ、RIAS 室内 Cho、北ドイツ放送 Cho ◎ CD(M)：DG

A. ベルク (1885-1935)

■歌劇《ヴォツェック》から第 3 幕第 1、2 場

●【L】バイエルン州立オペラ◆ 1960 年 7 月 4 日▲ヴォツェック：A. ペーター、マリー：A. ジーダー◎ LP(M)：オランダ音楽祭の実況録音、オランダ放送自主製作盤

F. マルタン (1890-1974)

■小協奏交響曲

● RIAS-SO ◆ 1950 年 4 月 11 〜 13 日▲ G. ヘルツォーク (Pf)、S. キント (Ce)、I. ヘルミス (Hrp) ◎ CD(M)：DG

■オラトリオ《魔法の酒》

●【L】魔法の酒 O ◆ 1948 年 8 月 24 日▲ M. チェボターリ、J. パツァーク、E. コレー、H. ツァデク、M. イロスファイ、D. ヘルマン、A. ペル、C. デンヒ、W. フリードリヒ、ヴィーン国立オペラ Cho ◎ CD(M)：Orfeo、ザルツブルク音楽祭

S. プロコフィエフ (1891-1953)

■交響曲第 1 番《古典》

● RIAS-SO ◆ 1954 年 1 月 4 日◎ CD(M)：DG

H. ルーセンベリ (1892-1985)

■歌劇《マリオネット》序曲

●【L】スウェーデン RSO ◆ 1953 年 2 月 8 日◎ LP(M)：BIS

●【L】スウェーデン室内 O ◆ 1955 年 11 月 16 日◎ LP(M)：Orfeus

A. オネゲル (1892-1955)

■ピアノ協奏曲

● RIAS-SO ◆ 1955 年 6 月 13 日▲ M. ヴェーバー (Pf) ◎ CD(M)：DG

■交響的詩篇《ダヴィデ王》

●【R】RIAS-SO ◆ 1952 年 9 月 29、10 月 1 日▲ E. トレッチェル、L. フィッシャー、W. ルートヴィヒ、S. シュナイダー、聖ヘドヴィヒ大聖堂聖歌隊、RIAS 室内 Cho ◎ CD(M)：Relief

P. ヒンデミット (1895-1963)

■交響的舞曲

● RIAS-SO ◆ 1950 年 10 月 4 日◎ CD(M)：DG

■ヴェーバーの主題による交響的変容

●【R】RIAS-SO ◆ 1952 年 6 月 3、4 日◎ CD(M)：EMI

●ベルリン RSO ◆ 1960 年 10 月 15 ～ 19 日▲ G. アンダ (Pf) ◎ CD(S)：DG
●【L】RIAS-SO ◆ 1951 年 12 月 12 日▲ A. フォルデス (Pf) ◎ CD(M)：AUDITE
■歌劇《青ひげ公の城》
●【R】スウェーデン RSO ◆ 1953 年 2 月 10 日▲ユディト：B. ニルソン (Ms)、青ひげ公：B. シェーネルシュテット (B) ◎ CD(M)：OperaDoro
●ベルリン RSO ◆ 1958 年 10 月 7、8 日▲ユディト：H. テッパー (Ms)、青ひげ公：D. フィッシャー＝ディースカウ (Br) ◎ CD(S)：DG
■カンタータ・プロファーナ《魔法にかけられた鹿》
●【R】RIAS-SO ◆ 1951 年 9 月 12 日▲ H. クレプス (T)、D. フィッシャー＝ディースカウ (Br)、RIAS 室内 Cho、聖ヘドヴィヒ大聖堂聖歌隊◎ CD(M)：DG

S. コダーイ (1882-1967)
■交響曲
●【L】ベルリン RSO ◆ 1961 年 9 月 11 日◎ CD(S)：DG
■《ハーリ・ヤーノシュ》組曲
● RIAS-SO ◆ 1954 年 9 月 22 ～ 24 日◎ CD(M)：DG
●【L】スイス・ロマンド O ◆ 1958 年 2 月 12 日◎ CD(M)：OSR 自主製作
●ベルリン RSO ◆ 1961 年 11 月 2、3 日◎ CD(S)：DG
■《ハーリ・ヤーノシュ》組曲よりリハーサルと本番の一部
●【R】ベルリン RSO ◆ 1961 年 11 月 13 ～ 15 日◎ DVD(M)：Euroarts
■ガランタ舞曲
● RIAS-SO ◆ 1953 年 9 月 14 日◎ CD(M)：DG
●【L】ヴィーン PO ◆ 1961 年 8 月 27 日◎ CD(M)：EMI、ザルツブルク音楽祭
■マロセカー舞曲
● RIAS-SO ◆ 1954 年 9 月 25、26 日◎ CD(M)：DG
■ハンガリー詩篇
● RIAS-SO ◆ 1954 年 10 月 6、7 日▲ E. ヘフリガー (T)、RIAS 室内 Cho、聖ヘドヴィヒ大聖堂聖歌隊◎ CD(M)：DG
●【L】ベルリン RSO ◆ 1959 年 9 月 29 日▲ E. ヘフリガー (T)、聖ヘドヴィヒ大聖堂聖歌隊◎ CD(S)：DG

I. ストラヴィンスキー (1882-1971)
■バレエ《春の祭典》
● RIAS-SO ◆ 1954 年 3 月 11 ～ 13 日◎ CD(M)：DG
●【L】ケルン RSO ◆ 1953 年 10 月 5 日◎ CD(M)：MediciMasters
■バレエ《ペトルーシュカ》
● RIAS-SO ◆ 1953 年 4 月 19、21 日◎ CD(M)：DG
■ディヴェルティメント
● RIAS-SO ◆ 1954 年 9 月 27、28 日◎ CD(M)：DG
●【L】バイエルン RSO ◆ 1952 年 11 月 21 日◎ CD(M)：ENTERPRRISE
■ヴァイオリン協奏曲
●【L】ケルン RSO ◆ 1951 年 7 月 8 日▲ A. グルミュー (Vn) ◎ CD(M)：MediciMasters
■ピアノとオーケストラのためのカプリチォ
● RIAS-SO ◆ 1950 年 9 月 26、27 日▲ M. アース (Pf) ◎ CD(M)：DG
■ピアノとオーケストラのためのムーブメンツ

M. ファリャ (1876-1946)
■スペインの庭の夜
　●ベルリン RSO ◆ 1957 年 4 月 2 ～ 4 日◎ M. ヴェーバー (Pf) ◎ CD(M)：DG

O. レスピーギ (1879-1936)
■バレエ音楽《風変わりな店》(ロッシーニの原曲を編曲)
　● RIAS-SO ◆ 1955 年 2 月 16 ～ 18 日◎ CD(M)：DG

B. バルトーク (1881-1945)
■オーケストラのための協奏曲
　●ベルリン RSO ◆ 1957 年 4 月 9、10 日◎ CD(M)：DG
■弦楽器、打楽器とチェレスタのための音楽
　● RIAS-SO ◆ 1953 年 6 月 17 ～ 20 日◎ CD(M)：DG
　●【R】RIAS-SO ◆ 1952 年 10 月 14 日◎ CD(M)：AUDITE
■弦楽のためのディヴェルティメント
　● RIAS-SO ◆ 1953 年 4 月 11、13 日◎ CD(M)：DG
　●【R】RIAS-SO ◆ 1952 年 2 月 11 日◎ CD(M)：AUDITE
　●【L】ケルン RSO ◆ 1953 年 5 月 4 日◎ CD(M)：MediciMasters
　●【L】ヒューストン SO ◆ 1953 年 11 月 23 日◎ LP(M)：ヒューストン SO 自主製作
　●【L】スイス・ロマンド O ◆ 1956 年 2 月 3 日◎ CDR(M)：ETERNITILES
■二つの肖像
　● RIAS-SO ◆ 1952 年 6 月 7 日◎ CD(M)：DG
　●【R】RIAS-SO ◆ 1951 年 9 月 11 日◎ CD(M)：AUDITE
■舞踊組曲
　● RIAS-SO ◆ 1953 年 6 月 9、12 日◎ CD(M)：DG
　●【R】RIAS-SO ◆ 1953 年 6 月 10 日◎ CD(M)：AUDITE
■ヴァイオリン協奏曲第 2 番
　●ベルリン PO ◆ 1950 年 1 月 5 ～ 15 日▲ T. ヴァルガ (Vn) ◎ CD(M)：DG
　●【L】RIAS-SO ◆ 1951 年 9 月 13 日▲ T. ヴァルガ (Vn) ◎ CD(M)：AUDITE
■ピアノ協奏曲第 1 番
　●ベルリン RSO ◆ 1960 年 10 月 15 ～ 19 日▲ G. アンダ (Pf) ◎ CD(S)：DG
■ピアノ協奏曲第 2 番
　●ベルリン RSO ◆ 1959 年 9 月 10、15、16 日▲ G. アンダ (Pf) ◎ CD(S)：DG
　●【R】RIAS-SO ◆ 1953 年 9 月 7 日▲ G. アンダ (Pf) ◎ CD(M)：AUDITE
　●【L】ケルン RSO ◆ 1952 年 6 月 27 日▲ G. アンダ (Pf) ◎ CD(M)：AUDITE、ザルツブルク現代音楽祭
　●【L】ヴィーン SO ◆ 1955 年 5 月 6 日▲ G. シャンドール (Pf) ◎ CD(M)：Orfeo
　●【L】スイス音楽祭 O ◆ 1956 年 8 月 22 日▲ G. アンダ (Pf) ◎ CD(M)：Relief、ルツェルン音楽祭
■ピアノ協奏曲第 3 番
　● RIAS-SO ◆ 1954 年 4 月 27 ～ 30 日▲ M. アース (Pf) ◎ CD(M)：DG
　●【L】RIAS-SO ◆ 1950 年 1 月 16 日▲ L. ケントナー (Pf) ◎ CD(M)：AUDITE
　●ベルリン RSO ◆ 1959 年 9 月 7 ～ 9 日▲ G. アンダ (Pf) ◎ CD(S)：DG
　●【L】バイエルン RSO ◆ 1960 年 11 月 24 日▲ A. フィッシャー (Pf) ◎ CD(M)：Orfeo
■ピアノとオーケストラのためのラプソディ

●【L】RIAS-SO◆1952年10月13日◎CD(M)：DG

■クラリネットとファゴットのための協奏曲

●【R】RIAS-SO◆1953年4月20日▲H. ゴイサー (Cl)、W. フーグマン (Fg) ◎CD(M)：DG

■ピアノとオーケストラのためのブルレスケ

●RIAS-SO◆1955年9月13日▲M. ヴェーバー (Pf) ◎CD(M)：DG

A. グラズノフ (1865-1936)

■ヴァイオリン協奏曲

●ベルリンRSO◆1958年10月14～17日▲E. モリーニ (Vn) ◎CD(S)：DG

P. デュカス (1865-1935)

■交響詩《魔法使いの弟子》

●ラムルーO◆1952年3月11日◎CD(M)：DG

●【R】ベルリンRSO◆1961年11月14日◎CD(S)：EMI

■交響詩《魔法使いの弟子》からリハーサルと本番の一部

●【R】ベルリンRSO◆1961年10月30日、11月1日◎DVD(M)：Euroarts

U. ジョルダーノ (1867-1948)

■歌劇《アンドレア・シェニエ》から「祖国の敵か」

●ベルリンRSO◆1961年4月17～21日▲D.フィッシャー＝ディースカウ (Br) ◎CD(S)：DG

S. ラフマニノフ (1873-1943)

■パガニーニの主題による狂詩曲

●ベルリンRSO◆1960年6月3、4、7、8日▲M. ヴェーバー (Pf) ◎CD(S)：DG

A. シェーンベルク (1874-1951)

■ヴァイオリン協奏曲

●【L】ベルリンRSO◆1960年9月12日▲T. ヴァルガ (Vn) ◎CDR(M)：TREASUREOFTHEEARTH

■弦楽オーケストラのための組曲から第1、2、4楽章

●【L】ベルリンPO◆1949年11月28日◎CD(M)：AUDITE

■室内交響曲

●【R】RIAS-SO◆1953年1月10日◎CD(M)：AUDITE

R. グリエール (1875-1956)

■交響曲第3番《イリア・ムーロメツ》

●RIAS-SO◆1955年9月24～29日◎CD(M)：DG

M. ラヴェル (1875-1937)

■ボレロ

●RIAS-SO◆1953年4月16日◎CD(M)：DG

■ラ・ヴァルス

●【R】RIAS-SO◆1953年6月8日◎CD(M)：DG

■序奏とアレグロ

●ベルリンRSO◆1957年1月15日▲N. サバレタ (Hrp) ◎CD(M)：DG

■ヴァイオリン協奏曲 Op.53
●RIAS-SO◆1953年6月10〜12日▲J. マルツィ (Vn)◎CD(M)：DG
●【R】RIAS-SO◆1953年6月8日▲J. マルツィ (Vn)◎CD(M)：AUDITE
■スターバト・マーテル　Op.58
●【R】RIAS-SO◆1953年2月1日▲E. トレッチェル (S)、L. フィッシャー (A)、W. ルートヴィヒ (T)、J. グラインドル (B)、聖ヘドヴィヒ大聖堂聖歌隊、RIAS室内Cho◎CD(M)：Relief

P. サラサーテ (1844-1908)
■ツィゴイネルワイゼン
●RIAS-SO◆1954年1月▲H. ツァハリアス (Vn)◎CD(M)：DG

N. リムスキー＝コルサコフ (1844-1908)
■交響組曲《シェエラザード》
●ベルリンRSO◆1956年9月13、14、16、17日◎CD(M)：DG

R. レオンカヴァルロ (1857-1919)
■歌劇《道化師》からプロローグ
●ベルリンRSO◆1961年4月17〜21日▲D. フィッシャー＝ディースカウ (Br)◎CD(S)：DG

J. フバイ (1858-1937)
■「チャルダッシュの情景」第2番
●ブタペストO◆1942年▲E. テルマーニ (Vn)◎CD(M)：Danacord
■「チャルダッシュの情景」第4番《ハイレ・カティ》
●RIAS-SO◆1954年1月▲H. ツァハリアス (Vn)◎CD(M)：DG

G. プッチーニ (1858-1924)
■歌劇《ラ・ボエーム》から「冷たき手を」
●ベルリンRSO◆1957年1月18〜22日▲E. コップ (T)◎CD(M)：DG
■歌劇《トスカ》から「妙なる調和」
●ベルリンRSO◆1957年1月18〜22日▲E. コップ (T)◎CD(M)：DG

G. マーラー (1860-1911)
■リュッケルトの詩による5つの歌
●ベルリンRSO◆1958年9月16日▲M. フォレスター (A)◎CD(S)：DG

C. ドビュッシー (1862-1918)
■牧神の午後への前奏曲
●【R】RIAS-SO◆1953年1月3日◎CD(M)：DG
■ハープと弦楽のための舞曲
●ベルリンRSO◆1957年1月14日▲N. サバレタ (Hrp)◎CD(M)：DG

R. シュトラウス (1864-1949)
■交響詩《ティル・オイレンシュピーゲルの愉快な悪戯》
●ベルリンPO◆1950年6月22、23日◎CD(M)：DG
■交響詩《ドン・ファン》

M. ムソルグスキー (1839-1881)
■交響詩《はげ山の一夜》
● RIAS-SO ◆ 1952 年 3 月 19 日◎ CD(M)：DG

P. チャイコフスキー (1840-1893)
■交響曲第 4 番
● RIAS-SO ◆ 1952 年 9 月 9、10 日◎ CD(M)：DG
■交響曲第 5 番
●ベルリン PO ◆ 1949 年 9 月 12 ～ 14 日◎ CD(M)：DG
●【L】ヴィーン SO ◆ 1955 年 5 月 6 日◎ CD(M)：Orfeo
●【L】ベルリン RSO ◆ 1957 年 1 月 24 日◎ CD(M)：AUDITE
●【L】ストックホルム PO ◆ 1957 年 3 月 6 日◎ CD(M)：IMG
■交響曲第 5 番 2 楽章リハーサル
●【L】ストックホルム PO ◆ 1957 年 3 月 6 日◎ CD(M)：BIS
■交響曲第 6 番《悲愴》
●ベルリン PO ◆ 1953 年 7 月 1 ～ 4 日◎ CD(M)：DG
●【L】バイエルン RSO ◆ 1960 年 11 月 24 日◎ CD(M)：Orfeo
●ベルリン RSO ◆ 1959 年 9 月 17 ～ 19、22 日◎ CD(S)：DG
■バレエ《白鳥の湖》から 5 曲
●ベルリン RSO ◆ 1957 年 9 月 10 ～ 12 日◎ CD(M)：DG
■バレエ《眠れる森の美女》からワルツ
●ベルリン RSO ◆ 1957 年 9 月 10 ～ 12 日◎ CD(M)：DG
■バレエ《くるみわり人形》からワルツ
●ベルリン RSO ◆ 1957 年 9 月 10 ～ 12 日◎ CD(M)：DG
■歌劇《エウゲニ・オネーギン》からワルツ
●ベルリン RSO ◆ 1957 年 9 月 10 ～ 12 日◎ CD(M)：DG
●ベルリン RSO ◆ 1960 年 1 月 28 日～ 2 月 1 日◎ CD(S)：DG
■歌劇《エウゲニ・オネーギン》からポロネーズ
●ベルリン RSO ◆ 1960 年 1 月 28 日～ 2 月 1 日◎ CD(S)：DG
■弦楽セレナーデ
● RIAS-SO ◆ 1952 年 10 月 14、15 日◎ CD(M)：DG
■序曲《1812 年》
● RIAS-SO ◆ 1953 年 1 月 14、15 日◎ CD(M)：DG
■ヴァイオリン協奏曲
●【R】RIAS-SO ◆ 1949 年 9 月 24 日▲ Y. メニューイン (Vn) ◎ CD(M)：DG
●【L】RIAS-SO ◆ 1952 年 10 月 13 日▲ E. モリーニ (Vn) ◎ CD(M)：AUDITE
●【L】スイス音楽祭 O ◆ 1961 年 8 月 16 日▲ Y. メニューイン (Vn) ◎ CD(M)：TAHRA
■ピアノ協奏曲第 2 番
●【R】RIAS-SO ◆ 1951 年 1 月 16 日▲ S. チェルカスキー (Pf) ◎ CD(M)：AUDITE

A. ドヴォルザーク (1841-1904)
■交響曲第 9 番《新世界より》Op.95
●ベルリン PO ◆ 1959 年 10 月 5、6 日◎ CD(S)：DG
● RIAS-SO ◆ 1953 年 9 月 11 ～ 13 日◎ CD(M)：DG
●【L】ケルン RSO ◆ 1953 年 6 月 1 日◎ MP3(M)：Classicolvano

●【L】RIAS-SO◆1953年4月19日▲C.ハンゼン(Pf)◎CD(M)：Andromeda

■ピアノ協奏曲第2番 Op.83

●ベルリンPO◆1960年5月9～12日▲G.アンダ(Pf)◎CD(S)：DG

■ヴァイオリン協奏曲 Op.77

●【R】RIAS-SO◆1951年10月8日▲G.デ・ヴィート(Vn)◎CD(M)：AUDITE

■ヴァイオリン協奏曲から第2楽章リハーサル一部

●【L】ベルリンRSO◆1961年4月25日▲Y.メニューイン(Vn)◎DVD(M)：Euroarts

■アルト・ラプソディ Op.53

●ベルリンRSO◆1957年9月15日▲M.フォレスター(A)、RIAS女声Cho◎CD(M)：DG

A. ボロディン (1833-1887)

■交響詩《中央アジアの平原》にて

●RIAS-SO◆1952年2月23日◎CD(M)：DG

■歌劇《イーゴリ公》から「ダッタン人の踊り」

●RIAS-SO◆1950年4月4、5日◎CD(M)：DG

A. ポンキェルリ (1834-1886)

■歌劇《ジョコンダ》から「時の踊り」

●ベルリンRSO◆1960年1月28日～2月1日◎CD(S)：DG

G. ビゼー (1838-1875)

■歌劇《カルメン》から「前奏曲」「第1幕間奏曲、第2幕間奏曲、第3幕間奏曲」「バレエ音楽」「パストラーレ」「ジプシーの踊り」「行進曲」

●ベルリンRSO◆1956年9月13～19日▲RIAS室内Cho◎CD(M)：DG

■歌劇《カルメン》から「前奏曲」「ハバネラ」「母からの手紙」「セギディーリャ」「ジプシーの歌」「闘牛士の歌」「きけきけ仲間よ」「花の歌」「カルタの歌」「行進曲」「終曲」

●バイエルン州立O◆1958年1月6～12日▲カルメン：O.ドミンゲス(Ms)、ドン・ホセ：J.シマンディ(T)、エスカミリョ：J.メッテルニヒ(Br)、ミカエラ：M.シュターダー(S)、フラスキータ：H.シュテフェク(S)、メルセデス：L.フェルザー(S)、レメンダート：P.キューン(T)、ダンカイロ：K.ヴェホーフシッツ(T)、バイエルン州立オペラCho◎CD(S)：DG

■歌劇《カルメン》から「前奏曲」「ハバネラ」「母からの手紙」「セギディーリャ」「2幕前奏曲」「ジプシーの歌」「花の歌」「3幕前奏曲」「カルタの歌」「4幕前奏曲」「終曲」「バレエ音楽」

●【R】RIAS-SO◆1951年9月3､29日､10月1～5日▲カルメン：M.クローゼ(Ms)､ドン・ホセ：R.ショック(T)、ミカエラ：E.トレッチェル(S)、フラスキータ：M.ライヒ(S)、メルセデス：R.コルサヴェ(S)、RIAS室内Cho◎CD(M)：AUDITE

■歌劇《カルメン》から「闘牛士の歌」

●ベルリンRSO◆1957年1月18～22日▲J.メッテルニヒ(Br)◎CD(M)：DG

●ベルリンRSO◆1961年4月17～21日▲D.フィッシャー＝ディースカウ(Br)◎CD(S)：DG

■歌劇《真珠取り》から「おおナディール、なつかしい幼友達」

●ベルリンRSO◆1961年4月17～21日▲D.フィッシャー＝ディースカウ(Br)◎CD(S)：DG

M. ブルッフ (1838-1920)

■ヴァイオリン協奏曲第1番

●ベルリンRSO◆1958年10月14～17日▲E.モリーニ(Vn)◎CD(S)：DG

●【R】ベルリンRSO◆1961年5月9日▲Y.メニューイン(Vn)◎DVD(M)：EMI

●ベルリン PO ◆ 1949 年 9 月 16 日◎ CD(M)：DG
● 【R】 RIAS-SO ◆ 1950 年 6 月 6 ～ 8 日◎ CD(M)：AUDITE
■喜歌劇《スペードの女王》序曲
● 【R】 RIAS-SO ◆ 1950 年 6 月 6 ～ 8 日◎ CD(M)：AUDITE
■喜歌劇《こうもり》から「チック・タック・ポルカ」
● 【R】 RIAS-SO ◆ 1952 年 10 月 28 日◎ CD(M)：AUDITE
■喜歌劇《ヴェネチアの夜》から「入り江のワルツ」
● 【R】 RIAS-SO ◆ 1952 年 10 月 28 日◎ CD(M)：AUDITE
■ワルッ《芸術家の生活》
● 【R】 RIAS-SO ◆ 1950 年 6 月 6 ～ 8 日◎ CD(M)：AUDITE
■ポルカ《浮気心》
● 【R】 RIAS-SO ◆ 1952 年 10 月 28 日◎ CD(M)：AUDITE
■ワルツ《酒、女、歌》
● 【L】 RIAS-SO ◆ 1951 年 2 月 6 日◎ RIAS 室内 Cho ◎ CD(M)：Gebhardt
■喜歌劇《ジプシー男爵》から「すべてを名誉にかけて」「結婚の証人は」「哀しくも誠実なジプシーたち」
● 【L】 RIAS-SO ◆ 1951 年 2 月 6 日▲ M. ムジアル (S)、P. アンダース (T)、RIAS 室内 Cho ◎ CD(M)：Gebhardt
■喜歌劇《ヴェネチアの夜》から「ゴンドラにお乗りなさい」
● 【L】 RIAS-SO ◆ 1951 年 2 月 6 日▲ M. ムジアル (S)、P. アンダース (T)、RIAS 室内 Cho ◎ CD(M)：Gebhardt
■喜歌劇《こうもり》
● 【R】 RIAS-SO ◆ 1949 年 11 月 1 ～ 8 日、12 月 23 日▲アイゼンシュタイン：P. アンダース (T)、ロザリンデ：A. シュレム (S)、アデーレ：R. シュトライヒ (S)、アルフレート：H. クレプス (T)、フランク：H. ヴォッケ (Br)、オルロフスキー：A. ミュラー (T)、ファルケ：H. ブラウアー (Br)、フロッシュ：H. ホッペ (S)、ブリンド：E. ヘイヤー (T)、イーダ：S. メンツ (S)、RIAS 室内 Cho ◎ CD(M)：AUDITE

J. ブラームス (1833-1897)

■交響曲第 1 番 Op.68
● 【L】 スイス・ロマンド O ◆ 1956 年 2 月 8 日◎ CD(M)：Cascavelle
● 【L】 北ドイツ RSO ◆ 1958 年 2 月 2、3 日◎ CD(M)：TAHRA
■交響曲第 1 番から第 4 楽章のリハーサルの一部
● 【L】 スイス音楽祭 O ◆ 1960 年 8 月◎ DVD(M)：Euroarts、ルツェルン音楽祭
■交響曲第 2 番 Op.73
● 【L】 ヴィーン PO ◆ 1961 年 8 月 27 日◎ CD(M)：DG、ザルツブルク音楽祭
● 【L】 スイス・ロマンド O ◆ 1958 年 2 月 12 日◎ CD(M)：OSR 自主製作
● 【L】 バイエルン州立 O ◆ 1958 年 5 月 12 日◎ CD(M)：ディスク・ル・フラン
● 【R】 RIAS-SO ◆ 1953 年 10 月 13 日◎ CD(M)：AUDITE
■ハイドンの主題による変奏曲 Op.56a
●ベルリン RSO ◆ 1957 年 9 月 17、18 日◎ CD(M)：DG
● 【R】 RIAS-SO ◆ 1953 年 9 月 7 日◎ CD(M)：TAHRA
■ヴァイオリンとチェロのための二重協奏曲 Op.101
●ベルリン RSO ◆ 1961 年 6 月 3 ～ 5 日▲ W. シュナイダーハン (Vn)、J. シュタルケル (Vc) ◎ CD(S)：DG
■ピアノ協奏曲第 1 番 Op.15

●ベルリン RSO ◆ 1961 年 2 月 2、8、9 日◎ CD(S)：DG
● RIAS-SO ◆ 1952 年 6 月 10 日◎ CD(M)：DG
●【L】RIAS-SO ◆ 1951 年 2 月 6 日◎ CD(M)：Gebhardt

■アンネン・ポルカ
●ベルリン RSO ◆ 1961 年 2 月 2、8、9 日◎ CD(S)：DG
● RIAS-SO ◆ 1952 年 6 月 8 日◎ CD(M)：DG
●【L】RIAS-SO ◆ 1951 年 2 月 6 日◎ CD(M)：Gebhardt

■皇帝円舞曲
●ベルリン RSO ◆ 1961 年 2 月 2、8、9 日◎ CD(S)：DG
●【R】RIAS-SO ◆ 1950 年 6 月 6 ～ 8 日◎ CD(M)：AUDITE

■トリッチ・トラッチ・ポルカ
●ベルリン RSO ◆ 1961 年 2 月 2、8、9 日◎ CD(S)：DG
● RIAS-SO ◆ 1952 年 6 月 8 日◎ CD(M)：DG
●【R】RIAS-SO ◆ 1950 年 6 月 6 ～ 8 日◎ CD(M)：AUDITE
●【L】RIAS-SO ◆ 1951 年 2 月 6 日◎ CD(M)：Gebhardt

■ワルツ《美しく青きドナウ》
●ベルリン RSO ◆ 1961 年 2 月 2、8、9 日◎ CD(S)：DG
●ベルリン PO ◆ 1949 年 9 月 16 日◎ CD(M)：DG
●【R】RIAS-SO ◆ 1949 年 11 月 1 ～ 8 日◎ CD(M)：AUDITE
●【R】RIAS-SO ◆ 1950 年 6 月 6 ～ 8 日◎ CD(M)：AUDITE

■ポルカ《ハンガリー万歳》
●ベルリン RSO ◆ 1961 年 2 月 2、8、9 日◎ CD(S)：DG

■ワルツ《ヴィーンの森の物語》
●ベルリン RSO ◆ 1961 年 2 月 2、8、9 日◎ CD(S)：DG
●【L】RIAS-SO ◆ 1951 年 2 月 6 日◎ CD(M)：Gebhardt

■喜歌劇《ジプシー男爵》序曲
● RIAS-SO ◆ 1952 年 9 月 10 日◎ CD(M)：DG
●【L】RIAS-SO ◆ 1951 年 2 月 6 日◎ CD(M)：Gebhardt

■ワルッ《春の声》
● RIAS-SO ◆ 1952 年 6 月 17 日◎ CD(M)：DG
●ベルリン PO ◆ 1952 年 3 月 22 日▲ W. リップ (S) ◎ CD(M)：DG
●【R】RIAS-SO ◆ 1950 年 6 月 6 ～ 8 日◎ CD(M)：AUDITE

■ワルツ《朝刊》
● RIAS-SO ◆ 1952 年 9 月 11 日◎ CD(M)：DG

■ワルツ《南国のバラ》
● RIAS-SO ◆ 1952 年 6 月 8 日◎ CD(M)：DG
●【L】RIAS-SO ◆ 1951 年 2 月 6 日◎ CD(M)：Gebhardt

■ワルツ《ヴィーン気質》
●ベルリン PO ◆ 1951 年 1 月 16 日◎ CD(M)：DG
●【L】RIAS-SO ◆ 1951 年 2 月 6 日◎ CD(M)：Gebhardt

■ピチカート・ポルカ
●ベルリン PO ◆ 1950 年 7 月 4 日◎ CD(M)：DG
●【R】RIAS-SO ◆ 1950 年 6 月 6 ～ 8 日◎ CD(M)：AUDITE
●【L】RIAS-SO ◆ 1951 年 2 月 6 日◎ CD(M)：Gebhardt

■常動曲

人：S. メンツ、RIAS 室内 Cho ◎ CD(M)：AUDITE

■歌劇《ファルスタッフ》第 2 幕から「ウィンゾルには美しい娘が」「今日の午後 3 時に」

● RIAS-SO ◆ 1951 年 1 月 4 日▲ファルスタッフ：J. メッテルニヒ (Br)、フォード：D. フィッシャー＝ディースカウ (Br)、RIAS 室内 Cho ◎ CD(M)：DG

■レクイエム

● RIAS-SO ◆ 1953 年 9 月 22 ～ 26 日▲ M. シュターダー (S)、M. ラデフ (A)、H. クレプス (T)、K. ボルイ (B)、RIAS 室内 Cho、聖ヘドヴィヒ大聖堂聖歌隊◎ CD(M)：DG

●【L】ベルリン RSO ◆ 1960 年 10 月 23 日▲ M. シュターダー (S)、O. ドミンゲス (A)、G. カレルリ (T)、I. サルディ (B)、聖ヘドヴィヒ大聖堂聖歌隊◎ CD(M)：DG

●【L】ベルリン市立オペラ O ◆ 1951 年 1 月 27 日▲ E. グリュンマー (S)、J. ブラッター (A)、H. クレプス (T)、J. グラインドル (B)、聖ヘドヴィヒ大聖堂聖歌隊、RIAS 室内 Cho ◎ CD(M)：Andromeda

■アベ・マリア

●【L】RIAS-SO ◆ 1952 年 1 月 14 日▲聖ヘドヴィヒ大聖堂聖歌隊、RIAS 室内 Cho ◎ CD(M)：DG

■スターバト・マーテル

●【L】RIAS-SO ◆ 1952 年 1 月 14 日▲聖ヘドヴィヒ大聖堂聖歌隊、RIAS 室内 Cho ◎ CD(M)：DG

■聖母マリアを讃える歌

●【L】RIAS-SO ◆ 1952 年 1 月 14 日▲聖ヘドヴィヒ大聖堂聖歌隊、RIAS 室内 Cho ◎ CD(M)：DG

■テ・デウム

●【L】RIAS-SO ◆ 1952 年 1 月 14 日▲聖ヘドヴィヒ大聖堂聖歌隊、RIAS 室内 Cho ◎ CD(M)：DG

●【R】ケルン RSO ◆ 1953 年 3 月 30 日▲ケルン放送 Cho ◎ CD(M)：Archipel

C. グノー (1818-1893)

■歌劇《ファウスト》からバレエ音楽

●ベルリン RSO ◆ 1961 年 1 月 28 日～ 2 月 1 日◎ CD(S)：DG

■歌劇《ファウスト》からワルツ

●ベルリン RSO ◆ 1961 年 1 月 28 日～ 2 月 1 日◎ CD(S)：DG

■歌劇《ファウスト》から「故郷の土地を離れる時」

●ベルリン RSO ◆ 1961 年 4 月 17 ～ 21 日▲ D. フィッシャー＝ディースカウ (Br) ◎ CD(S)：DG

C. フランク (1822-1890)

■交響的変奏曲

●ベルリン RSO ◆ 1957 年 4 月 5、6 日▲ M. ヴェーバー (Pf) ◎ CD(M)：DG

B. スメタナ (1824-1884)

■連作交響詩《わが祖国》から「モルダウ」

●ベルリン PO ◆ 1953 年 1 月 10、15 日◎ CD(M)：DG

●ベルリン PO ◆ 1960 年 1 月 23、24 日、2 月 2 日◎ CD(S)：DG

■連作交響詩《わが祖国》から「モルダウ」リハーサル、本番

●【R】シュトゥットガルト RSO ◆ 1960 年 6 月 14 日◎ CD(M)：DG、DVD(M)：EMI

■連作交響詩《わが祖国》から「ボヘミアの森と草原より」

●ベルリン PO ◆ 1953 年 6 月 30 日、7 月 1 日◎ CD(M)：DG

J. シュトラウス二世 (1825-1899)

■喜歌劇《こうもり》序曲

■歌劇《シチリア島の晩鐘》序曲
●RIAS-SO◆1952年3月21日◎CD(M)：DG
■歌劇《アイーダ》前奏曲
●【R】RIAS-SO◆1953年4月14日◎CD(M)：DG
■歌劇《アイーダ》バレエ音楽
●【R】RIAS-SO◆1954年1月14日◎CD(M)：DG
●ベルリンRSO◆1960年1月28日～2月1日◎CD(S)：DG
■歌劇《椿姫》第3幕
●【R】RIAS-SO◆1951年1月5～6日▲ヴィオレッタ：E. トレッチェル(S)、アニーナ：H. ヘアフルート(S)、アレフレッド：P. アンダース(T)、父：J. メッテルニヒ(Br)、医師：J. グラインドル(B)◎CD(M)：AUDITE
■歌劇《オテロ》冒頭～「ロデリーゴ、飲もう」
●【R】RIAS-SO◆1951年1月8日▲P. アンダース、C.v. ダイク、J. メッテルニヒ、E. ヘイヤー、RIAS室内Cho◎CD(M)：AUDITE
■歌劇《オテロ》第2幕から「無慈悲な神の命ずるままに」「ある夜のこと」
●【L】バイエルン州立オペラO◆1956年▲オテロ：B. アルデンホーフ、ヤコ：J. メッテルニヒ◎CD(M)：Gebhardt
■歌劇《オテロ》第4幕から「オテロの死」
●【R】RIAS-SO◆1951年1月8日▲P. アンダース(T)◎CD(M)：AUDITE
■歌劇《オテロ》バレエ音楽
●ベルリンRSO◆1960年1月28日～2月1日◎CD(S)：DG
■歌劇《ドン・カルロス》
●【L】ベルリン市立オペラO◆1948年11月18日▲フィリッポ2世：J. グラインドル(B)、ドン・カルロス：B. グレヴェリウス(T)、ロドリーゴ：D. フィッシャー＝ディースカウ(Br)、宗教裁判長：J. ヘルマン(B)、修道士：H. ホフマン(B)、エリザベッタ：I. デムート(S)、エボーリ姫：J. ブラッター(Ms)、テバルド：E. ハフナゲル(S)、レルマ伯爵：G. ゲルハルト(T)、天からの声：E. ヒングスト(S)、ベルリン市立オペラCho◎CD(M)：Walhall
■歌劇《トロヴァトーレ》
●【R】ケルンRSO◆1953年4月▲マンリーコ：H. ホッペ、レオノーラ：C. ゴルツ、アズチェーナ：I. マラニウク、ルーナ伯爵：J. メッテルニヒ、フェルランド：W. シルプ、イネス：U. ケルプ、ルイス：W. イェンケル、ジプシー：H. ホルン、ボーテ：A. ペイサング、ケルン放送Cho◎CD(M)：Walhall
■歌劇《ドン・カルロス》から「呪わしき美貌」
●ベルリンRSO◆1957年1月18～22日▲H. テッパー(A)◎CD(M)：DG
■歌劇《トロヴァトーレ》から「炎は燃えて」
●ベルリンRSO◆1957年1月18～22日▲H. テッパー(A)◎CD(M)：DG
■歌劇《運命の力》から「わが使命の小箱よ」
●ベルリンRSO◆1961年4月17～21日▲D. フィッシャー＝ディースカウ(Br)◎CD(S)：DG
■歌劇《椿姫》から「プロバンスの海と陸」
●ベルリンRSO◆1961年4月17～21日▲D. フィッシャー＝ディースカウ(Br)◎CD(S)：DG
■歌劇《リゴレット》
●【R】RIAS-SO◆1950年9月20、30日▲マントヴァ公爵：R. ショック(T)、リゴレット：J. メッテルニヒ(Br)、ジルダ：R. シュトライヒ(S)、スパラフチーレ：F. ホッペ(B)、マッダレーナ：M. クローゼ(A)、ジョバンナ：S. メンツ(Ms)、モンテローネ伯爵：W. ラング(Br)、マルッロ：L. クレイン(Br)、マッテオ・ボルサ：R. ペータース(T)、チェプラーノ伯爵：O. ヒュンシュ(B)、伯爵夫

R. シューマン (1810-1856)

■交響曲第 1 番《春》

●RIAS-SO◆1955 年 2 月 14、15 日◎CD(M)：DG

■ピアノ協奏曲

●【L】RIAS-SO◆1951 年 5 月 15 日▲A. コルトー (Pf) ◎CD(M)：AUDITE

■チェロ協奏曲

●【L】スイス・ロマンド O◆1957 年 2 月 6 日▲P. フルニエ (Vc) ◎CD(M)：Cascavelle

F. リスト (1811-1886)

■交響詩《前奏曲》

●ベルリン RSO◆1959 年 9 月 17 〜 23 日◎CD(M)：DG

■ハンガリー狂詩曲第 1 番

●RIAS-SO◆1954 年 9 月 10、11 日◎CD(M)：DG

■ハンガリー狂詩曲第 2 番

●RIAS-SO◆1954 年 9 月 10、11 日◎CD(M)：DG

■ピアノ協奏曲第 1 番

●【L】RIAS-SO◆1952 年 2 月 11 日▲S. チェルカスキー (Pf) ◎CD(M)：AUDITE

■ピアノ協奏曲第 2 番

●【L】スイス・ロマンド O◆1956 年 2 月 8 日▲A. チッコリーニ (Pf) ◎CD(M)：Relief

R. ワーグナー (1813-1883)

■歌劇《さまよえるオランダ人》

●RIAS-SO◆1952 年 10 月▲ダーラント：J. グラインドル (B)、ゼンタ：A. クーパー (S)、エリック：W. ヴィントガッセン (T)、マリー：G. ワーグナー (Ms)、舵取り：E. ヘフリガー (T)、オランダ人：J. メッテルニヒ (Br)、RIAS 室内 Cho◎CD(M)：DG

■歌劇《さまよえるオランダ人》から

●【L】ベルリン市立オペラ O◆1952 年 4 月 26 日▲エリック：L. ズートハウス (T) ◎CD(M)：Preiser

■楽劇《ワルキューレ》

●【L】ベルリン市立オペラ O◆1951 年 6 月 10 日▲ジークムント：L. ズートハウス (T)、フンディング：J. グラインドル (B)、ヴォータン：J. ヘルマン (Br)、ジークリンデ：M. ミュラー (S)、ブリュンヒルデ：P. ブーフナー (S)、フリスカ：M. クローゼ (Ms)、シュヴェルトライテ：C. シェプレン (S)、ヘルムヴィーゲ：F. フライク (S)、ジークルーネ：H. グローマン (S)、ゲルヒルデ：I. グルノウ (S)、オルリンデ：C. ブレスケ (S)、ヴァルトラウテ：F. シュマッツ (S)、グリムゲルデ：E. ハーゲマン (S)、ロスヴァイセ：E. ハフナゲル (S)、ベルリン市立オペラ Cho◎CD(M)：MYTO

G. ヴェルディ (1813-1901)

■歌劇《ナブッコ》序曲

●RIAS-SO◆1952 年 10 月 16 日◎CD(M)：DG

■歌劇《椿姫》第 1 幕前奏曲

●RIAS-SO◆1953 年 6 月 27 〜 29 日◎CD(M)：DG

■歌劇《椿姫》第 3 幕前奏曲

●RIAS-SO◆1953 年 6 月 27 〜 29 日◎CD(M)：DG

■歌劇《運命の力》序曲

●RIAS-SO◆1953 年 6 月 26、27 日◎CD(M)：DG

K. ボルイ (B)、RIAS 室内 Cho、聖ヘドヴィヒ大聖堂聖歌隊◎ CD(M)：DG

●【L】RIAS-SO ◆ 1954 年 9 月 22 日▲ M. シュターダー (S)、M. ラデフ (A)、E. ヘフリガー (T)、K. ボルイ (B)、RIAS 室内 Cho、聖ヘドヴィヒ大聖堂聖歌隊◎ CD(M)：DG

●【L】ケルン RSO ◆ 1953 年 3 月 30 日▲ E. グリュンマー (S)、M. イロスファイ (A)、W. ルートヴィヒ (T)、H. フェーン (B)、ケルン放送 Cho ◎ CD(M)：MELODRAM

●【L】北ドイツ RSO ◆ 1959 年 11 月 8、9 日▲ M. シュターダー (S)、M. ラデフ (A)、E. ヘフリガー (T)、G. フリック (B)、NDRCho ◎ CD(M)：CANTUS

F. シューベルト (1797-1828)

■交響曲第 8 番《未完成》

●ベルリン RSO ◆ 1957 年 9 月 18、19 日◎ CD(M)：DG

■交響曲第 9 番《ザ・グレート》

●【L】ヘッセン RSO ◆ 1955 年 11 月 5 日◎ CD(M)：TAHRA

G. ドニゼッテイ (1797-1848)

■歌劇《ランメルモールのルチア》

●【R】RIAS-SO ◆ 1953 年 1 月 22 ～ 28 日▲ルチア：M. シュターダー (S)、アリーサ：S. ワーグナー (A)、エドガルド：E. ヘフリガー (T)、エンリコ：D. フィッシャー＝ディースカウ (Br)、アルトゥール：K. ホルスト (T)、ライモンド：T. シュロット (B)、ノルマンノ：C.v. ダイク (T)、RIAS 室内 Cho ◎ CD(M)：AUDITE

H. ベルリオーズ (1803-1869)

■序曲《ローマの謝肉祭》

●ラムルー O ◆ 1952 年 3 月 11 日◎ CD(M)：DG

■歌劇《ファウストの劫罰》から「妖精の踊り」

● RIAS-SO ◆ 1952 年 3 月 2 日◎ CD(M)：DG

■歌劇《ファウストの劫罰》から「ラコッツィ・マーチ」

●ベルリン PO ◆ 1950 年 7 月 4 日◎ CD(M)：DG

●ベルリン RSO ◆ 1961 年 11 月 3 日◎ CD(S)：DG

J. シュトラウス（父）(1804-1849)

■ラデツキー行進曲

●ベルリン RSO ◆ 1961 年 2 月 2、8、9 日◎ CD(S)：DG

● RIAS-SO ◆ 1952 年 6 月 7 日◎ CD(M)：DG

F. メンデルスゾーン (1809-1847)

■劇音楽《真夏の夜の夢》から

●ベルリン PO ◆ 1950 年 6 月 29 日、7 月 1、3、4 日▲ R. シュトライヒ (S)、D. エウストラーティ (A)、RIAS 室内 Cho ◎ CD(M)：DG

■ヴァイオリン協奏曲

●ベルリン RSO ◆ 1956 年 9 月 19 ～ 23 日▲ W. シュナイダーハン (Vn) ◎ CD(M)：DG

■ヴァイオリン協奏曲から第 3 楽章

●ベルリン PO ◆ 1960 ▲ Y. メニューイン (Vn) ◎ DG（市販されたかどうかは不明）、映画《ザビーネと 100 人の男たち》サウンド・トラック

■歌劇《フィデリオ》Op.72

●　バイエルン州立O◆1957年5月30日～6月12日、7月11、9月24日▲ドン・フェルナンド：K. エンゲン (Br)、ピツァロ：D. フィッシャー＝ディースカウ (Br)、フロレスタン：E. ヘフリガー (T)、レオノーレ：L. リザネック (S)、ロッコ：G. フリック (B)、マルツェリーネ：I. ゼーフリート (S)、ヤキーノ：F. レンツ (T)、バイエルン州立 Cho ◎ CD(S)：DG

●【L】スイス・ロマンド O ◆ 1951 年 11 月 6 日▲ H. ウェルス、L. オットー、パンチェフ、J. メッテルニヒ、P. アンダース、G. フリック、K. ワイザー、ジュネーヴ大劇場 Cho ◎ CD(M)：Relief

■歌劇《フィデリオ》から第 2 幕

●【L】サンカルロ劇場 O ◆ 1951 年 4 月 11 日▲ D. ドウ、P. アンダース、M. ペトリ、P. グエルフィ、I. リッコ、O. ロベレ、サンカルロ劇場 Cho ◎ CD(M)：Gebhardt

C.M. ヴェーバー (1786-1826)

■舞踏への勧誘

●ベルリン RSO ◆ 1961 年 2 月 14 日◎ CD(S)：DG

■ピアノと管弦楽のための小協奏曲

●ベルリン RSO ◆ 1960 年 10 月 11、12 日▲ M. ヴェーバー (Pf) ◎ CD(S)：DG

■クラリネット協奏曲

●ベルリン RSO ◆ 1957 年 9 月 25 日▲ H. ゴイサー (Cl) ◎ CD(M)：DG

G. ロッシーニ (1792-1868)

■歌劇《セビリアの理髪師》序曲

● RIAS-SO ◆ 1954 年 1 月 5 日◎ CD(M)：DG

■歌劇《絹のはしご》序曲

●ベルリン PO ◆ 1950 年 1 月 16 日◎ CD(M)：DG

●【R】ベルリン RSO ◆ 1961 年 5 月 9 日◎ DVD(M)：Euroarts

■歌劇《タンクレディ》序曲

● RIAS-SO ◆ 1952 年 9 月 13 日◎ CD(M)：DG

■歌劇《セミラーミデ》序曲

● RIAS-SO ◆ 1951 年 9 月 20 日◎ CD(M)：DG

■歌劇《ブルスキーノ氏》序曲

● RIAS-SO ◆ 1951 年 9 月 19 日◎ CD(M)：DG

■歌劇《ランスへの旅》序曲

● RIAS-SO ◆ 1954 年 10 月 5 日◎ CD(M)：DG

■歌劇《アルジェのイタリア女》序曲

●ベルリン PO ◆ 1949 年 9 月 15 日◎ CD(M)：DG

■歌劇《どろぼうかささぎ》序曲

● RIAS-SO ◆ 1953 年 1 月 21 日◎ CD(M)：DG

■歌劇《セミラーミデ》から「麗しい光が」

● RIAS-SO ◆ 1952 年 9 月 20 日▲ R. シュトライヒ (S) ◎ CD(M)：DG

■歌劇《セビリアの理髪師》から「私は町の何でも屋」

●ベルリン RSO ◆ 1957 年 1 月 18 ～ 22 日▲ J. メッテルニヒ (Br) ◎ CD(M)：DG

■歌劇《ウィリアム・テル》から「動いてはならぬ」

●ベルリン RSO ◆ 1961 年 4 月 17 ～ 21 日▲ D. フィッシャー＝ディースカウ (Br) ◎ CD(S)：DG

■スターバト・マーテル

● RIAS-SO ◆ 1954 年 9 月 16 ～ 19 日▲ M. シュターダー (S)、M. ラデフ (A)、E. ヘフリガー (T)、

ト Cho ◎ CD(M)：DG

L.W. ベートーヴェン (1770-1827)

■交響曲第 1 番 Op.20

●ベルリン PO ◆ 1953 年 1 月 9、10 日◎ CD(M)：DG

■交響曲第 3 番 Op.55

●ベルリン PO ◆ 1958 年 10 月 7、13 日◎ CD(S)：DG

●【L】ベルリン RSO ◆ 1961 年 2 月 5 日◎ CD(M)：EMI

■交響曲第 5 番 Op.67

●ベルリン PO ◆ 1961 年 9 月 25、26 日◎ CD(S)：DG

●【L】ベルリン RSO ◆ 1961 年 9 月 9 日◎ CDR(M)：En Larmes

■交響曲第 7 番 Op.92

●ベルリン PO ◆ 1960 年 10 月 3 ～ 5 日◎ CD(S)：DG

●【R】RIAS-SO ◆ 1953 年 1 月 19、20 日◎ CD(M)：AUDITE

■交響曲第 8 番 Op.93

●ベルリン PO ◆ 1953 年 4 月 8、9 日◎ CD(M)：DG

●【R】RIAS-SO ◆ 1954 年 1 月 11、12 日◎ CD(M)：AUDITE

■交響曲第 9 番 Op.125

●ベルリン PO ◆ 1957 年 12 月 28 日～ 1958 年 1 月 2 日、4 月 28、29 日▲ I. ゼーフリート (S)、M. フォレスター (A)、E. ヘフリガー (T)、D. フィッシャー＝ディースカウ (Br)、聖ヘドヴィヒ大聖堂聖歌隊◎ CD(S)：DG

■交響曲第 9 番 Op.125 から第 4 楽章の一部

●【L】ストックホルム PO ◆ 1957 年 2 月 27 日◎ CD(M)：BIS

■《レオノーレ》序曲第 3 番 Op.72b ●ベルリン PO ◆ 1958 年 9 月 30 日◎ CD(S)：DG

●【L】ベルリン RSO ◆ 1961 年 2 月 5 日◎ CD(M)：EMI

●【R】ベルリン RSO ◆ 1961 年 5 月 9 日◎ DVD(M)：Euroarts

●【L】サンカルロ劇場 O ◆ 1951 年 4 月 11 日◎ CD(M)：Gebhardt

●【L】スイス・ロマンド O ◆ 1951 年 11 月 6 日◎ CD(M)：Relief

●【R】RIAS-SO ◆ 1952 年 10 月 27 日◎ CD(M)：AUDITE

■《エグモント》序曲 Op.84

●ベルリン PO ◆ 1958 年 9 月 29 日◎ CD(S)：DG

■ピアノ協奏曲第 3 番 Op.37

●バイエルン州立 O ◆ 1957 年 12 月 3 日▲ A. フイッシャー (Pf) ◎ CD(S)：DG

●【L】バイエルン州立 O ◆ 1957 年 12 月 2 日▲ A. フイッシャー (Pf) ◎ CD(M)：Palexa

※ CD の表記はベルリン RSO であるがバイエルン州立 O が正当と思われる

●【L】ベルリン RSO ◆ 1961 年 2 月 5 日▲ G. アンダ (Pf) ◎ CDR(M)：PASSION、CONCENTRATION

■ピアノ協奏曲第 4 番 Op.58

●【L】スイス・ロマンド O ◆ 1961 年 5 月 24 日▲ W. バックハウス (Pf) ◎ MP3(M)：Classico Ivano

■ピアノ、ヴァイオリン、チェロとオーケストラのための三重協奏曲 Op.56

●ベルリン RSO ◆ 1960 年 5 月 30 日～6 月 1 日▲ W. シュナイダーハン (V)、P. フルニエ (Vc)、G. アンダ (Pf) ◎ CD(S)：DG

■ヴァイオリンと管弦楽のための《ロマンス》第 2 番 Op.50

●ベルリン PO ◆ 1960 ▲メニューイン (Vn) ◎ DG（市販されたかどうかは不明）、映画《ザビーネと 100 人の男たち》サウンド・トラック

ラインドル (B)、セリム・パシャ：O. テルンブルク、RIAS 室内 Cho ◎ CD(M)：AUDITE

● RIAS-SO ◆ 1954 年 5 月 16 ～ 24 日▲コンスタンツェ：M. シュターダー (S)、ブロンドヒェン：R. シュトライヒ (S)、ベルモンテ：E. ヘフリガー (T)、ペドリルロ：M. ヴァンティン (T)、オスミン：J. グラインドル (B)、セリム・パシャ：W. フランク、RIAS 室内 Cho ◎ CD(M)：DG

■歌劇《フィガロの結婚》K. 492

●ベルリン RSO ◆ 1960 年 9 月 12 ～ 22 日▲伯爵：D. フィッシャー＝ディースカウ (Br)、伯爵夫人ハンデンブルグ (B：M. シュターダー (S)、スザンナ：I. ゼーフリート (S)、フィガロ：R. カペッキ (B)、ケルビーノ：H. テッパー (A)、マルツェリーナ：L. ベニングセン (Ms)、バジーリオ：P. キューン (T)、クルーツィオ：F. レンツ (T)、バルトロ：I. サルディ (B)、アントニオ：G. ヴィーター (B)、バルバリーナ：R. シュバイガー (S)、少女：H. テッパー (S)、少女：R. シュバイガー (S)、RIAS 室内 Cho ◎ CD(S)：DG

■歌劇《フィガロの結婚》K. 492 から「恋人よ、早くここへ」

●ベルリン RSO ◆ 1957 年 1 月 18 ～ 22 日▲ M. シュターダー (S) ◎ CD(M)：DG

■歌劇《フィガロの結婚》より序曲のリハーサル（部分）

● 【R】バイエルン州立 O ◆ 1958 年 6 月 13 日◎ DVD(M)：Euroarts

■歌劇《フィガロの結婚》K. 492

● 【R】ケルン RSO ◆ 1951 年 5 月 16 ～ 20 日▲伯爵：P. シェヒター (Br)、伯爵夫人：E. グリュンマー (S)、スザンナ：H. ギューデン (S)、フィガロ：E. クンツ (B)、ケルビーノ：A. シュレム (A)、マルツェリーナ：L. ベニングセン (Ms)、バジーリオ：P. キューン (T)、クルーツィオ：W. カセック (T)、バルトロ：W. シルプ (B)、アントニオ：G. ヴィルヘルムス (B)、バルバリーナ：R. ウァイゲルト (S)、少女：M.L. デニケ (S)、少女：H. イェンケル (S)、ケルン放送 Cho ◎ CD(M)：Relief

■歌劇《ドン・ジョヴァンニ》K. 527

●ベルリン RSO ◆ 1958 年 9 月 15 ～ 26 日、10 月 9 日▲ドン・ジョヴァンニ：D. フィッシャー＝ディースカウ (Br)、レポレロ：K. コーン (B)、騎士長：W. クレッペル (B)、ドンナ・アンナ：S. ユリナッチ (S)、ドン・オッタービオ：E. ヘフリガー (T)、ドンナ・エルヴィーラ：M. シュターダー (S)、マゼット：I. サルディ (B)、ツェルリーナ：I. ゼーフリート (S)、RIAS 室内 Cho ◎ CD(S)：DG

●【L】ベルリン・ドイツ・オペラ O ◆ 1961 年 9 月 23 日▲ドン・ジョヴァンニ：D. フィッシャー＝ディースカウ (Br)、レポレロ：W. ベリー (B)、騎士長：J. グラインドル (B)、ドンナ・アンナ：E. グリュンマー (S)、ドン・オッタービオ：D. グルーブ (T)、ドンナ・エルヴィーラ：P. ローレンガー (S)、マゼット：I. サルディ (B)、ツェルリーナ：E. ケート (S)、ベルリン・ドイツ・オペラ Cho ◎ DVD(M)：ARTHAUS

●【L】ベルリン・ドイツ・オペラ O ◆ 1961 年 9 月 24 日▲ドン・ジョヴァンニ：D. フィッシャー＝ディースカウ (Br)、レポレロ：W. ベリー (B)、騎士長：J. グラインドル (B)、ドンナ・アンナ：E. グリュンマー (S)、ドン・オッタービオ：D. グルーブ (T)、ドンナ・エルヴィーラ：P. ローレンガー (S)、マゼット：I. サルディ (B)、ツェルリーナ：E. ケート (S)、ベルリン・ドイツ・オペラ Cho ◎ CD(M)：GoldenMelodram、（ベルリン・ドイツ・オペラ柿落し）

■歌劇《ドン・ジョヴァンニ》K. 527 から「ぶってよマゼット」

●ベルリン RSO ◆ 1957 年 1 月 18 ～ 22 日▲ M. シュターダー (S) ◎ CD(M)：DG

■歌劇《魔笛》K. 620

● RIAS-SO ◆ 1955 年 6 月 1 ～ 15 日▲ザラストロ：J. グラインドル (B)、タミーノ：E. ヘフリガー (T)、夜の女王：R. シュトライヒ (S)、パミーナ：M. シュターダー (S)、パパゲーノ：D. フィッシャー＝ディースカウ (Br)、パパゲーナ：R. オットー (S)、弁者、鎧男 2：K. ボルイ (B)、モノスタトス：M. ヴァンティン (T)、僧 1：W. ボルヒェルト (B)、僧 2、鎧男 1：H. ヴァンデンブルグ (B)、僧 3：S. シュナイダー、侍女 1：M. シェヒ (S)、侍女 2：L. ロッシュ (S)、侍女 3：M. ローゼ (Ms)、童子 1：M. ギョーム、童子 2：M. ライト、童子 3：D. エウストラーティ、RIAS 室内 Cho、ベルリン・モテッ

●ベルリン PO◆1955 年 9 月 21、22 日▲C. ハスキル (Pf) ◎ CD(M)：DG
●【L】ケルン RSO◆1952 年 5 月 30 日▲C. ハスキル (Pf) ◎ CD(M)：Medici Masters
●【R】RIAS-SO◆1953 年 1 月 20 日▲C. ハスキル (Pf) ◎ CD(M)：TAHRA

■ピアノ協奏曲第 20 番 K. 466
●【R】RIAS-SO◆1954 年 1 月 11 日▲C. ハスキル (Pf) ◎ CD(M)：DG
●【L】RIAS-SO◆1954 年 1 月 10 日▲C. ハスキル (Pf) ◎ CD(M)：MYTO

■ピアノ協奏曲第 27 番 K. 595
●バイエルン州立 O◆1957 年 5 月 7 〜 9 日▲C. ハスキル (Pf) ◎ CD(M)：DG

■コンサートロンド K. 382
●バイエルン州立 O◆1959 年 9 月 26、27 日▲A. フィッシャー (Pf) ◎ CD(S)：DG

■コンサートロンド K. 386
●バイエルン州立 O◆1959 年 9 月 26、27 日▲A. フィッシャー (Pf) ◎ CD(S)：DG

■フルートとハープのための協奏曲 K. 299
●【L】RIAS-SO◆1952 年 3 月 17 日▲シュミット (Fl)、ヘルミス (Hrp) ◎ CD(M)：TAHRA

■クラリネット協奏曲 K. 622
●ベルリン RSO◆1957 年 9 月 20 日▲H. ゴイサー (Cl) ◎ CD(M)：DG

■ファゴット協奏曲
●【R】RIAS-SO◆1951 年 12 月 10 日▲J. ツター (Fg) ◎ MP3(M)：JubeClassic

■モテット《踊れ喜べ幸いなる魂よ》K. 165
●RIAS-SO◆1954 年 1 月 3、4 日▲M. シュターダー (S) ◎ CD(M)：DG
●ベルリン RSO◆1960 年 6 月 3、4 日▲M. シュターダー (S) ◎ CD(S)：DG

■ヴェスペレ《主を讃えよ》K. 339
●ベルリン RSO◆1960 年 6 月 3、4 日▲M. シュターダー (S) ◎ CD(S)：DG

■大ミサ K.427 よりリハーサルの一部
●【L】ベルリン RSO◆1959 年 9 月 28 日▲M. シュターダー (S)、H. テッパー (A)、E. ヘフリガー (T)、I. サルディ (B)、聖ヘドヴィヒ大聖堂聖歌隊◎ DVD(M)：Euroarts

■大ミサ K. 427
●【L】ベルリン RSO◆1959 年 9 月 29 日▲M. シュターダー (S)、H. テッパー (A)、E. ヘフリガー (T)、I. サルディ (B)、聖ヘドヴィヒ大聖堂聖歌隊◎ CD(S)：TAHRA
●ベルリン RSO◆1959 年 9 月 30 日、10 月 4、10 日▲M. シュターダー (S)、H. テッパー (A)、E. ヘフリガー (T)、I. サルディ (B)、聖ヘドヴィヒ大聖堂聖歌隊◎ CD(S)：DG

■レクイエム K. 626
●【R】RIAS-SO◆1951 年 3 月 5 日▲E. グリュンマー (S)、G. ピッツィンガー (A)、H. クレプス (T)、H. ホッター (B)、RIAS 室内 Cho、聖ヘドヴィヒ大聖堂聖歌隊◎ CD(M)：DG

■歌劇《イドメネオ》K. 366
●【L】ヴィーン PO◆1961 年 7 月 26 日▲イドメネオ：W. クメント (T)、イダマンテ：E. ヘフリガー (T)、エレクトラ：E. グリュンマー (S)、イリア：P. ローレンガー (S)、アルバーチェ：R. カペッキ (Br)、高僧：E. ヴェヒター (T)、海神：G. リタシー (Bs)、ギリシャ人：I. シュタドラー (S)、ギリシャ人：M. ネッセル (S)、トロイア人：K. エクイルツ (Bs)、トロイア人：R. ケレンス (Bs)、ヴィーン国立オペラ Cho ◎ CD(M)：DG、ザルツブルク音楽祭

■歌劇　《イドメネオ》K. 366　バレエ音楽
●【R】RIAS-SO◆1951 年 12 月 19 日◎ MP3(M)：JubeClassic

■歌劇《後宮からの誘拐》K. 384
●【R】RIAS-SO◆1949 年 12 月 19、21 日▲コンスタンツェ：S. バラバス (S)、ブロンドヒェン：R. シュトライヒ (S)、ベルモンテ：A. デルモータ (T)、ペドリルロ：H. クレプス (T)、オスミン：J. グ

■交響曲第 101 番《時計》

●RIAS-SO◆1951 年 9 月 18、19 日◎ CD(M)：DG

●【L】ボストン SO◆1953 年 11 月◎ CDR(M)：Theatre Disques　※ CDR には、953.12.2 と表記されているが、1953.11.13 ～ 16 のいずれかの日と思われる

●【L】ローザンヌ室内 O◆1951 年 11 月 19 日◎ MP3(M)：Classico Ivano

■テ・デウム

●ベルリン RSO◆1961 年 9 月 30 日、10 月 1 日▲RIAS 室内 Cho、北ドイツ放送 Cho◎ CD(S)：DG

■オラトリオ《四季》

●RIAS-SO◆1952 年 1 月 21 ～ 28 日▲ハンネ：E. トレッチェル (S)、ルーカス：W. ルートヴィヒ (T)、シモン：J. グラインドル (B)、RIAS 室内 Cho、聖ヘドヴィヒ大聖堂聖歌隊◎ CD(M)：DG

●【L】ベルリン RSO◆1961 年 11 月 11 日▲ハンネ：M. シュターダー (S)、ルーカス：E. ヘフリガー (T)、シモン：J. グラインドル (B)、聖ヘドヴィヒ大聖堂聖歌隊◎ CD(M)：DG

W.A. モーツァルト (1756-1791)

■交響曲第 29 番 K. 201

●RIAS-SO◆1955 年 9 月 30 日、10 月 1 日◎ CD(M)：DG

●【L】RIAS-SO◆1955 年 5 月 31 日◎ CD(M)：AUDITE

●ヴィーン SO◆1961 年 3 月 13、23 日◎ CD(S)：DG

■交響曲第 35 番 K. 385《ハフナー》

●RIAS-SO◆1952 年 9 月 12 日◎ CD(M)：DG

■交響曲第 39 番 K. 543

●ヴィーン SO◆1959 年 11 月 29、30 日、12 月 8 日◎ CD(S)：DG

●【R】RIAS-SO◆1950 年 5 月 3 日◎ CD(M)：AUDITE

■交響曲第 40 番 K. 550

●ヴィーン SO◆1959 年 11 月 26、29 日◎ CD(S)：DG

●【L】RIAS-SO◆1952 年 3 月 17 日◎ CD(M)：AUDITE

■交響曲第 41 番 K. 551《ジュピター》

●【R】RIAS-SO◆1951 年 12 月 10 日◎ MP3(M)：Jube Classic

●RIAS-SO◆1953 年 9 月 9 ～ 11 日◎ CD(M)：DG

●ヴィーン SO◆1961 年 3 月 12、13 日◎ CD(S)：DG

■セレナーデ第 6 番《セレナータ・ノットゥルナ》K. 239

●【L】RIAS-SO◆1951 年 2 月 28 日◎ CD(M)：MYTO

●【L】ローザンヌ室内 O◆1951 年 11 月 19 日◎ MP3(M)：Classico Ivano

■セレナーデ第 11 番 K. 375

●【R】RIAS-SO◆1952 年 9 月 20 日◎ LP(M)：ラウディス※クレンペラーの指揮という説もあり

■フリーメーソンのための葬送音楽 K. 477

●ベルリン RSO◆1960 年 1 月 29 日◎ CD(S)：DG

■アイネ・クライネ・ナハトムジーク K. 525

●ベルリン PO◆1958 年 4 月 29、30 日◎ CD(S)：DG

■アダージョとフーガ K. 546

●ベルリン RSO◆1960 年 1 月 29 日◎ CD(S)：DG

■歌劇《コシ・ファン・トゥッテ》序曲 K. 588

●【R】RIAS-SO◆1951 年 1 月 18 日◎ CD(M)：EMI

■ピアノ協奏曲第 19 番 K. 459

ディスコグラフィ

編纂：大脇利雄（ウェブサイト「My Favorite Fricsay」管理人）

作曲家は生年順
●オーケストラ、◆録音年月日、▲共演者、◎メディア (M or S)：レーベル
O：管弦楽団、PO：フィルハーモニー管弦楽団、SO：交響楽団、RSO：放送交響楽団　Cho: 合唱団
L：ライヴ録音、R：放送録音 (無記入はスタジオ録音)、M：モノラル録音、S：ステレオ録音
　ドイツ・グラモフォン (DG) は、生誕 100 年を記念して全録音（没後 15 年、生誕 80 年等に発売したライヴ、放送録音を含む) を 2 回に分けて発売する。（第 1 巻は 2014 年 7 月発売、第 2 巻は 2015 年発売予定）

G.F. ヘンデル (1685-1759)

■ハープ協奏曲
　●ベルリン RSO ◆ 1957 年 1 月 14 〜 16 日◎ CD(M)：DG
■オラトリオ《ユダス・マカベウス》
　●【L】RIAS-SO ◆ 1954 年 5 月 10 日▲ユタス・マカベウス：E. ヘフリガー (T)、イスラエルの女：M. シュターダー (S)、イスラエルの女：E. ハートビック (A)、シモン：D. フィッシャー＝ディースカウ (Br)、イスラエルの男：C.V. ダイク (T)、聖ヘドヴィヒ大聖堂聖歌隊、RIAS 室内 Cho ◎ LP(M)：MELODRAM

C.G. グルック (1714-1784)

■歌劇《オルフェオとエウリディーチェ》
　●ベルリン RSO ◆ 1956 年 9 月 8 〜 12 日▲オルフェオ：D. フィッシャー＝ディースカウ (Br)、エウリディーチェ：M. シュターダー (S)、アモーレ：R. シュトライヒ (S)、RIAS 室内 Cho ◎ CD(M)：DG

J. ハイドン (1732-1809)

■交響曲第 44 番《悲しみ》
　● RIAS-SO ◆ 1953 年 6 月 20 日◎ CD(M)：DG
　●【L】ケルン RSO ◆ 1953 年 10 月 5 日◎ CD(M)：AUDITE
■交響曲第 48 番《マリア・テレジア》
　●【R】RIAS-SO ◆ 1951 年 8 月 30 日、9 月 1 日◎ CD(M)：DG
■交響曲第 53 番《帝国》
　●【R】RIAS-SO ◆ 1951 年 8 月 30 日、9 月 1 日◎ MP3(M)：Gaza Ladra
■交響曲第 95 番
　● RIAS-SO ◆ 1953 年 9 月 8、9 日◎ CD(M)：DG
■交響曲第 98 番
　● RIAS-SO ◆ 1954 年 9 月 14、16 日◎ CD(M)：DG
　●【L】ケルン RSO ◆ 1952 年 6 月 23 日◎ CD(M)：AUDITE
■交響曲第 100 番《軍隊》
　●【R】RIAS-SO ◆ 1954 年 5 月 4 日◎ CD(M)：DG

1955~1960

1955/5/21 ◆ローマ、RAI ●ローマ RAIo ■コダーイ：歌劇《ハーリ・ヤーノシュ》

1957 頃◆ (ビデオ) ●バイエルン州立 O ■ヴェルディ：歌劇《ドン・カルロス》から「呪わしき美貌」▲ H. テッパー (Ms)

1958/4/20 ◆ミュンヘン、ナショナル劇場、(ビデオ) ●バイエルン州立 O ■ J. シュトラウス

1958/6/13 ◆ミュンヘン、キュヴィリエ劇場、(ビデオ) ●バイエルン州立 O ■モーツァルト：歌劇《フィガロの結婚》リハーサル

1958/7/1or1957/7/1 ◆ミュンヘン、(ビデオ) ●バイエルン RSO ■ワーグナー：《ジークフリート牧歌》

1959/9/4 ～ 5 ◆ベルリン●ベルリン RSO ■ベートーヴェン：交響曲第 1 番

1959/9/28 ◆ベルリン、自由ベルリン放送局大ホール、(ビデオ) ●ベルリン RSO ■モーツァルト：大ミサ　リハーサル

1960/6/24 ◆シュトゥットガルト、(ビデオ) ●シュトゥットガルト RSO ■スメタナ：交響詩《モルダウ》リハーサル、本番

1961

1961/4/25 ◆ベルリン、イエス・キリスト教会、(ビデオ) ●ベルリン RSO ■ブラームス：ヴァィオリン協奏曲 第 2 楽章リハーサル一部▲ Y. メニューイン (Vn)

1961/5/9 ◆ロンドン、インターナショナル・コンサート・ホール (ビデオ) ●ベルリン RSO ■ベートーヴェン：《レオノーレ》序曲第 3 番、ブルッフ：ヴァィオリン協奏曲第 1 番▲ Y. メニューイン (Vn)、ロッシーニ：歌劇《絹のはしご》序曲

1961/9/23 ◆ベルリン、ドイツ・オペラ、(ビデオ) ●ベルリン、ドイツ・オペラ O ■モーツァルト：歌劇《ドン・ジョヴァンニ》▲ D. フィッシャー＝ディースカウ (Br)、P. ローレンガー (S) etc.

1961/10/30 ～ 11/1 ◆ベルリン、自由ベルリン放送局大ホール、(ビデオ) ●ベルリン RSO ■デュカス：交響詩《魔法使いの弟子》リハーサル、本番

1961/11/13 ～ 15 ◆ベルリン、自由ベルリン放送局大ホール、(ビデオ) ●ベルリン RSO ■コダーイ：《ハーリ・ヤーノシュ》組曲 リハーサル、本番

1953/6/8 ◆ベルリン● RIAS-SO ■ドヴォルザーク：ヴァイオリン協奏曲▲ J. マルツィ (Vn)
1953/6/10 ◆ベルリン● RIAS-SO ■バルトーク：舞踊組曲、スメタナ：交響詩《ボヘミアの草原と牧場から》
1953/6/15 ◆ベルリン● RIAS-SO ■ベルリーニ：歌劇《プリターニ》から▲ L. ヴィンタース (B)、グノー：歌劇《ファウスト》「マルガレーテ」から、ヴェルディ：歌劇《リゴレット》から、ヴェルディ：歌劇《トロヴァトーレ》から
1953/6/27 ◆ベルリン● RIAS-SO ■ポンキェルリ：歌劇《ジョコンダ》から▲ C.v. ダイク (T)、プッチーニ：歌劇《トゥーランドット》から、ロッシーニ：歌劇《セビリアの理髪師》から
1953/6/28 ◆ベルリン● RIAS-SO ■サドー：ハンガリー・カプリチョーソ
1953/9/1 ◆デュッセルドルフ● RIAS-SO ■ベルリオーズ：歌劇《ファウストのごう罰》からラコッツィ・マーチ
1953/9/7 ◆ベルリン● RIAS-SO ■バルトーク：ピアノ協奏曲第 2 番▲ G. アンダ (Pf)
1953/9/28 ◆ケルン●ケルン RSO ■ベルリオーズ：歌劇《ファウストのごう罰》からラコッツィ・マーチ
1953/10/6 ～ 7 ◆ベルリン● RIAS-SO ■ブラームス：ハンガリー舞曲第 1、3、5、6、10 番、コダーイ：《ハーリ・ヤーノシュ》組曲
1953/10/12 ◆ベルリン● RIAS-SO ■アンドリーセン：4 つのトランペットのための協奏曲▲ H. ボーデ、K. ニーレンツ、H.G. イェンシュ、A. ミーリケ (Tr)、ヒンデミット：ヴィオラ協奏曲《白鳥を焼く男》▲ W. プリムローズ (Va)
1953/10/13 ◆ベルリン、イエス・キリスト教会● RIAS-SO ■ブラームス：交響曲第 2 番
1953/10/16 ◆ケルン●ケルン RSO ■コダーイ：夏の夕べ
1953/10/19 ◆ケルン●ケルン RSO ■モーツァルト：交響曲第 1 番、モーツァルト：交響曲第 2 番、モーツァルト：交響曲第 6 番、モーツァルト：交響曲第 9 番

1954

1954/1/11 ◆ベルリン、イエス・キリスト教会● RIAS-SO ■モーツァルト：ピアノ協奏曲第 20 番▲ C. ハスキル (Pf)
1954/1/11 ～ 12 ◆ベルリン、イエス・キリスト教会● RIAS-SO ■ベートーヴェン：交響曲第 8 番
1954/1/12 ◆ベルリン● RIAS-SO ■ボロディン：歌劇《イーゴリ公》序曲、アイネム：管弦楽のための協奏曲 Op.4、ストラヴィンスキー：バレエ《春の祭典》
1954/1/13 ◆ベルリン● RIAS-SO ■コダーイ：夏の夕べ、プロコフィエフ：交響曲第 1 番
1954/1/14 ◆ベルリン● RIAS-SO ■ヴェルディ：歌劇《アイーダ》バレエ音楽
1954/1/21 ◆ベルリン● RIAS-SO ■コバルスキー：《クラムシーの巨匠》序曲
1954/3/10 ◆ベルリン▲ S. キント (Ceb)、H. ヘーフス（Fl)、A. ハインケ (Cl) etc. ■ファリァ：コンチェルト
1954/4/20、21 ◆ベルリン● RIAS-SO ■ローザ：小オーケストラためのセレナード
1954/4/24 ◆ベルリン● RIAS-SO ■モーツァルト：ディヴェルティメント第 6 番
1954/4/28 ～ 29 ◆ベルリン● RIAS-SO ■モーツァルト：《音楽の冗談》、モーツァルト：カッサシオン
1954/4/30、5/3 ◆ベルリン、イエス・キリスト教会● RIAS-SO ■ショスタコーヴィチ：交響曲第 9 番
1954/5/4 ◆ベルリン● RIAS-SO ■オネゲル：交響的楽章第 1 番《パシフィック 231》、コダーイ：マロセカー舞曲、レスピーギ：古風な舞曲とアリア第 3 番、ハイドン：交響曲第 100 番《軍隊》
1954/5/11 ◆ベルリン● RIAS-SO ■レスピーギ：古風な舞曲とアリア第 1 番、モーツァルト：交響曲 K444

1952/9/26 ◆ベルリン● RIAS-SO ■エック：アレグリア、コダーイ：ガランタ舞曲
1952/9/29、10/1 ◆ベルリン● RIAS-SO ■オネゲル：交響的詩篇《ダヴィデ王》▲ E. トレッチェル (S)
L. フィッシャー (Ms)、W. ルートヴィヒ (T)、S. シュナイダー (B)
1952/10/8 ◆ベルリン● RIAS-SO ■モーツァルト：交響曲第 27 番
1952/10/14 ◆ベルリン● RIAS-SO ■バルトーク：弦楽器、打楽器とチェレスタのための音楽
1952/10/19 ◆ベルリン● RIAS-SO ■ラヴェル：演奏会用狂詩曲《ツィガーヌ》▲ F. アコス (Vn)
1952/10/27 ◆ベルリン、イエス・キリスト教会● RIAS-SO ■ベートーヴェン：《レオノーレ》序曲第 3 番、ブゾーニ：フルートとオーケストラのためのディヴェルティメント▲ W. ヘルンドセン (Fl)、チャイコフスキー：弦楽セレナーデ
1952/10/28 ◆ベルリン、イエス・キリスト教会● RIAS-SO ■ベルリオーズ：歌劇《ファウストのごう罰》からラコッツィ・マーチ、J. シュトラウス：喜歌劇《こうもり》から「チック・タック・ポルカ」、J. シュトラウス：喜歌劇《ヴェネチアの夜》から「入り江のワルツ」、J. シュトラウス：ポルカ《浮気心》
1952/12/22 ◆チューリヒ●（不明）■モーツァルト：モテット《踊れ、喜べ、幸いなる魂よ》▲ M. シュターダー (S)

1953

1953/1/2 ◆ベルリン● RIAS-SO ■ロッシーニ：歌劇《どろぼうかささぎ》序曲
1953/1/5 ◆ベルリン● RIAS-SO ■モーツァルト：マーチ K214、K215、K237、K248、K290
1953/1/9 ◆ベルリン● RIAS-SO ■モーツァルト：コンサート・ロンド K382、K386 ▲ H. シュレーター (Pf)、ロイター：2 台のピアノのための協奏曲▲ H. ロイター、H. シュレーター (Pf)
1953/1/10 ◆ベルリン● RIAS-SO ■シェーンベルク：室内交響曲、ナボコフ：ソプラ、テノールのための《新生》▲ T. リヒター (S)、E. ヘフリガー (T)
1953/1/13 ◆ベルリン● RIAS-SO ■ハルトマン：交響曲第 5 番
1953/1/19 ～ 20 ◆ベルリン、イエス・キリスト教会● RIAS-SO ■ベートーヴェン：交響曲第 7 番、リーバーマン：《レオノーレ 40/45》組曲
1953/1/20 ◆ベルリン、イエス・キリスト教会● RIAS-SO ■モーツァルト：ピアノ協奏曲第 19 番▲ C. ハスキル (Pf)
1953/1/22 ～ 28 ◆ベルリン、イエス・キリスト教会● RIAS-SO ■ドニゼッティ：歌劇《ランメルモールのルチア》▲ M. シュターダー (S)、E. ヘフリガー (T)、D. フィッシャー＝ディースカウ (Br) etc.
1953/2/1 ◆ベルリン● RIAS-SO ■ドヴォルザーク：スターバト・マーテル▲ E. トレッチェル (S)、L. フィッシャー (Ms)、W. ルートヴィヒ (T)、J. グラインドル (B) etc.
1953/2/10 ◆ストックホルム、コンサートホール●スウェーデン RSO ■バルトーク：歌劇《青ひげ公の城》▲ B. ニルソン (Ms)、B. シェーネルシュテット (B)
1953/4/1 ◆ケルン●ケルン RSO ■コダーイ：ガランタ舞曲、ヴェルディ：歌劇《トロヴァトーレ》▲ H. ホッペ (S) etc.
1953/4/7 ◆ベルリン● RIAS-SO ■ブラームス：ハイドンの主題による変奏曲、ハイドン：ピアノ協奏曲▲ G. プッヘルト (Pf)
1953/4/11、14 ◆ベルリン● RIAS-SO ■ヴァイネル：ピアノ協奏曲▲ R. コーレルト (Pf)
1953/4/14 ◆ベルリン● RIAS-SO ■ケルビーニ：歌劇《アナクレオン》序曲、ルーセンベリ：歌劇《マリオネット》序曲、ヴェルディ：歌劇《アイーダ》前奏曲
1953/4/15 ◆ベルリン● RIAS-SO ■ハイドン：交響曲第 73 番
1953/4/20 ◆ベルリン、イエス・キリスト教会● RIAS-SO ■ R. シュトラウス：クラリネットとファゴットのための協奏曲▲ H. ゴイサー (Cl)、W. フーグマン (Fg)

1951/9/29、10/1 ～ 5 ◆ベルリン、イエス・キリスト教会● RIAS-SO ■ビゼー：歌劇《カルメン》から▲ M. クローゼ (Ms) etc.
1951/10/8 ◆ベルリン、イエス・キリスト教会● RIAS-SO ■ロッシーニ：弦楽のためのソナタ第 3 番、ブラームス：ヴァイオリン協奏曲▲ G. デ・ヴィート (Vn)
1951/12/10 ◆ベルリン● RIAS-SO ■モーツァルト：ファゴット協奏曲▲ J. ツター (Fg)、モーツァルト：交響曲第 41 番《ジュピター》
1951/12/12 ◆ベルリン● RIAS-SO ■バルトーク：ピアノとオーケストラのためのラプソディ▲ A. フォルデス (Pf)
1951/12/18 ◆ベルリン● RIAS-SO ■シューマン：劇音楽《マンフレッド》序曲
1951/12/19 ◆ベルリン● RIAS-SO ■モーツァルト：交響曲第 23 番、モーツァルト：歌劇《イドメネオ》バレエ音楽

1952
1952/1/7、9、16 ◆ベルリン● RIAS-SO ■ R. コルサコフ：交響組曲《シェエラザード》
1952/1/15 ～ 17 ◆ベルリン● RIAS-SO ■ロッシーニ：スターバト・マーテル▲ T. リヒター (S)、M. クローゼ (Ms)、H. クレプス (T)、G. フリック etc.
1952/2/5 ◆ベルリン● RIAS-SO ■モーツァルト：モテット《踊れ、喜べ、幸いなる魂よ》▲ E. ベルガー (S)
1952/4/30 ◆ベルリン● RIAS-SO ■ムソルグスキー：歌劇《ホヴァーンシチナ》前奏曲、ロッシーニ：歌劇《タンクレディ》序曲
1952/5/2 ◆ベルリン● RIAS-SO ■モーツァルト：交響曲第 1 番、モーツァルト：交響曲第 2 番、モーツァルト：交響曲第 4 番、モーツァルト：交響曲第 5 番、モーツァルト：交響曲第 6 番、モーツァルト：交響曲第 7 番、モーツァルト：交響曲第 8 番、モーツァルト：交響曲第 9 番、アーベル：交響曲（かつてモーツァルトの交響曲第 3 番 K.18 とされていた作品）
1952/6/3、4 ◆ベルリン、イエス・キリスト教会● RIAS-SO ■ヒンデミット：ヴェーバーの主題による交響的変容、プロコフィエフ：スキタイ組曲、ショスタコーヴィチ：歌劇《ムツェンスク郡のマクベス夫人》から▲ T. リヒター（S）
1952/6/5 ◆ベルリン● RIAS-SO ■モーツァルト：交響曲第 35 番
1952/6/7 ◆ベルリン● RIAS-SO ■ J. シュトラウス：トリッチ・トラッチ・ポルカ
1952/6/9 ◆ベルリン● RIAS-SO ■モーツァルト：オーボエ、クラリネット、ホルン、ファゴットのための協奏交響曲 K.297b ▲ H. テットヒャー (Ob)、H. ゴイサー (Cl)、J. ツター (Hr)、K. ブランク (Fg)
1952/6/16 ◆ベルリン● RIAS-SO ■ストラヴィンスキー：ヴァイオリン協奏曲▲ R. シュルツ (Vn)
1952/6/17 ◆ベルリン● RIAS-SO ■ストラヴィンスキー：メロドラマ《ペルセフォネ》▲ M. ホッペ (S)、H. クレプス (T) etc.
1952/9/8 ◆ベルリン● RIAS-SO ■チャイコフスキー：交響曲第 4 番
1952/9/9 ◆ベルリン● RIAS-SO ■シューベルト：交響曲第 8 番
1952/9/11 ◆ベルリン● RIAS-SO ■ドヴォルザーク：交響曲第 9 番《新世界より》
1952/9/12 ◆ベルリン● RIAS-SO ■モーツァルト：ディヴェルティメント第 29 番
1952/9/13 ◆ベルリン● RIAS-SO ■ヴェルディ：歌劇《運命の力》から▲ P. ストスカ (S)、ワーグナー：歌劇《タンホンザー》から▲ P. ストスカ (S)
1952/9/19 ◆ベルリン● RIAS-SO ■グルック：歌劇《アルチェステ》から▲ S. ダンコ (S)、スメタナ：歌劇《売られた花嫁》から▲ S. ダンコ (S)
1952/9/20 ◆ベルリン● RIAS-SO ■グルック：歌劇《オルフェオとエウリディーチェ》から▲ R. シュトライヒ (S)、ロッシーニ：歌劇《セミラーミデ》から▲ R. シュトライヒ (S)、モーツァルト：セレナータ第 11 番 K375、モーツァルト：歌劇《フィガロの結婚》から▲ S. ダンコ (S)、モーツァルト：歌劇《ドン・ジョヴァンニ》 から▲ S. ダンコ (S)

1950/12/27 ◆ベルリン● RIAS-SO ■ヴェルディ：歌劇《運命の力》序曲、ヴェルディ：歌劇《椿姫》第 3 幕前奏曲

1951

1951/1/3、8 ◆ベルリン、イエス・キリスト教会● RIAS-SO ■ヴェルディ：歌劇《オテロ》から▲ E. トレッチェル (S)、P. アンダース (T) etc.
1951/1/4 ◆ベルリン● RIAS-SO ■ヴェルディ：歌劇《ドン・カルロス》から▲ J. グラインドル (B) etc.
1951/1/5 ◆ベルリン● RIAS-SO ■ディッタースドルフ：オーボエ協奏曲▲ K. ハウスマン (Ob)、ディッタースドルフ：歌劇《医師と薬剤師》序曲
1951/1/5 ～ 6 ◆ベルリン、イエス・キリスト教会● RIAS-SO ■ヴェルディ：歌劇《椿姫》第 3 幕▲ E. トレッチェル (S)、P. アンダース (T) etc.
1951/1/16 ◆ベルリン、イエス・キリスト教会● RIAS-SO ■チャイコフスキー：ピアノ協奏曲第 2 番▲ S. チェルカスキー (Pf)、ロッシーニ：歌劇《セミラーミデ》序曲
1951/1/17 ◆ベルリン● RIAS-SO ■ヒンデミット：交響的舞曲
1951/1/18 ◆ベルリン、イエス・キリスト教会● RIAS-SO ■モーツァルト：歌劇《コシ・ファン・トゥッテ》序曲
1951/1/19 ◆ベルリン● RIAS-SO ■コープランド：リンカーンの肖像▲ L. グリュンベルク（語り）
1951/1/31 ◆ベルリン● RIAS-SO ■ストラヴィンスキー：バレエ《ペトルーシュカ》
1951/3/5 ◆ベルリン、イエス・キリスト教会● RIAS-SO ■モーツァルト：レクイエム▲ E. グリュンマー (S)、G. ピッツィンガー (A)、H. クレプス (T)、H. ホッター (B) etc.
1951/5/10 ◆ベルリン●ベルリン PO ■メンデルスゾーン：劇音楽《真夏の夜の夢》▲ R. シュトライヒ (S)、D. エウストラーティ (A) etc.
1951/5/16 ～ 20 ◆ケルン●ケルン RSO ■モーツァルト：歌劇《フィガロの結婚》▲ H. ギューデン (S)、E. クンツ etc.
1951/5/31 ◆ベルリン● RIAS-SO ■ヴェーバー：歌劇《魔弾の射手》序曲
1951/6/2 ◆ベルリン● RIAS-SO ■グルック：歌劇《オルフェオとエウリディーチェ》から、舞曲、バレエ音楽
1951/6/7 ◆ベルリン● RIAS-SO ■ラヴェル：ボレロ
1951/6/16 ◆チューリヒ●チューリヒ・スタジオ O ■ストラヴィンスキー：歌劇《マヴラ》▲ E. ヘフリガー (T) etc.
1951/8/15、16 ◆ベルリン● RIAS-SO ■シューベルト：劇音楽《ロザムンデ》から、バレエ音楽、幕間音楽
1951/8/16 ◆ベルリン● RIAS-SO ■モーツァルト：歌劇《後宮からの誘拐》序曲
1951/8/25 ◆ベルリン● RIAS-SO ■シューベルト：劇音楽《ロザムンデ》序曲
1951/8/25、27 ◆ベルリン● RIAS-SO ■ハイドン：交響曲第 44 番《悲しみ》
1951/8/30 ◆ベルリン● RIAS-SO ■ハイドン：交響曲第 8 番
1951/8/30、9/1 ◆ベルリン● RIAS-SO ■ハイドン：交響曲第 48 番《マリア・テレジア》、ハイドン：交響曲第 53 番《帝国》
1951/9/2 ◆ベルリン● RIAS-SO ■ナボコフ：フルート協奏曲▲ W. ヘルンドセン (Fl)
1951/9/3 ◆ベルリン、イエス・キリスト教会● RIAS-SO ■ビゼー：歌劇《カルメン》から▲ M. クローゼ (Ms) etc.
1951/9/11 ◆ベルリン● RIAS-SO ■バルトーク：二つの肖像▲ R. シュルツ (Vn)
1951/9/12 ◆ベルリン、イエス・キリスト教会● RIAS-SO ■バルトーク：カンタータ・プロファーナ《魔法にかけられた鹿》▲ H. クレプス (T)、D. フィッシャー＝ディースカウ (Br) etc.

放送録音

編纂：大脇利雄（ウェブサイト「My Favorite Fricsay」管理人）

フリッチャイが首席指揮者を務めていたRIAS(アメリカ占領地区放送局）交響楽団、また準常任指揮者的な地位にあったケルン放送交響楽団とも放送局のオーケストラであったことから、多くの放送用の録音が存在する。また、バイエルン州立オペラの音楽監督のときには、バイエルン放送局、ベルリン放送交響楽団（RIAS 交響楽団から改名）の首席指揮者に再任された際は、自由ベルリン放送局 (SFB) による放送録音が存在する。その他、演奏旅行の際、旅先の放送局で録音されたものも僅かであるが存在する。

【演奏年月日】◆【場所】●【オーケストラ】■【作曲者名】:【曲名】▲【共演者】
O：管弦楽団、PO：フィルハーモニー管弦楽団、SO：交響楽団、RSO：放送交響楽団　Cho: 合唱団

1949

1949/9/24 ◆ベルリン、ティタニア・パラスト● RIAS-SO ■チャイコフスキー：ヴァイオリン協奏曲▲ Y. メニューイン (Vn)
1949/9/30 ◆ベルリン● RIAS-SO ■ R. シュトラウス：オーボエ協奏曲▲ L. グーセンス (Ob)
1949 ◆ベルリン● RIAS-SO ■バッハ：ブランデンブルク協奏曲第 2 番
1949/11/1 ～ 8、 12/23 ◆ベルリン、ティタニア・パラスト、イエス・キリスト教会● RIAS-SO ■ J. シュトラウス：喜歌劇《こうもり》▲ P. アンダース (T)、A. シュレム (S)、R. シュトライヒ (S) etc.
1949/12/8、1950/4 ◆ベルリン● RIAS-SO ■オルフ：カンタータ《カルミナ・ブラーナ》から▲ D. フィッシャー＝ディースカウ (Br) etc.
1949/12/19 ～ 21 ◆ベルリン、イエス・キリスト教会● RIAS-SO ■モーツァルト：歌劇《後宮からの誘拐》▲ S. バラバス (S)、R. シュトライヒ (S)、A. デルモータ (T) etc.

1950

1950/2/14 ◆ベルリン● RIAS-SO ■エック：フランス組曲
1950/5/3 ◆ベルリン、イエス・キリスト教会● RIAS-SO ■モーツァルト：交響曲第 39 番
1950/6/6 ～ 8 ◆ベルリン、イエス・キリスト教会● RIAS-SO ■ J. シュトラウス：ワルツ《芸術家の生活》、J. シュトラウス：ワルツ《美しく青きドナウ》、J. シュトラウス：ワルツ《春の声》、J. シュトラウス：皇帝円舞曲、J. シュトラウス：常動曲、J. シュトラウス：ピチカート・ポルカ、J. シュトラウス：歌劇《スペードの女王》序曲、J. シュトラウス：トリッチ・トラッチ・ポルカ
1950/6/7 ◆ベルリン● RIAS-SO ■モーツァルト：歌劇《イドメネオ》序曲
1950/6/16 ◆ベルリン● RIAS-SO ■シューベルト：交響曲第 8 番
1950/6/27 ◆ベルリン● RIAS-SO ■シュポーア：ヴァイオリン協奏曲第 8 番▲ R. シュルツ (Vn)
1950/9/20 ～ 30 ◆ベルリン、イエス・キリスト教会● RIAS-SO ■ヴェルディ：歌劇《リゴレット》▲ J. メッテルニヒ (Br)、R. シュトライヒ (S) etc.
1950/9/30 ◆ベルリン● RIAS-SO ■チャイコフスキー：交響曲第 6 番《悲愴》
1950/12/5 ◆ケルン●ケルン RSO ■エック：フランス組曲

1961/8/16 ◆ルツェルン●スイス祝祭 O ■チャイコフスキー：ヴァイオリン協奏曲▲ Y. メニューイン (Vn)、ベートーヴェン：交響曲第 7 番、コダーイ：交響曲
1961/8/27 ◆ザルツブルク、祝祭大劇場●ヴィーン PO ■コダーイ：ガランタ舞曲、ベートーヴェン：ピアノ、ヴァイオリン、チェロのための三重協奏曲▲ W. シュナイダーハン (Vn)、P. フルニエ (Vc)、G. アンダ (Pf)、ブラームス：交響曲第 2 番
1961/8/28 ◆ザルツブルク、祝祭大劇場●ヴィーン PO ■モーツァルト：歌劇《イドメネオ》▲ W. クメント (T)、E. ヘフリガー (T)、E. グリュンマー (S)、P. ローレンガー (S) etc.
1961/9/9 ～ 11 ◆ベルリン、自由ベルリン放送局大ホール●ベルリン RSO ■コダーイ：交響曲、モーツァルト：クラリネット協奏曲▲ H. ゴイサー (Cl)、ベートーヴェン：交響曲第 5 番
1961/9/24 ◆ベルリン、ドイツ・オペラ●ベルリン・ドイツ、・オペラ O ■ベートーヴェン：《レオノーレ》序曲第 3 番
1961/9/24、9/27 ◆ベルリン、ドイツ・オペラ●ベルリン・ドイツ、・オペラ O ■モーツァルト：歌劇《ドン・ジョヴァンニ》▲ D. フィッシャー＝ディースカウ (Br) etc.
1961/9/30、10/1 ◆ベルリン、自由ベルリン放送局大ホール●ベルリン RSO ■ハイドン：テ・デウム、アイネム：バラード、ロッシーニ：スターバト・マーテル▲ M. シュターダー (S)、O. ドミンゲス (Ms)、G. カレルリ (T)、W. クレッペル (B) etc.
1961/10/3 ◆ベルリン、ドイツ・オペラ●ベルリン・ドイツ、・オペラ O ■モーツァルト：歌劇《ドン・ジョヴァンニ》
1961/10/7 ～ 9 ◆ベルリン、自由ベルリン放送局大ホール●ベルリン RSO ■タンスマン：室内オーケストラのためのバロック組曲、マルタン：小協奏的交響曲、チャイコフスキー：ピアノ協奏曲第 1 番▲ G. アンダ (Pf)
1961/10/10 ◆ベルリン、ドイツ・オペラ●ベルリン・ドイツ、・オペラ O ■モーツァルト：歌劇《ドン・ジョヴァンニ》.
1961/10/15 ◆ヴィーン、ムジークフェライン●ヴィーン PO ■ハイドン：交響曲第 98 番、バルトーク：ピアノ協奏曲第 2 番▲ G. アンダ (Pf)、ブラームス：交響曲第 2 番
1961/11/5 ◆ベルリン、ドイツ・オペラ●ベルリン・ドイツ、・オペラ O ■モーツァルト：歌劇《ドン・ジョヴァンニ》
1961/11/10 ～ 12 ◆ベルリン、自由ベルリン放送局大ホール●ベルリン RSO ■ハイドン：オラトリオ《四季》▲ M. シュターダー (S)、E. ヘフリガー (T)、J. グラインドル (B) etc.
1961/11/14 ◆ベルリン、ドイツ・オペラ●ベルリン・ドイツ、・オペラ O ■モーツァルト：歌劇《ドン・ジョヴァンニ》
1961/11/16 ◆ボン●ベルリン RSO ■ベートーヴェン：劇音楽《エグモント》序曲、ベートーヴェン：ピアノ協奏曲第 1 番▲ H.E. リーベンザム (Pf)、ベートーヴェン：交響曲第 7 番
1961/11/7 ◆ベルリン、ドイツ・オペラ●ベルリン・ドイツ、・オペラ O ■モーツァルト：歌劇《ドン・ジョヴァンニ》
1961/11/22 ◆ジュネーヴ、ビクトリア・ホール●スイス・ロマンド O ■バルトーク：オーケストラのための協奏曲、ブラームス：交響曲第 4 番
1961/12/5 ◆ロンドン、フェスティバル・ホール●ロンドン PO ■バルトーク：二つの肖像、バルトーク：ピアノ協奏曲第 2 番▲ G. アンダ (Pf)、バルトーク：オーケストラのための協奏曲
1961/12/7 ◆ロンドン、フェスティバル・ホール●ロンドン PO ■コダーイ：交響曲、メンデルスゾーン：ヴァイオリン協奏曲▲ W. シュナイダーハン (Vn)、■ベートーヴェン：交響曲第 7 番

1961

1961/1/1 ◆ベルリン●ベルリン RSO ■ベートーヴェン：交響曲第 9 番
1961/1 ◆コペンハーゲン●コペンハーゲン王立 O ■ブラームス：ピアノ協奏曲第 1 番▲ M. ヴェーバー (Pf)
1961/2/5、6 ◆ベルリン、自由ベルリン放送局大ホール●ベルリン RSO ■ベートーヴェン：《レオノーレ》序曲第 3 番、ベートーヴェン：ピアノ協奏曲第 3 番▲ G. アンダ (Pf)、ベートーヴェン：交響曲第 3 番
1961/2/12、13 ◆ベルリン、芸大ホール●ベルリン RSO ■オネゲル：交響的詩篇《ダヴィデ王》
1961 ◆ルツェルン、パリ、バーゼル、ヴィーン、スイス、ミュンヘン、ケルン、アムステルダム●（不明）■（不明）
1961/4/23、24 ◆ベルリン、芸大ホール●ベルリン RSO ■コダーイ：ガランタ舞曲、チャイコフスキー：ヴァイオリン協奏曲▲ Y. メニューイン (Vn)、ブラームス：交響曲第 2 番
1961/4/25 ～ 5/12 ◆ミュンヘン、ニュルンベルク、シュトゥットガルト、カールスルーエ、ビーレフェルト、コペンハーゲン、キール、ハンブルク、ミュンスター、デュッセルドルフ、エッセン、ロンドン、パリ●ベルリン RSO ■ベートーヴェン：《レオノーレ》序曲第 3 番、ベートーヴェン：交響曲第 3 番、ベルリオーズ：歌劇《ファウストのごう罰》からラコッツィ・マーチ、ブラームス：交響曲第 2 番、ブラームス：ヴァイオリン協奏曲▲ Y. メニューイン (Vn)、ブルッフ：ヴァイオリン協奏曲第 1 番▲ Y. メニューイン (Vn)、ドヴォルザーク：交響曲第 9 番《新世界より》、コダーイ：ガランタ舞曲、ロッシーニ：歌劇《絹のはしご》序曲、R. シュトラウス：歌劇《町人貴族》組曲、チャイコフスキー：ヴァイオリン協奏曲▲ Y. メニューイン (Vn)
1961/4/25 ◆ミュンヘン●ベルリン RSO ■ R. シュトラウス：歌劇《町人貴族》組曲
1961/4/28 ◆シュトゥットガルト●ベルリン RSO ■ブラームス：ヴァイオリン協奏曲▲ Y. メニューイン (Vn)
1961/5/10 ◆ロンドン、フェスティバル・ホール●ベルリン RSO ■コダーイ：ガランタ舞曲、チャイコフスキー：ヴァイオリン協奏曲▲ Y. メニューイン (Vn)、ベートーヴェン：交響曲第 3 番
1961/5/14、15 ◆ベルリン、芸大ホール●ベルリン RSO ■ロッシーニ：歌劇《絹のはしご》序曲、リスト：ピアノ協奏曲第 2 番▲ T. ヴァレイ (Pf)、ドヴォルザーク：交響曲第 9 番《新世界より》
1961/5/24 ◆ジュネーヴ、ビクトリア・ホール●スイス・ロマンド O ■ベートーヴェン：《レオノーレ》序曲第 3 番、ベートーヴェン：ピアノ協奏曲第 4 番▲ W. バックハウス (Pf)、ベートーヴェン：交響曲第 7 番
1961/6/4、5 ◆ベルリン、芸大ホール●ベルリン RSO ■オネゲル：夏の牧歌 etc.、ブラームス：ヴァイオリンとチェロのための二重協奏曲▲ W. シュナイダーハン (Vn)、J. シュタルケル (Vc)、バルトーク：オーケストラのための協奏曲
1961/6/9 ◆ロンドン、フェスティバル・ホール●フィルハーモニア O ■コダーイ：《ハーリ・ヤーノシュ》組曲、バルトーク：ピアノ協奏曲第 3 番▲ A. フィッシャー (Pf)、ドヴォルザーク：交響曲第 9 番《新世界より》
1961/6/16 ～ 25 ◆ヴィーン、グラーツ、パッサウ●ベルリン RSO ■バルトーク：オーケストラのための協奏曲、バルトーク：ヴァイオリン協奏曲第 2 番▲ Y. メニューイン (Vn)、バルトーク：舞踊組曲、ベートーヴェン：劇音楽《エグモント》序曲、ベートーヴェン：ピアノ協奏曲第 1 番▲ G. アンダ (Pf)、ベートーヴェン：交響曲第 7 番、モーツァルト：モテット《踊れ、喜べ、幸いなる魂よ》▲ M. シュターダー (S)
1961/6/20 ◆ヴィーン、コンツェルトハウス●ベルリン RSO ■バルトーク：舞踊組曲、バルトーク：ヴァイオリン協奏曲第 2 番▲ Y. メニューイン (Vn)、バルトーク：オーケストラのための協奏曲
1961/6/21 ◆ヴィーン●ベルリン RSO ■ベートーヴェン：ピアノ協奏曲第 1 番▲ G. アンダ (Pf)
1961/7/26、8/10 ◆ザルツブルク、祝祭大劇場●ヴィーン PO ■モーツァルト：歌劇《イドメネオ》▲ W. クメント (T)、E. ヘフリガー (T)、E. グリュンマー (S)、P. ローレンガー (S) etc.

1959/10/14、15 ◆ベルリン●ベルリン PO ■モーツァルト：交響曲第 29 番、マーラー：リュッケルトの詩による 5 つの歌▲ D. フィッシャー＝ディースカウ (Br)、コダーイ：《ハーリ・ヤーノシュ》組曲
1959 ◆スカンディナヴィア、フランクフルト、ヴィーン、ミラノ、イタリア各地、ローザンヌ、チューリヒ●（不明）■（不明）
1959/11/8、9 ◆ハンブルク、ムジークハレ●北ドイツ RSO ■コダーイ：ハンガリー詩篇▲ E. ヘフリガー (T) etc.、ロッシーニ：スターバト・マーテル▲ M. シュターダー (S)、M. ラデフ (Ms)、E. ヘフリガー (T)、G. フリック (B) etc.
1959/12/3、4 ◆ヴィーン、コンツェルトハウス●ヴィーン SO ■アイネム：《時の歌》、コダーイ：ハンガリー詩篇
1959/12/16 ◆ジュネーヴ、ビクトリア・ホール●スイス・ロマンド O ■ベートーヴェン：《エグモント》序曲、バルトーク：ピアノ協奏曲第 2 番▲ G. アンダ (Pf)

1960

1960/1/26、27 ◆ベルリン●ベルリン PO ■ブラームス：ピアノ協奏曲第 2 番▲ G. アンダ (Pf)、ブラームス：交響曲第 2 番
1960 ◆ミュンヘン●バイエルン州立 O ■ドニゼッティ：歌劇《ランメルモールのルチア》
1960/3/18 ◆ミュンヘン、プリンツレーゲンテン劇場●バイエルン州立 O ■ヴェルディ：歌劇《オテロ》
1960 ◆ミュンヘン●バイエルン州立 O ■ヴェルディ：歌劇《仮面舞踏会》
1960/5/24 ◆ミュンヘン●バイエルン州立 O ■ブラームス：ピアノ協奏曲第 1 番▲ G. アンダ (Pf)、ブラームス：交響曲第 4 番
1960/5/29、30 ◆ベルリン、芸大ホール●ベルリン RSO ■バルトーク：二つの肖像、ベートーヴェン：ピアノ、ヴァイオリン、チェロのための三重協奏曲▲ W. シュナイダーハン (Vn)、P. フルニエ (Vc)、G. アンダ (Pf)、ブラームス：交響曲第 4 番
1960/7/4? ◆オランダ●バイエルン州立 O ■ベルク：歌劇《ヴォツェック》▲ A. ペーター (B)、A. ジーダー (S) etc.
1960/8 ◆ルツェルン●スイス祝祭 O ■ブラームス：交響曲第 1 番
1960/8 ◆ルツェルン●スイス祝祭 O ■ベートーヴェン：ピアノ、ヴァイオリン、チェロのための三重協奏曲▲ W. シュナイダーハン (Vn)P. フルニエ (Vc)、G. アンダ (Pf)
1960/8 ◆ルツェルン●スイス祝祭 O ■（不明）
1960/9/5 ◆ミュンヘン●バイエルン州立 O ■モーツァルト：歌劇《フィガロの結婚》
1960/9/11、12 ◆ベルリン、芸大ホール●ベルリン RSO ■モーツァルト：交響曲第 40 番、シェーンベルク：ヴァイオリン協奏曲▲ T. ヴァルガ (Vn)、ベートーヴェン：交響曲第 7 番
1960/9/29、30 ◆ベルリン、自由ベルリン放送局大ホール●ベルリン RSO ■ストラヴィンスキー：詩篇交響曲、ストラヴィンスキー：ピアノとオーケストラのためのムーブメンツ、ストラヴィンスキー：オペラ＝オラトリオ《オイディプス王》▲ E. ヘフリガー (T)、H. テッパー (Ms) etc.
1960/10/9、10 ◆ベルリン、芸大ホール●ベルリン RSO ■ハイドン：交響曲第 101 番《時計》、R. シュトラウス：歌劇《町人貴族》組曲、バルトーク：ヴィオラ協奏曲▲ S. パッサージオ (Va)、ヒンデミット：ヴェーバーの主題による交響的変容
1960/10/23、24 ◆ベルリン、自由ベルリン放送局大ホール●ベルリン RSO ■ヴェルディ：レクイエム▲ M. シュターダー (S)、O. ドミンゲス (A)、G. カレルリ (T)、I. サルディ (B) etc.
1960 ◆ミラノ、ハノーファー、フランクフルト、ヴィーン●（不明）■（不明）
1960/11/24、25 ◆ミュンヘン、ヘルクレス・ザール●バイエルン RSO ■ハイドン：交響曲第 101 番《時計》、バルトーク：ピアノ協奏曲第 3 番▲ A. フィッシャー (Pf)、チャイコフスキー：交響曲第 6 番《悲愴》

1957/11/19 ◆ミュンヘン、プリンツレーゲンテン劇場●バイエルン州立 O ■ストラヴィンスキー：オペラ＝オラトリオ《オイディプス王》▲ E. ヘフリガー (T)、H. テッパー (Ms) etc.
1957/11/25、12/22 ◆ミュンヘン、プリンツレーゲンテン劇場●バイエルン州立 O ■ヴェルディ：歌劇《仮面舞踏会》▲ J. シマンディ (T)、J. メッテルニヒ (B) etc.
1957/12/2 ◆ミュンヘン、ドイツ博物館●バイエルン州立 O ■ベートーヴェン：ピアノ協奏曲第 3 番▲ A. フィッシャー (Pf)
1957/12/30、31 ◆ベルリン、芸大ホール●ベルリン PO ■ベートーヴェン：交響曲第 9 番▲ I. ゼーフリート (S)、M. フォレスター (A)、E. ヘフリガー (T)、D. フィッシャー＝ディースカウ (Br) etc.

1958

1958/2/2、3 ◆ハンブルク、ムジークハレ●北ドイツ RSO ■バルトーク：弦楽のためのディヴェルティメント、コダーイ：ガランタ舞曲、ブラームス：交響曲第 1 番
1958/2/8 ◆ハンブルク、ムジークハレ●北ドイツ RSO ■バルトーク：弦楽のためのディヴェルティメント
1958/2/12 ◆ジュネーヴ、ビクトリア・ホール●スイス・ロマンド O ■コダーイ：《ハーリ・ヤーノシュ》組曲、バルトーク：ピアノ協奏曲第 3 番▲ A. フィッシャー (Pf)、ブラームス：交響曲第 2 番
1958/5/7 ◆チューリヒ、トーンハレ大ホール●（不明）■（不明）▲ R. フィルクスニー (Pf)
1958/5/12 ◆ミュンヘン、ドイツ博物館●バイエルン州立 O ■ブラームス：ピアノ協奏曲第 2 番▲ G. アンダ (Pf)、ブラームス：交響曲第 2 番
1958/6/14 ◆ミュンヘン、キュヴィリエ劇場●バイエルン州立 O ■モーツァルト：歌劇《フィガロの結婚》▲ K. コーン (Br)、E. ケート (S) etc.
1958/6 ◆ミュンヘン●バイエルン州立 O ■ムソルグスキー：歌劇《ホヴァーンシチナ》
1958/6 ◆ミュンヘン●バイエルン州立 O ■ドニゼッティ：歌劇《ランメルモールのルチア》
1958/6 ◆ミュンヘン、ヘルクレス・ザール●バイエルン州立 O ■ベートーヴェン：交響曲第 9 番
1958/6 ◆コペンハーゲン、ハンブルク、ヴィースバーデン、ヴィーン、ルツェルン●（不明）■（不明）
1958/6/26、27 ◆ヴィーン、コンツェルトハウス●ヴィーン SO ■コダーイ：ハンガリー詩篇▲ E. ヘフリガー (T) etc.、ロッシーニ：スターバト・マーテル▲ M. シュターダー (S)、M. ラデフ (Ms)、E. ヘフリガー (T)、G. フリック (B) etc.
1958/8/20 ◆ルツェルン●（不明）■コダーイ：ハンガリー詩篇▲ E. ヘフリガー (T) etc.
1958/8/29 ◆ミュンヘン、キュヴィリエ劇場●バイエルン州立 O ■モーツァルト：歌劇《フィガロの結婚》
1958/10/3 ◆ベルリン、芸大ホール●ベルリン RSO ■バルトーク：歌劇《青ひげ公の城》▲ H. テッパー (Ms)、D. フィッシャー＝ディースカウ (Br)、バルトーク：舞踊組曲、バルトーク：ピアノ協奏曲第 3 番▲ A. フィッシャー (Pf)
1958/10 ◆ミラノ、スカラ座●スカラ座 O ■ベートーヴェン：ピアノ協奏曲第 5 番▲ A.B. ミケランジェリ (Pf)
1958/11/14 ◆ミュンヘン●バイエルン州立 O ■バルトーク：歌劇《青ひげ公の城》▲ H. テッパー (Ms)、K. エンゲン (Br)

1959

1959/9/13、14 ◆ベルリン、芸大ホール●ベルリン RSO ■ベートーヴェン：劇音楽《エグモント》序曲、バルトーク：ピアノ協奏曲第 2 番▲ G. アンダ (Pf)、チャイコフスキー：交響曲第 6 番《悲愴》
1959/9/28、29 ◆ベルリン、自由ベルリン放送局大ホール●ベルリン RSO ■コダーイ：ハンガリー詩篇▲ E. ヘフリガー (T) etc.、モーツァルト：大ミサ▲ M. シュターダー (S)、H. テッパー (A)、E. ヘフリガー (T)、I. サルディ (B) etc.

1956/11/8、12/16 ◆ミュンヘン、プリンツレーゲンテン劇場●バイエルン州立 O ■ムソルグスキー：歌劇《ホヴァーンシチナ》
1956/12/21 ◆ミュンヘン、プリンツレーゲンテン劇場●バイエルン州立 O ■ドニゼッティ：歌劇《ランメルモールのルチア》▲ E. ケート (S)、J. シマンディ (T) etc.

1957

1957/1/13、14 ◆ベルリン●ベルリン PO ■ストラヴィンスキー：バレエ《かるた遊び》、ヘンデル：ハープ協奏曲▲ N. サバレタ (Hrp)、ラヴェル：序奏とアレグロ▲ N. サバレタ (Hrp)、シューベルト：交響曲第 7 番
1957/1/24 ◆ベルリン、芸大ホール●ベルリン RSO ■エック：フランス組曲、バルトーク：弦楽のためのディヴェルティメント、チャイコフスキー：交響曲第 5 番
1957 ◆スカンディナヴィア、フランクフルト、ヴィーン●（不明）■（不明）
1957/2/6 ◆ジュネーヴ、ビクトリア・ホール●スイス・ロマンド O ■コダーイ：ガランタ舞曲、シューマン：チェロ協奏曲▲ P. フルニエ (Vc)、ベートーヴェン：交響曲第 3 番
1957/2/14 ◆コペンハーゲン●コペンハーゲン王立 O ■バルトーク：弦楽のためのディヴェルティメント、コダーイ：ガランタ舞曲
1957/2/27 ◆ストックホルム、コンサートホール●ストックホルム PO ■ベートーヴェン：交響曲第 9 番
1957/3/6 ◆ストックホルム、コンサートホール●ストックホルム PO ■チャイコフスキー：交響曲第 5 番
1957/2 ～ 3 ◆ストックホルム、コンサートホール●ストックホルム PO ■（不明）
1957/3/26、28 ◆ヴィーン、コンツェルトハウス●ヴィーン SO ■ヴェルディ：レクイエム▲ M. シュターダー (S)、M. ラデフ (Ms)、J. シマンディ (T)、K. ボルイ (B) etc.
1957/3/31 ◆ヴィーン●ヴィーン SO ■バルトーク：弦楽のためのディヴェルティメント、バルトーク：ヴァイオリン協奏曲第 2 番▲ T. ヴァルガ (Vn)、バルトーク：オーケストラのための協奏曲
1957/4/7、8 ◆ベルリン、芸大ホール●ベルリン RSO ■バルトーク：オーケストラのための協奏曲、フランセ：ピアノ協奏曲▲ M. ヴェーバー (Pf)、フランク：交響的変奏曲▲ M. ヴェーバー (Pf)、ラヴェル：ボレロ
1957/5/6 ◆ミュンヘン●バイエルン州立 O ■モーツァルト：ピアノ協奏曲第 27 番▲ C. ハスキル (Pf)
1957/5/14 ◆ミュンヘン、プリンツレーゲンテン劇場●バイエルン州立 O ■ドニゼッティ：歌劇《ランメルモールのルチア》
1957/5/29、6/5 ◆ミュンヘン、プリンツレーゲンテン劇場●バイエルン州立 O ■ベルク：歌劇《ヴォツェック》▲ A. ペーター (B)、E. リンデンマイアー (S) etc.
1957/8/10 ～ 9/10 ◆ミュンヘン、プリンツレーゲンテン劇場●バイエルン州立 O ■ベルク：歌劇《ヴォツェック》
1957/8/10 ～ 9/10 ◆ミュンヘン、プリンツレーゲンテン劇場●バイエルン州立 O ■ヴェルディ：歌劇《オテロ》
1957/8/24 ◆ミュンヘン、プリンツレーゲンテン劇場●バイエルン州立 O ■ベートーヴェン：交響曲第 9 番▲ A. クーパー (S)、H. テッパー (Ms)、R. ホルム (T)、K. エンゲン (B) etc.
1957/9/15、16 ◆ベルリン、芸大ホール●ベルリン RSO ■ブラームス：ハイドンの主題による変奏曲、ブラームス：アルト・ラプソディ▲ M. フォレスター (A)、ブラームス：交響曲第 1 番
1957/9/24、25 ◆ベルリン、芸大ホール●ベルリン RSO ■グルック：歌劇《オルフェオとエウリディーチェ》▲ M. シュターダー (S)、H. シュテフェック (S)、D. フィッシャー＝ディースカウ (Br) etc.
1957/10/31 ◆ミュンヘン、ドイツ博物館●バイエルン州立 O ■ミヨー：歌劇《ダヴィデ》

ダー (S) etc.

1955/10/8、9 ◆ベルリン、芸大ホール● RIAS-SO ■アイネム：瞑想、デュカス：交響詩《魔法使いの弟子》、ブラームス：交響曲第 1 番

1955/10/10 ◆シュトゥットガルト●シュトゥットガルト RSO ■コダーイ：ガランタ舞曲、ロッシーニ：歌劇《ランスへの旅》序曲、R. シュトラウス：ピアノとオーケストラのためのブルレスケ▲ M. ヴェーバー (Pf)、ツィンマーマン：《アラゴアナ》から「カボルコ」、ラヴェル：ボレロ、オネゲル：ピアノ協奏曲▲ M. ヴェーバー (Pf)

1955/10/11 ～ 23 ◆ミュンヘン、バーゼル、ベルン、チューリヒ、シュトゥットガルト、ウッペルタール、フィーアゼン、エッセン、レーヴァークーゼン、ヘルネ、ボン、シュマレンベルク● RIAS-SO ■バルトーク：弦楽のためのディヴェルティメント、ベートーヴェン：《レオノーレ》序曲第 3 番、ベートーヴェン：交響曲第 5 番、ブラームス：交響曲第 1 番、デュカス：交響詩《魔法使いの弟子》、ドヴォルザーク：交響曲第 9 番《新世界より》、ハイドン：交響曲第 44 番《悲しみ》、モーツァルト：交響曲第 29 番、スメタナ：交響詩《モルダウ》、R. シュトラウス：ピアノとオーケストラのためのブルレスケ▲ M. ヴェーバー (Pf)、R. シュトラウス：交響詩《ティル・オイレンシュピーゲルの愉快な悪戯》、ツィンマーマン：《アラゴアナ》から「カボルコ」

1955/11/4 ◆フランクフルト●ヘッセン RSO ■バルトーク：ピアノ協奏曲第 3 番▲ A. フィッシャー (Pf)、バルトーク：オーケストラのための協奏曲、シューベルト：交響曲第 9 番

1955/11 ◆ストックホルム、コンサートホール●ストックホルム PO ■（不明）

1955/11/16 ◆ストックホルム、コンサートホール●ストックホルム室内 O ■ルーセンベリ：歌劇《マリオネット》序曲

1956

1956/1/21、22 ◆アムステルダム、コンセルトヘボウ●アムステルダム・コンセルトヘボウ O ■ブラームス：交響曲第 1 番

1956/10 ◆アムステルダム、コンセルトヘボウ●アムステルダム・コンセルトヘボウ O ■ハルトマン：交響曲第 6 番

1956/10 ◆アムステルダム、コンセルトヘボウ●アムステルダム・コンセルトヘボウ O ■（不明）

1956/2/8 ◆ジュネーヴ、ビクトリア・ホール●スイス・ロマンド O ■バルトーク：弦楽のためのディヴェルティメント、リスト：ピアノ協奏曲第 2 番、ブラームス：交響曲第 1 番

1956/5/9 ◆ミュンヘン、プリンツレーゲンテン劇場●バイエルン州立 O ■ヴェルディ：歌劇《オテロ》▲ H. ホップ (T)、A. クーパー (S) etc.

1956/6 ～ 7 ◆イスラエル●イスラエル PO ■ドニゼッティ：歌劇《ランメルモールのルチア》▲ M. シュターダー (S) etc.

1956/6 ～ 7 ◆イスラエル●イスラエル PO ■ヘンデル：オラトリオ《ユダス・マカベウス》▲ M. シュターダー (S) etc.

1956/8/22 ◆ルツェルン●スイス祝祭 O ■バルトーク：舞踊組曲、バルトーク：ピアノ協奏曲第 2 番▲ G. アンダ (Pf)

1956/9/22、23 ◆ベルリン、芸大ホール●ベルリン RSO ■ベートーヴェン：劇音楽《エグモント》序曲、ベートーヴェン：ヴァイオリン協奏曲▲ W. シュナイダーハン (Vn)、ベートーヴェン：交響曲第 3 番

1956/10/3 ◆ミュンヘン、プリンツレーゲンテン劇場●バイエルン州立 O ■ヴェルディ：歌劇《オテロ》

1956/11/1 ◆ミュンヘン、ドイツ博物館●バイエルン州立 O ■コダーイ：ハンガリー詩篇▲ E. ヘフリガー (T) etc.、コダーイ：《ハーリ・ヤーノシュ》組曲、ロッシーニ：スターバト・マーテル▲ M. シュターダー (S)、、M. ラデフ (Ms)、E. ヘフリガー (T)、K. ボルイ (B) etc.

交響曲第 35 番《ハフナー》、プロコフィエフ：交響曲第 1 番、チャイコフスキー：交響曲第 5 番
1954/4/19、20 ◆ベルリン、芸大ホール● RIAS-SO ■プロコフィエフ：交響曲第 1 番、バルトーク：弦楽器、打楽器とチェレスタのための音楽、チャイコフスキー：交響曲第 5 番
1954/5/9、10 ◆ベルリン、芸大ホール● RIAS-SO ■ヘンデル：オラトリオ《ユダス・マカベウス》▲ E. ヘフリガー (T)、M. シュターダー (S)、D. フィッシャー＝ディースカウ (Br) etc.
1954/5/14 ◆ベルリン、芸大ホール● RIAS-SO ■デュティユー：交響曲、ペラガロ：ピアノ協奏曲▲ G. シャンドール (Pf)、リーバーマン：オーケストラのためのフリオーソ
1954 ◆フランクフルト●（不明）■（不明）
1954/6/7 〜 7/20 ◆テル・アビブ、ハイファ、エルサレム●イスラエル PO ■（不明）
1954/6/7 外◆テル・アビブ、ZOA ガーデン●イスラエル PO ■ヴェルディ：レクイエム
1954/6/12 ◆テル・アビブ●イスラエル PO ■バルトーク：弦楽のためのディヴェルティメント、ハイドン：チェロ協奏曲▲トルトゥリエ (Vc)、チャイコフスキー：交響曲第 5 番
1954/6/17 ◆エルサレム、エジソン劇場●イスラエル PO ■バルトーク：弦楽のためのディヴェルティメント、ハイドン：チェロ協奏曲、チャイコフスキー：交響曲第 5 番
1954/8/14 ◆ルツェルン●フィルハーモニア O ■バルトーク：弦楽のためのディヴェルティメント、ベートーヴェン：ピアノ協奏曲第 2 番▲ C. ハスキル (Pf)、チャイコフスキー：交響曲第 5 番
1954/9/21、22 ◆ベルリン、芸大ホール● RIAS-SO ■コダーイ：ハンガリー詩篇▲ E. ヘフリガー (T) etc.、ロッシーニ：スターバト・マーテル▲ M. シュターダー (S)、M. ラデフ (Ms)、H. ヘフリガー (T)、K. ボルイ (B) etc.
1954/10/24 ◆ヒューストン●ヒューストン SO ■ハイドン：交響曲第 101 番《時計》、バルトーク：舞踊組曲、ブラームス：交響曲第 2 番
1954/11/2 ◆ヒューストン●ヒューストン SO ■（不明）
1954/11/20 ◆ヒューストン●ヒューストン SO ■（不明）
1954/11 ◆ヒューストン●ヒューストン SO ■ヴェルディ：レクイエム
1954/11 〜 12 ◆ヒューストン●ヒューストン SO ■ドヴォルザーク：交響曲第 9 番《新世界より》
1954/11 〜 12 ◆ヒューストン●ヒューストン SO ■ワーグナー：楽劇《ワルキューレ》第 1 幕▲ E. シュヴァルツコップフ (S) etc.
1954/11 〜 12 ◆ヒューストン●ヒューストン SO ■（不明）

1955

1955（月日不明）◆チューリヒ、ベルリン、スカンディナヴィア、アムステルダム●（不明）■（不明）
1955/2/13、14 ◆ベルリン、芸大ホール● RIAS-SO ■シューベルト：劇音楽《ロザムンデ》序曲、シューマン：交響曲第 1 番、コダーイ：《ハーリ・ヤーノシュ》組曲
1955/5/6 ◆ヴィーン、ムジークフェライン●ヴィーン SO ■ハイドン：交響曲第 98 番、バルトーク：ピアノ協奏曲第 2 番▲ G. シャンドール (Pf)、チャイコフスキー：交響曲第 5 番
1955/5/30、31 ◆ベルリン、芸大ホール● RIAS-SO ■モーツァルト：交響曲第 29 番、R. シュトラウス：ピアノとオーケストラのためのブルレスケ▲ M. ヴェーバー (Pf)、オネゲル：ピアノ協奏曲▲ M. ヴェーバー (Pf)、リーバーマン：ジャズバンドとオーケストラのための協奏曲
1955/6/21 ◆チューリヒ●チューリヒ・トーンハレ O ■ベートーヴェン：ピアノ協奏曲第 4 番▲ A. ルービンシュタイン (Pf)
1955/9/8 ◆ミュンヘン●バイエルン州立 O ■ R. シュトラウス：歌劇《町人貴族》組曲、R. シュトラウス：オーボエ協奏曲、R. シュトラウス：ピアノとオーケストラのためのブルレスケ▲ M. ヴェーバー (Pf)、R. シュトラウス：交響詩《ティル・オイレンシュピーゲルの愉快な悪戯》
1955/9/18、19 ◆ベルリン、芸大ホール● RIAS-SO ■ヘンデル：オラトリオ《サムソン》▲ M. シュター

1953/6/25 ◆エッセン●ケルン RSO ■ハイス：冬の夜▲ L. フェーンベルガー (T)、コダーイ：ハンガリー詩篇▲ L. フェーンベルガー (T) etc.

1953 ◆ミラノ、スカラ座●スカラ座 O ■（不明）

1953/9/6、7 ◆ベルリン、ティタニア・パラスト● RIAS-SO ■ハイドン：交響曲第 95 番、バルトーク：ピアノ協奏曲第 2 番▲ G. アンダ (Pf)、ドヴォルザーク：交響曲第 9 番《新世界より》

1953/9/20、21 ◆ベルリン、ティタニア・パラスト● RIAS-SO ■ヴェルディ：レクイエム▲ M. シュターダー (S)、M. ラデフ (Ms)、H. クレプス (T)、K. ボルイ (B) etc.

1953/9/30 ◆デュッセルドルフ、アポロ劇場● RIAS-SO ■ロッシーニ：歌劇《セミラーミデ》序曲、エック：フランス組曲、ベルリオーズ：歌劇《ファウストのごう罰》からラコッツィ・マーチ、ラヴェル：ボレロ

1953/10/5 ◆ケルン、放送局大ホール●ケルン RSO ■ハイドン：交響曲第 44 番《悲しみ》、チャイコフスキー：ロココの主題による変奏曲▲ A. ナバラ (Vc)、ストラヴィンスキー：バレエ《春の祭典》

1953/10/11、12 ◆ベルリン、ティタニア・パラスト● RIAS-SO ■アンドリーセン：シンフォニエッタ、ヒンデミット：ヴィオラ協奏曲《白鳥を焼く男》▲ W. プリムローズ (Va)、ブラームス：交響曲第 2 番

1953/10/26 ◆ケルン●ケルン RSO ■ヴェルディ：レクイエム▲ D. ドウ (S)、M. ラデフ (Ms)、G. プランデッリ (T)、S. マジョニカ (B) etc.

1953/11/13 ～ 16 ◆ボストン、シンフォニー・ホール●ボストン SO ■ハイドン：交響曲第 101 番《時計》、バルトーク：舞踊組曲、チャイコフスキー：交響曲第 6 番《悲愴》

1953/11/23 ◆ヒューストン●ヒューストン SO ■モーツァルト：交響曲第 35 番《ハフナー》、バルトーク：弦楽のためのディヴェルティメント、チャイコフスキー：交響曲第 5 番

1953/11/26 ◆サンフランシスコ●サンフランシスコ SO ■コダーイ：ガランタ舞曲

1953/12/9 ◆サンフランシスコ●サンフランシスコ SO ■スメタナ：交響詩《モルダウ》、マルタン：小協奏的交響曲、ハイドン：交響曲第 98 番、ベートーヴェン：交響曲第 8 番

1953/12 第 3 週◆サンフランシスコ●サンフランシスコ SO ■バルトーク：弦楽のためのディヴェルティメント、ブラームス：ピアノ協奏曲第 1 番▲ A. ルービンシュタイン (Pf)

1953/12 ◆サンフランシスコ●サンフランシスコ SO ■ブラームス：ピアノ協奏曲第 2 番▲ A. ルービンシュタイン (Pf)

1953/12/31 ◆ベルリン、ティタニア・パラスト● RIAS-SO ■ベートーヴェン：交響曲第 9 番▲ M. シュターダー (S)、M. ラデフ (Ms)、H. クレプス (T)、K. ボルイ (B) etc.

1954

1954/1/1 ◆ベルリン、ティタニア・パラスト● RIAS-SO ■ベートーヴェン：交響曲第 9 番▲ M. シュターダー (S)、M. ラデフ (Ms)、H. クレプス (T)、K. ボルイ (B) etc.

1954/1/10、11 ◆ベルリン (ノイケルン)、ヨーロッパ・パラスト● RIAS-SO ■ベートーヴェン：交響曲第 8 番、モーツァルト：ピアノ協奏曲第 20 番▲ C. ハスキル (Pf)、ストラヴィンスキー：バレエ《春の祭典》

1954/2 ◆アムステルダム、コンセルトヘボウ●アムステルダム・コンセルトヘボウ O ■（不明）

1954/3/15 ◆ケルン●ケルン RSO ■ライヒ：《時の音楽》、バルトーク：歌劇《青ひげ公の城》

1954/3/19 ～ 4/6 ◆ビールフェルト、ハーメルン、エッセン、レーヴァークーゼン、フィーアセン、リューベック、パリ、ロンドン、ミュンヘン、シュトゥットガルト● RIAS-SO ■バルトーク：弦楽のためのディヴェルティメント、バルトーク：弦楽器、打楽器とチェレスタのための音楽、ベートーヴェン：交響曲第 7 番、ベルリオーズ：歌劇《ファウストのごう罰》からラコッツィ・マーチ、ドヴォルザーク：交響曲第 9 番《新世界より》、ハイドン：交響曲第 98 番、モーツァルト：

1952/12/1 ◆ケルン●ケルンRSO ■ブラッハー：協奏的音楽、モーツァルト：交響曲第35番《ハフナー》、ショパン：ピアノ協奏曲第1番▲C. グルー (Pf)、R. シュトラウス：交響詩《ティル・オイレンシュピーゲルの愉快な悪戯》
1952/12/31 ◆ベルリン、ティタニア・パラスト● RIAS-SO ■ベートーヴェン：交響曲第9番▲ E. グリュンマー (S)、M. クローゼ (Ms)、H. クレプス (T)、G. フリック (B) etc.

1953

1953/1/1 ◆ベルリン、ティタニア・パラスト● RIAS-SO ■ベートーヴェン：交響曲第9番▲ E. グリュンマー (S)、M. クローゼ (Ms)、H. クレプス (T)、G. フリック (B) etc.
1953/1/8 ◆ベルリン、ティタニア・パラスト● RIAS-SO ■シェーンベルク：室内交響曲、ロイター：2台のピアノのための協奏曲▲ H. ロイター (Pf)、H. シュレーター (Pf)、ハルトマン：交響曲第5番、ナボコフ：ラ・ビター・ヌーバ
1953/1/18、19 ◆ベルリン、ティタニア・パラスト● RIAS-SO ■リーバーマン：歌劇《レオノーレ40/45》組曲、モーツァルト：ピアノ協奏曲第19番▲ C. ハスキル (Pf)、ベートーヴェン：交響曲第7番
1953/2/1、2 ◆ベルリン、ティタニア・パラスト● RIAS-SO ■ドヴォルザーク：スターバト・マーテル▲ E. トレッチェル (S)、L. フィッシャー (Ms)、W. ルートヴィヒ (T)、J. グラインドル (B) etc.
1953/2 ◆ストックホルム●スウェーデン RSO ■（不明）
1953/2/8 ◆ストックホルム、音楽大学●スウェーデン RSO ■ H. ルーセンベリ：歌劇《マリオネット》序曲
1953/3/25 ◆ケルン●ケルン RSO ■マルチュチ：夜曲
1953/3/30 ◆ケルン●ケルン RSO ■ヴェルディ：聖歌4篇、ロッシーニ：スターバト・マーテル▲ E. グリュンマー (S)、M. イロスファイ (A)、W. ルートヴィヒ (T)、H. フェーン (B) etc.
1953 春◆イギリス、フランス、西ドイツ● RIAS-SO ■（不明）
1953 春◆ロンドン、フェスティバル・ホール● RIAS-SO ■バルトーク：弦楽のためのディヴェルティメント、ハイドン：交響曲第98番、チャイコフスキー：交響曲第5番
1953 ◆パリ、バーデン・バーデン、ボン、ルツェルン●（不明）■（不明）
1953/4/6、7 ◆ベルリン、ティタニア・パラスト● RIAS-SO ■ブラームス：ハイドンの主題による変奏曲、ハイドン：ピアノ協奏曲▲ G. プッヘルト (Pf)、バルトーク：2台のピアノと打楽器のソナタ、ラヴェル：ボレロ
1953/4/19、20 ◆ベルリン、ティタニア・パラスト● RIAS-SO ■ストラヴィンスキー：バレエ《ペトルーシュカ》、R. シュトラウス：クラリネットとファゴットのための協奏曲▲ H. ゴイサー (Cl)、W. フーグマン (Fg)、ブラームス：ピアノ協奏曲第1番▲ C. ハンゼン (Pf)
1953/5/4 ◆ケルン、放送局大ホール●ケルン RSO ■ベルリオーズ：序曲《ローマの謝肉祭》、チャイコフスキー：ヴァイオリン協奏曲▲ C. フェラス (Vn)、バルトーク：弦楽のためのディヴェルティメント、ラヴェル：ボレロ
1953/5/28 ◆ケルン●ケルン RSO ■ヘンチェス：交響曲、ラガメィ：主題と変奏曲、デュティユー：交響曲
1953/6/1 ◆ケルン●ケルン RSO ■アンドリーセン：シンフォニエッタ、アンドリーセン：4つのトランペットのための協奏曲▲ F.W. ノイゲバウアー、G. コルフ、K. シュミット、T. グリンツ (Tr)、モーツァルト：ピアノ協奏曲第26番▲ C. ゼーマン (Pf)、ドヴォルザーク：交響曲第9番《新世界より》
1953/6/7、8 ◆ベルリン、ティタニア・パラスト● RIAS-SO ■ハイドン：交響曲第44番《悲しみ》、バルトーク：舞踊組曲、ドヴォルザーク：ヴァイオリン協奏曲▲ J. マルツィ (Vn)、ラヴェル：ラ・ヴァルス

ツェンスク郡のマクベス夫人》から
1952/5/4 ◆ベルリン、ヴェステンス劇場●ベルリン市立オペラ O ■ヴェルディ：歌劇《リゴレット》▲ J. メッテルニヒ (Br)、R. シュトライヒ (S) etc.
1952/5/24 ◆パリ、シャンゼリゼ劇場● RIAS-SO ■ブラッハー：パガニーニの主題による変奏曲、ショスタコーヴィチ：《カテリーナ・イスマロア》組曲、プロコフィエフ：スキタイ組曲、ヒンデミット：ヴェーバーの主題による交響的変容
1952/5/25 ◆パリ、シャンゼリゼ劇場● RIAS-SO ■バルトーク：二つの肖像、バルトーク：弦楽のためのディヴェルティメント、バルトーク：ピアノ協奏曲第 2 番▲ G. アンダ (Pf)、バルトーク：舞踊組曲
1952/5/26 ◆ケルン●ケルン RSO ■モーツァルト：フリーメイソンのための葬送音楽、モーツァルト：ピアノ協奏曲第 19 番▲ C. ハスキル (Pf)、モーツァルト：セレナータ・ノットゥルナ、モーツァルト：交響曲第 39 番
1952/5/30 ◆ケルン、放送局大ホール●ケルン RSO ■モーツァルト：ピアノ協奏曲第 19 番▲ C. ハスキル (Pf)
1952/6/6 ◆ベルリン、ヴェステンス劇場●ベルリン市立オペラ O ■ワーグナー：歌劇《さまよえるオランダ人》▲ H. ヴェルト (S)、J. ヘルマン (Br) etc.
1952/6/8、9 ◆ベルリン、ティタニア・パラスト● RIAS-SO ■モーツァルト：交響曲第 2 番、モーツァルト：オーボエ、クラリネット、ホルン、ファゴットのための協奏交響曲 K.297b ▲ H. テットヒャー (Ob)、H. ゴイサー (Cl)、J. ツター (Hr)、K. ブランク (Fg)、モーツァルト：交響曲第 35 番《ハフナー》
1952/6/15、16 ◆ベルリン、ティタニア・パラスト● RIAS-SO ■ストラヴィンスキー：ディヴェルティメント、ストラヴィンスキー：ヴァイオリン協奏曲▲ R. シュルツ (Vn)、ストラヴィンスキー：メロドラマ《ペルセフォネ》▲ M. ホッペ (S)、H. クレプス (T) etc.
1952/6/21 ◆ケルン、放送局大ホール●ケルン RSO ■シューマン：交響曲第 3 番
1952/6/23 ◆ケルン、放送局大ホール●ケルン RSO ■ハイドン：交響曲第 98 番、ベートーヴェン：ピアノ協奏曲第 1 番▲ H.E. リーベンザム (Pf)、ストラヴィンスキー：バレエ《ペトルーシュカ》
1952/6/27 ◆ザルツブルク●ケルン RSO ■ストラヴィンスキー：バレエ《妖精の口づけ》、ヒンデミット：ヴェーバーの主題による交響的変容、バルトーク：ピアノ協奏曲第 2 番▲ G. アンダ (Pf)
1952/7/28 ◆ザルツブルク●ヴィーン PO ■アイネム：カプリチオ、バルトーク：ピアノ協奏曲第 2 番▲ G. アンダ (Pf)、チャイコフスキー：交響曲第 6 番《悲愴》
1952/8/14 ◆ルツェルン●フィルハーモニア O ■ベートーヴェン：ピアノ協奏曲第 2 番▲ C. ハスキル (Pf)
1952/8/16 ◆ミュンヘン●（不明）■モーツァルト：歌劇《ドン・ジョヴァンニ》▲ G. ロンドン (B)、S. ユリナッチ (S) etc.
1952/8/21 ◆ルツェルン●スイス音楽祭 O ■ R. シュトラウス：四つの最後の歌
1952/9/7、8 ◆ベルリン、ティタニア・パラスト● RIAS-SO ■エック：アレグリア、ショパン：ピアノ協奏曲第 1 番▲ A. ブライオスキー (Pf)、チャイコフスキー：交響曲第 4 番
1952/9/30 ◆ベルリン● RIAS-SO ■オネゲル：交響的詩篇《ダヴィデ王》▲ E. トレッチェル (S)L. フィッシャー (Ms)、W. ルートヴィヒ (T)、S. シュナイダー (B)
1952/10/12、13 ◆ベルリン、ティタニア・パラスト● RIAS-SO ■ミヨー：ディヴェルティメント《ケンタッキアーナ》、チャイコフスキー：ヴァイオリン協奏曲▲ E. モリーニ (Vn)、バルトーク：弦楽器、打楽器とチェレスタのための音楽、R. シュトラウス：交響詩《ドン・ファン》
1952/11/21 ◆ミュンヘン大学大講堂●バイエルン RSO ■ストラヴィンスキー：ディヴェルティメント、リーバーマン：歌劇《レオノーレ 40/45》組曲、ペラガロ：ピアノ協奏曲▲ P. スカルピネ (Pf)、バルトーク：舞踊組曲

1952

1952（月日不明）◆アムステルダム、パリ、デュッセルドルフ、フランクフルト●（不明）■

1952（月日不明）◆オランダ、イタリア● RIAS-SO ■（不明）▲

1952（月日不明）◆ベルリン、ヴェステンス劇場●ベルリン市立オペラ O ■ R. シュトラウス：歌劇《サロメ》▲ D. フィッシャー＝ディースカウ (Br) etc.

1952/1/1 ◆ベルリン、ティタニア・パラスト● RIAS-SO ■ベートーヴェン：交響曲第 9 番▲ E. グリュンマー (S)、M. クローゼ (Ms)、H. クレプス (T)、J. グラインドル (B) etc.

1952/1/4 ◆ベルリン、シラー劇場● RIAS-SO ■メンデルスゾーン：劇音楽《真夏の夜の夢》

1952/1/13、14 ◆ベルリン● RIAS-SO ■ヴェルディ：聖歌 4 篇、ロッシーニ：スターバト・マーテル▲ T. リヒター (S)、M. クローゼ (Ms)、H. クレプス (T)、G. フリック (B) etc.

1952/1/31 ◆ベルリン、ヴェステンス劇場●ベルリン市立オペラ O ■モーツァルト：歌劇《後宮からの誘拐》

1952/2/5 ◆ベルリン、ヴェステンス劇場●ベルリン市立オペラ O ■ヴェルディ：歌劇《リゴレット》J. メッテルニヒ (Br)、R. シュトライヒ (S) etc.

1952/2/6 ◆ベルリン、ティタニア・パラスト● RIAS-SO ■ヒンデミット：トランペット、ファゴットと弦楽のための協奏曲▲ H. ボーデ (Tr)、W. フーグマン (Fg)、フェーホフ：交響的インベンション、ハルティック：ヴァイオリン協奏曲▲ H. ショーン (Vn)、アイネム：《ゲーテへの賛歌》▲ P. コーサベ (A) etc.

1952/2/10、11 ◆ベルリン、ティタニア・パラスト● RIAS-SO ■ボリス：ディヴェルティメント、リスト：ピアノ協奏曲第 1 番▲ S. チェルカスキー (Pf)、バルトーク：弦楽のためのディヴェルティメント、R. シュトラウス：交響詩《ティル・オイレンシュピーゲルの愉快な悪戯》

1952/2/13 ◆ベルリン、ヴェステンス劇場●ベルリン市立オペラ O ■ヴェルディ：歌劇《リゴレット》▲ J. メッテルニヒ (Br)、R. シュトライヒ (S) etc.

1952/2/16 ◆ベルリン、ヴェステンス劇場●ベルリン市立オペラ O ■スッペ：喜歌劇《ボッカチオ》から、J. シュトラウス：喜歌劇《こうもり》、J. シュトラウス：ワルツ《美しく青きドナウ》

1952/2/19 ◆ベルリン、ヴェステンス劇場●ベルリン市立オペラ O ■ヴェルディ：歌劇《リゴレット》▲ J. メッテルニヒ (Br)、R. シュトライヒ (S) etc.

1952/3/5、6 ◆アムステルダム、コンセルトヘボウ●アムステルダム・コンセルトヘボウ O ■バルトーク：弦楽のためのディヴェルティメント

1952/3/13 ◆ケルン●ケルン RSO ■ロッシーニ：歌劇《アルジェのイタリア女》序曲、バルトーク：ピアノ協奏曲第 2 番▲ G. アンダ (Pf)、チャイコフスキー：交響曲第 5 番

1952/3/16、17 ◆ベルリン、ティタニア・パラスト● RIAS-SO ■モーツァルト：アイネ・クライネ・ナハトムジーク、モーツァルト：フルートとハープのための協奏曲▲シュミット (Fl)、ヘルミス (Hrp)、モーツァルト：交響曲第 40 番

1952/3/25 ◆ベルリン、ティタニア・パラスト● RIAS-SO ■ベートーヴェン：交響曲第 9 番▲ E. トレッチェル (S)、M. イロスファイ (Ms)、H. メルフェルト (T)、G. フリック (B) etc.

1952/4/2 ◆ベルリン、ヴェステンス劇場●ベルリン市立オペラ O ■ワーグナー：楽劇《トリスタンとイゾルデ》

1952/4/26、4/28 ◆ベルリン、ヴェステンス劇場●ベルリン市立オペラ O ■ワーグナー：歌劇《さまよえるオランダ人》H. ヴェルト (S)、J. ヘルマン (Br) etc.

1952/5 ◆ブリュッセル、パリ● RIAS-SO ■バルトーク：二つの肖像、バルトーク：弦楽のためのディヴェルティメント、バルトーク：ピアノ協奏曲第 2 番、バルトーク：舞踊組曲、ベルリオーズ：歌劇《ファウストのごう罰》からラコッツィ・マーチ、ブラッハー：パガニーニの主題による変奏曲、ヒンデミット：ヴェーバーの主題による交響的変容、プロコフィエフ：スキタイ組曲、ショスタコーヴィチ：《カテリーナ・イスマロア》組曲、ショスタコーヴィチ：歌劇《ム

1951/9/13 ◆ベルリン、ティタニア・パラスト● RIAS-SO ■バルトーク：二つの肖像、バルトーク：ヴァイオリン協奏曲第 2 番▲ T. ヴァルガ (Vn)、バルトーク：舞踊組曲、バルトーク：カンタータ・プロファーナ《魔法にかけられた鹿》▲ H. クレプス (T)、D. フィッシャー＝ディースカウ (Br) etc.

1951/9/15 ◆ベルリン、ヴァルトビューネ● RIAS-SO ■ J. シュトラウス：ラデツキー行進曲、ワルツ《美しく青きドナウ》、喜歌劇《こうもり》序曲、喜歌劇《こうもり》 から、ワルツ《春の声》、ワルツ《ヴィーンの森の物語》、ワルツ《芸術家の生活》、ピチカート・ポルカ、トリッチ・トラッチ・ポルカ、喜歌劇《ジプシー男爵》序曲

1951/9/23、24 ◆ベルリン、ティタニア・パラスト● RIAS-SO ■モーツァルト：ディヴェルティメント第 36 番、モーツァルト：モテット《踊れ、喜べ、幸いなる魂よ》▲ E. ベルガー (S)、モーツァルト：クラリネット協奏曲▲ H. ゴイサー (Cl)、モーツァルト：交響曲第 39 番

1951/9/27 ◆ベルリン、ヴェステンス劇場●ベルリン市立オペラ O ■バルトーク：歌劇《青ひげ公の城》▲イロスファイ (Ms)、L. ホフマン (B)、ストラヴィンスキー：オペラ＝オラトリオ《オイディプス王》▲ H. クレプス (T)、イロスファイ (Ms) etc.

1951/9/28 ◆ベルリン、ヴェステンス劇場●ベルリン市立オペラ O ■モーツァルト：歌劇《後宮からの誘拐》

1951/10/2 ◆ベルリン、ヴェステンス劇場●ベルリン市立オペラ O ■バルトーク：歌劇《青ひげ公の城》▲イロスファイ (Ms)、L. ホフマン (B)、ストラヴィンスキー：オペラ＝オラトリオ《オイディプス王》▲ H. クレプス (T)、イロスファイ (Ms) etc.

1951/10/3 ◆ベルリン、ヴェステンス劇場●ベルリン市立オペラ O ■ワーグナー：楽劇《ワルキューレ》

1951/10/4 ◆ベルリン、ヴェステンス劇場●ベルリン市立オペラ O ■バルトーク：歌劇《青ひげ公の城》▲イロスファイ (Ms)、L. ホフマン (B)、ストラヴィンスキー：オペラ＝オラトリオ《オイディプス王》▲ H. クレプス (T)、イロスファイ (Ms) etc.

1951/10/7、8 ◆ベルリン、ティタニア・パラスト● RIAS-SO ■ロッシーニ：弦楽のためのソナタ第 3 番、ブラームス：ヴァイオリン協奏曲▲ G. デ・ヴィート (Vn)、ドヴォルザーク：交響曲第 9 番《新世界より》

1951/11/6 ◆ジュネーヴ、グランド・カジノ●スイス・ロマンド O ■ベートーヴェン：歌劇《フィデリオ》▲ P. アンダース (T) etc.

1951/11/19 ◆ローザンヌ●ローザンヌ室内 O ■モーツァルト：セレナータ・ノットゥルナ、ロッシーニ：弦楽のためのソナタ第 3 番、バルトーク：弦楽のためのディヴェルティメント、ハイドン：交響曲第 101 番《時計》

1951/11/26 ◆ケルン●ケルン RSO ■シューベルト：交響曲第 8 番、バルトーク：舞踊組曲、メンデルスゾーン：ヴァイオリン協奏曲▲ J. マルツィ (Vn)、ヒンデミット：ヴェーバーの主題による交響的変容

1951/11/29、30 ◆ミュンヘン、ドイツ大学・大講堂●バイエルン RSO ■バルトーク：二つの肖像、メンデルスゾーン：ヴァイオリン協奏曲▲ T. ヴァルガ (Vn)、チャイコフスキー：交響曲第 6 番《悲愴》

1951/12/9、10 ◆ベルリン、ティタニア・パラスト● RIAS-SO ■モーツァルト：交響曲第 23 番、モーツァルト：ファゴット協奏曲▲ J. ツター (Fg)、モーツァルト：交響曲第 41 番《ジュピター》

1951/12/20 ◆ベルリン、ヴェステンス劇場●ベルリン市立オペラ O ■ワーグナー：楽劇《トリスタンとイゾルデ》

1951/12/21 ◆ベルリン、ヴェステンス劇場●ベルリン市立オペラ O ■モーツァルト：歌劇《後宮からの誘拐》

1951/12/31 ◆ベルリン、ティタニア・パラスト● RIAS-SO ■ベートーヴェン：交響曲第 9 番▲ E. グリュンマー (S)、M. クローゼ (Ms)、H. クレプス (T)、J. グラインドル (B) etc.

(Pf)、ロッシーニ：歌劇《セミラーミデ》序曲
1951/1/27 ◆ベルリン●ベルリン市立オペラ O ■ヴェルディ：レクイエム▲グリュンマー (S)、ブラッター (Ms)、クレプス (T)、グラインドル (B) etc.
1951/1/28、29 ◆ベルリン、ティタニア・パラスト● RIAS-SO ■ストラヴィンスキー：詩篇交響曲、ストラヴィンスキー：ピアノとオーケストラのためのカプリチオ▲ H. ロロフ (Pf)、ストラヴィンスキー：バレエ《ペトルーシュカ》
1951/2/6 ◆ベルリン、ティタニア・パラスト● RIAS-SO ■ J. シュトラウス：アンネン・ポルカ、喜歌劇《こうもり》序曲、ワルツ《ヴィーンの森の物語》、喜歌劇《ヴェネチアの夜》から、ピチカーチ・ポルカ、ワルツ《南国のバラ》、トリッチ・トラッチ・ポルカ、ワルツ《酒、女、歌》、ワルツ《ヴィーン気質》、喜歌劇《ジプシー男爵》序曲、喜歌劇《ジプシー男爵》 から
1951/2/21、2/27 ◆ベルリン、ヴェステンス劇場●ベルリン市立オペラ O ■ワーグナー：楽劇《ワルキューレ》▲ L. ズートハウス (T)、M. ミュラー (S)、P. ブーフナー (S) etc.
1951/2/28 ◆ベルリン、ティタニア・パラスト● RIAS-SO ■モーツァルト：セレナータ・ノットゥルナ、ベルク：ヴァイオリン協奏曲▲ R. シュルツ (Vn)、ベートーヴェン：ヴァイオリン協奏曲▲ R. シュルツ (Vn)
1951/3/4、5 ◆ベルリン、ティタニア・パラスト● RIAS-SO ■モーツァルト：レクイエム▲ E. グリュンマー (S)、G. ピッツィンガー (A)、H. クレプス (T)、H. ホッター (B) etc.
1951/4 ◆ナポリ、サンカルロ劇場■バルトーク：歌劇《青ひげ公の城》▲レジー (Ms)、レンネルト (B)
1951/4/11、13、14 ◆ナポリ、サンカルロ劇場●サンカルロ劇場 O ■ベートーヴェン：歌劇《フィデリオ》▲ P. アンダース (T) etc.
1951/5/6 ◆ベルリン、ヴェステンス劇場●ベルリン市立オペラ O ■ワーグナー：楽劇《ワルキューレ》
1951/5/8 ◆ベルリン、ティタニア・パラスト● RIAS-SO ■ヘンツェ：バレー変奏曲、リーバーマン：カンタータ《生と死の闘いの詩》▲ L. オットー (S)、M. クローゼ (Ms)、H. クレプス (T)、J. グラインドル (B) etc.、エルドマン：ピアノ協奏曲▲ G. プッヘルト (Pf)、ストラヴィンスキー：詩篇交響曲
1951/5/14、15 ◆ベルリン、ティタニア・パラスト● RIAS-SO ■ハイドン：交響曲第 98 番、シューマン：ピアノ協奏曲▲ A. コルトー (Pf)、マリピエロ：交響曲第 6 番、ラヴェル：ボレロ
1951/5/22、5/24 ◆ベルリン、ヴェステンス劇場●ベルリン市立オペラ O ■ワーグナー：楽劇《ワルキューレ》
1951/6/1、6/6 ◆ベルリン、ヴェステンス劇場●ベルリン市立オペラ O ■モーツァルト：歌劇《後宮からの誘拐》
1951/6/10 ◆ベルリン、ヴェステンス劇場●ベルリン市立オペラ O ■ワーグナー：楽劇《ワルキューレ》
1951/6/18 ◆ベルリン● RIAS-SO ■バッハ：ブランデンブルク協奏曲第 2 番、ブラッハー：パガニーニの主題による変奏曲、エック：フランス組曲
1951/6 ◆フランクフルト・アム・マイン、シュトゥットガルト、ビーレフェルト、ドルトムント● RIAS-SO ■バルトーク：二つの肖像、ベートーヴェン：ピアノ協奏曲第 3 番▲ D. クラウス (Pf)、ベルリオーズ：歌劇《ファウストのごう罰》からラコッツィ・マーチ、デーゲン：弦楽のための協奏曲、モーツァルト：ヴァイオリン協奏曲 K.218 ▲ W. シュトロス (Vn)、シューベルト：交響曲第 8 番、スピサクス：ヴァイオリン・ソナタ▲ T. ヴァルガ (Vn)、チャイコフスキー：交響曲第 6 番《悲愴》
1951/7/8、9 ◆レッキングハウゼン●ケルン RSO ■ハイドン：交響曲第 101 番《時計》、ストラヴィンスキー：ヴァイオリン協奏曲▲ A. グルミヨー (Vn)、シューベルト：交響曲第 9 番
1951/9/6 ◆ベルリン、ヴェステンス劇場●ベルリン市立オペラ O ■ワーグナー：楽劇《トリスタンとイゾルデ》
1951/9/8 ◆ベルリン、ヴェステンス劇場●ベルリン市立オペラ O ■ワーグナー：楽劇《ワルキューレ》

とイゾルデ》
1950/6/25、26 ◆ベルリン、ティタニア・パラスト●ベルリン PO ■メンデルスゾーン：劇音楽《真夏の夜の夢》より序曲、夜想曲、スケルツォ、バルトーク：ヴァイオリン協奏曲第 2 番▲ S. ピビエサン (Vn)、モーツァルト：オーボエ、クラリネット、ホルン、ファゴットのための協奏交響曲 K.297b ▲ H. シュロフォルト (Ob)、A. ブルックナー (Cl)、O. ローテンシュタイナー (Fg)、M. ツィラー (Hr)、ベートーヴェン：《レオノーレ》序曲第 3 番
1950/6/30 ◆ベルリン、ヴェステンス劇場●ベルリン市立オペラ O ■ワーグナー：楽劇《トリスタンとイゾルデ》
1950/7/6、7 ◆ベルリン、ティタニア・パラスト● RIAS-SO ■ベートーヴェン：ミサ・ソレムニス▲ T. ブリーム、G. ハマー、G. コップ、H. クレプス、G. フリック etc.
1950/7/8、7/11 ◆ベルリン、ヴェステンス劇場●ベルリン市立オペラ O ■モーツァルト：歌劇《後宮からの誘拐》
1950（月日不明）◆エジンバラ●グラインドボーンオペラ O ■モーツァルト：歌劇《フィガロの結婚》
1950/9/6 ◆ベルリン、ヴェステンス劇場●ベルリン市立オペラ O ■ワーグナー：楽劇《トリスタンとイゾルデ》
1950/9/15 ◆ベルリン、ヴェステンス劇場●ベルリン市立オペラ O ■モーツァルト：歌劇《後宮からの誘拐》
1950/9/17、18 ◆ベルリン、ティタニア・パラスト● RIAS-SO ■マルティヌー：室内オーケストラのための協奏曲、R. シュトラウス：ホルン協奏曲第 2 番▲ D. ブレイン (Hr)、チャイコフスキー：交響曲第 6 番《悲愴》
1950/9/20、9/21 ◆ベルリン、ヴェステンス劇場●ベルリン市立オペラ O ■モーツァルト：歌劇《後宮からの誘拐》
1950/9/24 ◆ベルリン、ヴェステンス劇場●ベルリン市立オペラ O ■ワーグナー：楽劇《トリスタンとイゾルデ》
1950/9/27、10/4 ◆ベルリン、ヴェステンス劇場●ベルリン市立オペラ O ■モーツァルト：歌劇《後宮からの誘拐》
1950/10/19 ◆ブエノス・アイレス●（不明）■バルトーク：二つの肖像、オルフ：カンタータ《カルミナ・ブラーナ》
1950/12/11 ◆フィーアゼン●ケルン RSO ■バルトーク：二つの肖像、ショパン：ピアノ協奏曲第 1 番▲ J. カーロイ (Pf)、チャイコフスキー：交響曲第 6 番《悲愴》
1950/12/17、18 ◆ベルリン、ティタニア・パラスト● RIAS-SO ■ハイドン：オラトリオ《四季》▲ E. トレッチェル (S)、W. ルートヴィヒ (T)、J. グラインドル (B) etc.
1950/12/31 ◆ベルリン、ティタニア・パラスト● RIAS-SO ■ベートーヴェン：交響曲第 9 番▲ E. グリュンマー (S)、R. ジーベルト (Ms)、H. クレプス (T)、J. グラインドル (B) etc.

1951

1951(月日不明）◆ベルリン● RIAS-SO ■マルタン：オラトリオ《地には平和を》
1951 初（月日不明）◆南米●（不明）■（不明）
1951（月日不明）◆チューリヒ、ケルン、ミュンヘン● RIAS-SO ■（不明）
1951/1/1 ◆ベルリン、ティタニア・パラスト● RIAS-SO ■ベートーヴェン：交響曲第 9 番▲ E. グリュンマー (S)、R. ジーベルト (Ms)、H. クレプス (T)、J. グラインドル (B) etc.
1951/1/8 ◆ベルリン、ヴェステンス劇場●ベルリン市立オペラ O ■モーツァルト：歌劇《後宮からの誘拐》
1951/1/14、15 ◆ベルリン、ティタニア・パラスト● RIAS-SO ■ヒンデミット：交響的舞曲、ムソルグスキー：組曲《展覧会の絵》、チャイコフスキー：ピアノ協奏曲第 2 番▲ S. チェルカスキー

1950

1950（月日不明）◆イタリア●（不明）■（不明）

1950/1/1 ◆ベルリン、ヴェステンス劇場● RIAS-SO ■ベートーヴェン：交響曲第 9 番▲ C. ゴルツ (S)、M. クローゼ (Ms)、H. クレプス（T)、J. グラインドル (B) etc.

1950/1/3、1/8、1/15 ◆ベルリン、ヴェステンス劇場●ベルリン市立オペラ O ■ベートーヴェン：歌劇《フィデリオ》

1950/1/15、16 ◆ベルリン、ティタニア・パラスト● RIAS-SO ■ヴェーバー：歌劇《魔弾の射手》序曲、バルトーク：ピアノ協奏曲第 3 番▲ L. ケントナー (Pf)、ブラームス：交響曲第 4 番

1950/1/20 ◆シュトゥットガルト●シュトゥットガルト RSO ■（不明）

1950/1/22 ◆シュトゥットガルト●シュトゥットガルト RSO ■ブラッハー：パガニーニの主題による変奏曲

1950/1/25 ◆ベルリン、ヴェステンス劇場●ベルリン市立オペラ O ■ヴェルディ：歌劇《ドン・カルロス》▲ J. グラインドル (B)、B. グレヴェルス (T)、D. フィッシャー＝ディースカウ (Br) etc.

1950/1/31 ◆ベルリン、ティタニア・パラスト● RIAS-SO ■アイネム：二部弦楽のためのセレナーデ Op10、エック：フランス組曲、ブラッハー：ピアノ協奏曲▲ G. ヘルツォーク (Pf)、オルフ：カンタータ《カルミナ・ブラーナ》 から▲ A. シュレム (S)、D. フィッシャー＝ディースカウ (Br) etc.

1950/2/6 ◆フィーアゼン●ケルン RSO ■ブラッハー：パガニーニの主題による変奏曲、ファリャ：スペインの庭の夜▲ G. ヘルツォーク (Pf)、ドヴォルザーク：交響曲第 9 番《新世界より》

1950/2/27 ◆ベルリン、ヴェステンス劇場●ベルリン市立オペラ O ■ベートーヴェン：歌劇《フィデリオ》

1950/4/24、25 ◆ベルリン、ティタニア・パラスト●ベルリン PO ■ロッシーニ：歌劇《絹のはしご》序曲、ハイドン：交響曲第 4 番、スメタナ：交響詩《モルダウ》、バルトーク：弦楽のためのディヴェルティメント、R. シュトラウス：交響詩《ティル・オイレンシュピーゲルの愉快な悪戯》

1950/4/26 ◆ベルリン、ヴェステンス劇場●ベルリン市立オペラ O ■ベートーヴェン：歌劇《フィデリオ》

1950/4/30 ◆ベルリン、ヴェステンス劇場●ベルリン市立オペラ O ■モーツァルト：歌劇《後宮からの誘拐》▲バラバス (S)、シュトライヒ (S) etc.

1950/5/1 ◆ベルリン、ヴェステンス劇場●ベルリン市立オペラ O ■ベートーヴェン：歌劇《フィデリオ》

1950/5/7 ～ 8 ◆ベルリン、ティタニア・パラスト● RIAS-SO ■モーツァルト：フリーメイソンのための葬送音楽、モーツァルト：ヴァイオリンとヴィオラのための協奏交響曲 K.364 ▲ R. シュルツ (Vn)、W. ブローゼ (Va)、モーツァルト：クラリネット協奏曲▲ H. ゴイサー (Cl)、モーツァルト：交響曲第 39 番

1950/5/10、5/15 ◆ベルリン、ヴェステンス劇場●ベルリン市立オペラ O ■モーツァルト：歌劇《後宮からの誘拐》

1950/5/21 ◆ベルリン、ヴェステンス劇場●ベルリン市立オペラ O ■ワーグナー：楽劇《トリスタンとイゾルデ》▲ブーフナー、ロレンツ、リスト etc.

1950/5/22 ◆ベルリン、ヴェステンス劇場●ベルリン市立オペラ O ■モーツァルト：歌劇《後宮からの誘拐》

1950/5/28 ◆ベルリン、ティタニア・パラスト● RIAS-SO ■ J. シュトラウス：喜歌劇《こうもり》から

1950/6/14、15 ◆ベルリン、ティタニア・パラスト● RIAS-SO ■ブラッハー：オーケストラのための協奏曲、シューベルト：交響曲第 8 番、ベートーヴェン：ピアノ協奏曲第 3 番▲ A. エッシュバッヒャー (Pf)、コダーイ：ガランタ舞曲

1950/6/16 ◆ベルリン● RIAS-SO ■シューベルト：交響曲第 8 番

1950/6/24 ◆ベルリン、ヴェステンス劇場●ベルリン市立オペラ O ■ワーグナー：楽劇《トリスタン

1948/12/26 ◆ブダペスト、国立オペラ●ブダペスト国立オペラO ■ヴェルディ：歌劇《椿姫》

1949

1949/3/5 ◆ブダペスト、国立オペラ●ブダペスト国立オペラO ■ドニゼッティ：歌劇《ランメルモールのルチア》

1949/6/5 ◆ベルリン、ヴェステンス劇場●ベルリン市立オペラO ■ベートーヴェン：歌劇《フィデリオ》▲ C. ゴルツ（S), D. フィッシャー＝ディースカウ (Br)、J. グラインドル (B) etc.

1949/6/12 ◆ベルリン、ティタニア・パラスト● RIAS-SO ■ヒンデミット：ヴェーバーの主題による交響的変容、ファリャ：スペインの庭の夜▲ G. ヘルツォーク (Pf)、ベートーヴェン：交響曲第5番

1949/7/3、4 ◆ベルリン、ティタニア・パラスト●ベルリン PO ■ブラッハー：パガニーニの主題による変奏曲、バルトーク：オーケストラのための協奏曲、シューベルト：交響曲第7番

1949/7/3 ◆ベルリン、ヴェステンス劇場●ベルリン市立オペラO ■ベートーヴェン：歌劇《フィデリオ》

1949/8/9、17、22、27 ◆ザルツブルク●ヴィーン PO ■オルフ：歌劇《アンティゴネ》▲ R. フィッシャー (S)、E. ヘフリガー (T) etc.

1949/9/22 ◆ベルリン、ヴェステンス劇場●ベルリン市立オペラO ■ヴェルディ：歌劇《ドン・カルロス》▲ J. グラインドル (B)、B. グレヴェルス (T)、D. フィッシャー＝ディースカウ (Br) etc.

1949/10/2、3 ◆ベルリン、ティタニア・パラスト●ベルリン PO ■ヴェルディ：レクイエム▲ゴルツ (S)、クローゼ (Ms)、ローヴェンゲ (T)、グラインドル (B) etc.

1949/10/9、10 ◆ベルリン、ティタニア・パラスト● RIAS-SO ■プロコフィエフ：交響曲第1番、ドヴォルザーク：チェロ協奏曲▲ E. マイナルディ (Vc)、チャイコフスキー：交響曲第5番

1949/10/9 ◆ベルリン、ヴェステンス劇場●ベルリン市立オペラO ■ヴェルディ：歌劇《ドン・カルロス》▲ J. グラインドル (B)、B. グレヴェルス (T)、D. フィッシャー＝ディースカウ (Br) etc.

1949/10/26 ◆ベルリン、ヴェステンス劇場●ベルリン市立オペラO ■ベートーヴェン：歌劇《フィデリオ》

1949/10/27 ◆ベルリン、ヴェステンス劇場●ベルリン市立オペラO ■ヴェルディ：歌劇《ドン・カルロス》▲ J. グラインドル (B)、B. グレヴェルス (T)、D. フィッシャー＝ディースカウ (Br) etc.

1949/10/31 ◆ベルリン、ヴェステンス劇場●ベルリン市立オペラO ■ベートーヴェン：歌劇《フィデリオ》

1949/10 ◆ローマ、ナポリ、サンカルロ劇場●ベルリン PO、RIAS-SO ■（不明）▲ A. ブッシュ (Vn)

1949/11/7 ◆ベルリン、ヴェステンス劇場●ベルリン市立オペラO ■ヴェルディ：歌劇《ドン・カルロス》▲ J. グラインドル (B)、B. グレヴェルス (T)、D. フィッシャー＝ディースカウ (Br) etc.

1949/11/9 ◆ベルリン、ヴェステンス劇場●ベルリン市立オペラO ■ベートーヴェン：歌劇《フィデリオ》

1949/11/16、11/20 ◆ベルリン、ヴェステンス劇場●ベルリン市立オペラO ■ヴェルディ：歌劇《ドン・カルロス》▲ J. グラインドル (B)、B. グレヴェルス (T)、D. フィッシャー＝ディースカウ (Br) etc.

1949/11/23、24 ◆ベルリン、ティタニア・パラスト● RIAS-SO ■ストラヴィンスキー：管楽五重奏と合唱のためのミサ、ブロッホ：シェロモ▲ A. トレスター (Vc)、ベートーヴェン：交響曲第3番

1949/11/27、28 ◆ベルリン、ティタニア・パラスト●ベルリン PO ■シェーンベルク：弦楽オーケストラのための組曲　から1、2、4楽章、コダーイ：ハンガリー民謡《孔雀》による変奏曲、ドヴォルザーク：交響曲第9番《新世界より》

1949/12/16、12/25 ◆ベルリン、ヴェステンス劇場●ベルリン市立オペラO ■ヴェルディ：歌劇《ドン・カルロス》▲ J. グラインドル (B)、B. グレヴェルス (T)、D. フィッシャー＝ディースカウ (Br) etc.

1949/12/31 ◆ベルリン、ティタニア・パラスト● RIAS-SO ■ベートーヴェン：交響曲第9番▲ C. ゴルツ (S)、M. クローゼ (Ms)、H. クレプス（T)、J. グラインドル (B) etc.

1945/12/12 ◆ブダペスト、国立オペラ●ブダペスト国立オペラ O ■ヴォルフ・フェラーリ：歌劇《スザンナの秘密》

1946

1946/3/30 ◆ブダペスト、国立オペラ●ブダペスト国立オペラ O ■フロトゥ：歌劇《マルタ》
1946/5/5 ◆ブダペスト、国立オペラ●ブダペスト国立オペラ O ■ドニゼッティ：歌劇《ランメルモールのルチア》
1946/12/19 ◆ヴィーン、フォルクスオーパー●ヴィーン PO ■ビゼー：歌劇《カルメン》

1947

1947 ◆ジュネーヴ●ブダペスト O ■バルトーク：二つの肖像、バルトーク：ピアノ協奏曲第 3 番▲ケントナー (Pf)、バルトーク：組曲第 1 番
1947/6/22 ◆ヴィーン、コンツェルトハウス●ブダペスト O ■バルトーク：二つの肖像、ヴィスキー：ヴァイオリン協奏曲、ドヴォルザーク：交響曲第 9 番《新世界より》
1947/6 ◆ヴィーン、アン・デア・ヴィーン劇場●ヴィーン PO ■ヴェルディ：歌劇《リゴレット》
1947/8/6、9、14、22、28 ◆ザルツブルク●ヴィーン PO ■アイネム：歌劇《ダントンの死》▲ P. シェフラー (Br)、J. パツァーク (T) etc.
1947/11/7 ◆ヴィーン●ヴィーン PO ■アイネム：歌劇《ダントンの死》
1947/11 ◆チューリヒ●（不明）■ヴェルディ：歌劇《トロヴァトーレ》
1947/12/16 ◆ヴィーン●ヴィーン SO ■コダーイ：ハンガリー詩篇
1947 ～ 48 ◆ヴィーン、アン・デア・ヴィーン劇場●ヴィーン PO ■ヴェルディ：歌劇《椿姫》、ヴェルディ：歌劇《アイーダ》

1948

1948/1/10 ◆ヴィーン、アン・デア・ヴィーン劇場●ヴィーン PO ■プッチーニ：歌劇《ボエーム》
1948/2/18 ◆ヴィーン、フォルクスオーパー●ヴィーン PO ■ビゼー：歌劇《カルメン》▲ L. シドニー (Ms)、L. セメル (T) etc.
1948/4/30 ◆ブダペスト、国立オペラ●ブダペスト国立オペラ O ■ドニゼッティ：歌劇《ランメルモールのルチア》
1948 ◆ヴィーン●ヴィーン PO ■ヴェルディ：歌劇《リゴレット》
1948/8/15、20、24、28 ◆ザルツブルク●魔法の酒 O ■マルタン：オラトリオ《魔法の酒》▲ J. パツァーク (T) etc.
1948/11/6 ◆ベルリン、放送局大ホール●ベルリン放送 O ■マルタン：小協奏的交響曲、コダーイ：ガランタ舞曲、ドヴォルザーク：交響曲第 9 番《新世界より》
1948/11/18、11/20、12/2、12/5、12/9、12/11 ◆ベルリン、ヴェステンス劇場●ベルリン市立オペラ O ■ヴェルディ：歌劇《ドン・カルロス》▲ J. グラインドル (B)、B. グレヴェルス (T)、D. フィッシャー＝ディースカウ (Br) etc.
1948/12/12 ◆ベルリン、ティタニア・パラスト● RIAS-SO ■ロッシーニ：歌劇《アルジェのイタリア女》序曲、メンデルスゾーン：交響曲第 4 番、ラヴェル：序奏とアレグロ▲ D. ワーグナー (Hrp)、デュカス：交響詩《魔法使いの弟子》
1948/12/14 ◆ベルリン、ヴェステンス劇場●ベルリン市立オペラ O ■ヴェルディ：歌劇《ドン・カルロス》▲ J. グラインドル (B)、B. グレヴェルス (T)、D. フィッシャー＝ディースカウ (Br) etc.
1948/12/15、16 ◆ベルリン、ティタニア・パラスト●ベルリン PO ■ベートーヴェン：交響曲第 1 番、バルトーク：二つの肖像、チャイコフスキー：交響曲第 6 番《悲愴》
1948 ◆ワルシャワ●（不明）■（不明）

演奏記録

編纂：大脇利雄（ウェブサイト「My Favorite Fricsay」管理人）

演奏記録は、『Ferenc Fricsay：Retrospektive-Perspektive（herausgegeben von Lutz von Pufendorf, Bote & Bock, Berlin und Wiesbaden, 1988）』のデータをベースに、CDの解説、ウェブサイト等からのデータも加味してまとめたものである。

ベルリン、ケルンでの演奏会のデータは充実しているが、指揮者として在任したセゲード、ブダペスト、ヴィーン、ヒューストン、ミュンヘン、さらには客演した場所での演奏会のデータは断片的であり、その表記方もまちまちになっている。今後、引き続き編纂者が開設しているウェブサイト上で充実していくことをもって、ご容赦願いたい。

【演奏年月日】◆【場所】●【オーケストラ】■【作曲者名】:【曲名】▲【共演者】
O：管弦楽団、PO：フィルハーモニー管弦楽団、SO：交響楽団、RSO：放送交響楽団　Cho: 合唱団

1930/9◆エレベン●（不明）■ワーグナー：歌劇《タンホイザー》 から
1933◆ブダペスト●（不明）■ワーグナー：楽劇《ニュルンベルクのマイスタージンガー》 から、フリッチャイ：《シラノ・ド・ベルジュラック》序曲
1936◆セゲード●（不明）■フリッチャイ：大ミサ、フリッチャイ：《マダッハ　人間の悲劇》への音楽
1936◆セゲード●セゲードPO■ベートーヴェン：ピアノ協奏曲第1番▲G. セボック (Pf)
1937/1中旬◆セゲード●セゲードPO■バルトーク：ピアノとオーケストラのためのラプソディ▲B.バルトーク (Pf)
1937◆ヴィーン●ヴィーンSO■（不明）
1938◆セゲード●セゲードPO■チャイコフスキー：ピアノ協奏曲第1番▲G. アンダ (Pf)
1940/4/4◆セゲード●セゲードPO■ヴェルディ：歌劇《リゴレット》
1941～1944◆セゲード●セゲードPO■ヴェルディ：歌劇《仮面舞踏会》、ヴェルディ：歌劇《椿姫》、プッチーニ：歌劇《ボエーム》、ビゼー：歌劇《カルメン》、グノー：歌劇《ファウスト》、ドニゼッティ：歌劇《ランメルモールのルチア》
1942/11/8◆セゲード●セゲードPO■ヴェーバー：《魔弾の射手》序曲、ブルッフ：ヴァイオリン協奏曲▲S. セゲッディ (Vn)、ベートーヴェン：交響曲第3番

1945

1945/1/29◆ブダペスト●ブダペストO■チャイコフスキー：序曲《1812年》
1945/4/26◆ブダペスト、国立オペラ●ブダペスト国立オペラO■ヴェルディ：歌劇《椿姫》
1945/4/26～1949/3/5◆ブダペスト、国立オペラ●ブダペスト国立オペラO■ロッシーニ：歌劇《セビリアの理髪師》、ビゼー：歌劇《カルメン》、J. シュトラウス：喜歌劇《こうもり》、プッチーニ：歌劇《ボエーム》、プッチーニ：歌劇《トスカ》、ムソルグスキー：歌劇《ホヴァーンシチナ》、フロトゥ：歌劇《マルタ》、ヴェルディ：歌劇《オテロ》、ヴェルディ：歌劇《仮面舞踏会》、ヴェルディ：歌劇《椿姫》、ヴェルディ：歌劇《ドン・カルロス》、レオンカヴァルロ：歌劇《道化師》、ドニゼッティ：歌劇《ランメルモールのルチア》
1945/6/1◆ブダペスト、国立オペラ●ブダペスト国立オペラO■J. シュトラウス：喜歌劇《こうもり》
1945/6/19◆ブダペスト、国立オペラ●ブダペスト国立オペラO■ビゼー：歌劇《カルメン》

演奏会。

ベラ・バルトークの《オーケストラのための協奏曲》の録音で、ディスク大賞を受ける。

1960
ミュンヘンで再び歌劇《ランメルモーアのルチア》、歌劇《仮面舞踏会》、歌劇《オテロ》を指揮する。

4月、1961/1962 期のベルリン・ドイツ・オペラ音楽総監督に任じられるものの、健康上の理由から辞退する。

オランダ（ミュンヘン歌劇場による《ヴォツェック》）、ルツェルン、ミラノ、ハノーファー、フランクフルト、ヴィーンに客演。

6月24日、シュトゥットガルト放送交響楽団とスメタナの交響詩《モルダウ》のリハーサルをテレビ放送用収録。

CCC 映画社製作の《ザビーネと百人の男たち》の音楽を指揮。ソリスト：ユーディ・メニューイン。

歌劇《ドン・ジョヴァンニ》全曲録音が、ディスク大賞を受賞。

1961
3月27日、オーストリア連邦大臣が、進講のために教授に任命する。

4月から5月にかけて、ベルリン放送交響楽団とともに、西ドイツ国内、ロンドン、パリの演奏旅行。ソリスト：ユーディ・メニューイン。

7月26日、ザルツブルクにおける、歌劇《イドメネオ》新演出上演。

ルツェルン（ゾルタン・コダーイの交響曲初演）、コペンハーゲン、パリ、バーゼル、ヴィーン、スイス、ミュンヘン、ロンドン、ボン、ロンドン、アムステルダムに客演指揮。

9月24日、ベルリン・ドイツ・オペラの杮落しに、歌劇《ドン・ジョヴァンニ》の新演出を指揮。演出：カール・エーベルト、ドン・ジョヴァンニ：ディートリヒ・フィッシャー＝ディースカウ。

10月10日、ドイツ連邦共和国より、功労十字勲章を贈られる。

ゾルタン・コダーイの組曲《ハーリ・ヤーノシュ》およびポール・デュカスの交響詩《魔法使いの弟子》のリハーサルをテレビ放送のために収録。

11月16日、ボンにおける連邦政府のための演奏会。ベルリン放送交響楽団との最後の共演となる。

バルトークのピアノ協奏曲第2番、同第3番（ソリスト：ゲーザ・アンダ）および歌劇《青ひげ公の城》により、ディスク大賞を受賞。

12月、新たな病気のため、以後の活動を断念。

1962
最終的にすべての契約を解除。
1月25日、新聞が、手術後の経過は良好と報じる。

1963
1月24日、モーツァルト・メダルが授与された旨、知らされる。
2月20日、バーゼルにて逝去。エルマティンゲンに埋葬される。
3月24日、ラファエル・クーベリックの指揮で、ベルリン放送交響楽団が追悼演奏会を行う。

6月3日、上記申し出はハインツ・ティーチェンにより受理される。
ベルリン市より、芸術賞をおくられる。
住居をボーデン湖畔エルマティンゲンに構える。

1953
春に、RIAS 交響楽団とイギリス（暴風雨の中を渡航！）、フランス、ドイツ西部を演奏旅行。
パリ、バーデンバーデン、ケルン、ボン、ミラノ（スカラ座）、ルツェルンに客演。
11月から12月、アメリカのボストン、ヒューストン、サンフランシスコにおける演奏会を指揮。

1954
アムステルダム、フランクフルト、ルツェルンに客演。
6月7日~7月20日、イスラエル国内演奏旅行。ヴェルディの《レクイエム》を屋外演奏。
10月24日、ヒューストン到着。22週を超える契約を結ぶ。

1955
1月19日、ヒューストンにて、契約解除を申し出る。
ストックホルム、ヴィーン、チューリヒ、ベルリン、スカンディナヴィア、アムステルダムに客演。
RIAS 交響楽団とのスイス、ドイツ西部演奏旅行。

1956
7月、2度目のイスラエルへの演奏旅行（オラトリオ《ユダス・マカベウス》および歌劇《ランメルモーアのルチア》演奏会形式上演）。
ミュンヘンにおける音楽総監督就任。
5月9日：歌劇《オテロ》、11月8日：歌劇《ホヴァーンシチナ》、12月21日：歌劇《ランメルモーアのルチア》新演出上演。

1957
1月24日、ベルリン放送交響楽団の設立10周年記念演奏会。
5月29日：歌劇《ヴォッツェック》、11月2日：歌劇《ダヴィデ王》、11月25日：歌劇《仮面舞踏会》上演。
スカンディナヴィア、ジュネーヴ、フランクフルト、ヴィーンに客演。
病を得る。ミュンヘンで重篤な状態。
ヒンデミットの交響曲《世界の調和》の初演を、作曲者に返上する。

1958
コペンハーゲン、ハンブルク、ヴィースバーデン、ヴィーン、ルツェルンに客演。
6月14日、ミュンヘンのキュヴィリエ劇場の再開記念に、歌劇《フィガロの結婚》を指揮。
ミュンヘン州立歌劇場の契約を期限前に解除。
11月20日、最初の胃腸手術をチューリヒにて受ける。

1959
1月6日、2度目の手術、9月まで静養。
9月13日、ベルリン放送交響楽団と1年ぶりに演奏。マズーア通りの演奏会場の再開記念演奏会を9月28日に行う。
スカンディナヴィア、フランクフルト、ヴィーン、ミラノ、イタリア、ローザンヌ、チューリヒでのウェルナー・エック、ヨーゼフ・ルーファーおよび同郷のエルザ・シラーによりベルリンに行くことを勧められる。

11月6日、ベルリン・マズーア通りの放送局で演奏会を行う。

11月18日、市立劇場において、ディートリヒ・フィッシャー＝ディースカウをロドリーゴ役に迎え、ヴェルディの歌劇《ドン・カルロス》の新演出を上演。

12月12日、ティタニア・パラストにおいてRIAS交響楽団の演奏会を指揮。

12月15日、オイゲン・ヨッフムの代役でベルリン・フィルハーモニーを指揮。

12月17日、総支配人ハインツ・ティーチェンの要請により、1949年9月1日からの市立歌劇場の音楽総監督就任を契約。さらにRIAS交響楽団の首席指揮者にも就任。

ワルシャワにおける公演。

ドイツ・グラモフォン社と専属契約。

1949
6月5日、ベルリン市立歌劇場における歌劇《フィデリオ》の新演出上演。ソリスト：クリステル・ゴルツ、ヨーゼフ・グラインドル、ディートリヒ・フィッシャー＝ディースカウ。

8月9日、ザルツブルクにおいて、カール・オルフの歌劇《アンティゴネ》の初演を指揮。

ローマ（ソリスト：アドルフ・ブッシュ）とナポリにおいて、RIAS交響楽団とベルリン・フィルハーモニー管弦楽団の演奏会を行う。

12月31日、RIAS交響楽団との、ベートーヴェンの交響曲第9番を上演。

1950
シュトゥットガルトとイタリアにおける演奏会。

ブエノス・アイレスにおいて《カルミナ・ブラーナ》、エディンバラ、グライドボーンにおける歌劇《フィガロの結婚》を指揮。

4月30日、ベルリン市立歌劇場における、歌劇《後宮からの誘拐》の新演出指揮。

5月21日、同、パウラ・ブーフナーおよびマックス・ローレンツを迎えて、楽劇《トリスタンとイゾルデ》上演。

2度目の結婚。シルヴィア夫人の連れ子クリスティアン（1942）が子供たちに加わる。

1951
1月27日、ベルリン市立歌劇場において、ジュゼッペ・ヴェルディの没後50年を記念してヴェルディの《レクイエム》を指揮
9月27日、1夜にベラ・バルトークの歌劇《青ひげ公の城》とイーゴル・ストラヴィンスキーの歌劇《オイディプス王》を上演。
ナポリ（歌劇《フィデリオ》）、南アメリカ、アムステルダムにおける客演指揮。
RIAS交響楽団とのドイツ西部、チューリヒ、ケルン、ミュンヘンへの演奏旅行。

1952
1月4日、ベルリン・シラー劇場にて、メンデルスゾーン＝バルトルディの《真夏の夜の夢》の音楽を指揮。演出はボレスラフ・バルローク。

アムステルダム、パリ、デュッセルドルフ、ケルン、ザルツブルク、フランクフルトに客演。

RIAS交響楽団とベルギー、フランス、オランダ、スイスに演奏旅行。

7つの音楽祭に招待される：パリ、ザルツブルク、オランダ、ザルツブルク現代音楽祭、ミュンヘン、ルツェルン、ベルリン。

5月15日、ベルリン市立歌劇場の契約解除を申し入れ。

実際どちらなのかは不明。ここでは原文通りに「1943 年」と訳出した。）最初の結婚。3 人の子供：フェレンツ（1941）、アンドラーシュ、（1942）マルタ（1943）

1940
ブダペスト国立歌劇場からの客演を得て、初めてセゲードの歌劇場にて歌劇《リゴレット》を指揮する。翌年以降、歌劇《仮面舞踏会》、歌劇《椿姫》、歌劇《ボエーム》、歌劇《カルメン》、歌劇《ファウスト》が続く。

1941
ハンガリー、ドイツ陣営について参戦。

1944
3 月、ドイツ軍ハンガリー占領。フリッチャイは夏、秘密警察の脅威を同僚らに喚起、それにより逮捕の危機が迫る。家族とともにブダペストに逃亡、友人のもとに身を隠す。

1944/1945
ソヴィエト軍、ハンガリー占領。

1945
戦闘終了後、1 月 29 日、ブダペストのオーケストラを指揮して、戦後最初の演奏会を行う。陸軍大尉の任務を解かれる。
3 月 20 日、父没。
4 月 26 日、ブダペスト国立歌劇場にて初めて指揮し、歌劇《椿姫》を上演。

1946
ヴィーン・フィルハーモニー管弦楽団とヴィーン国立歌劇場からの初めての招待を受ける。
12 月 19 日、ヴィーン・フォルクスオーパーにおいて、歌劇《カルメン》の新演出を指揮、

1947
6 月 22 日、ブダペスト首都交響楽団のヴィーン公演を行う。
ザルツブルクにおける、ゴットフリート・フォン・アイネムの歌劇《ダントンの死》の初演の補助指揮者に招かれる。6 公演はオットー・クレンペラー、1 公演がフリッチャイに割り当てられていた。クレンペラーはリハーサル期間中に療養の必要が生じ、8 月 6 日のオペラの指揮を断念。歌劇《ダントンの死》の初演はフリッチャイに委ねられる。8 月 6 日に初演。演出：オスカー・フリッツ・シュー。舞台美術：カスパー・ネーアー。ソリスト：マリア・チェボターリ、ロゼッテ・アンダイ、ゲオルグ・ハーン、パウル・シェフラーほか。当初演の素晴らしい成功により、寄せられた多くの申し出の中から、オイゲン・ヒルベルト支配人から寄せられた、ヴィーン国立歌劇場の指揮者になることを選択。
11 月 7 日、ヴィーン国立歌劇場での《ダントンの死》初演を指揮。ちなみに、フリッチャイは何よりもレパートリー制オペラの指揮を課せられていた。その点が彼のヴィーンにおける失敗につながった。
11 月、チューリヒ市立劇場における歌劇《トロヴァトーレ》の新演出で成功を収める。
12 月、ヴィーン交響楽団と、コダーイの《ハンガリー詩篇》の初演を行う。

1948
8 月 15 日、ザルツブルクにてフランク・マルタンのオラトリオ《魔法の酒》を初演。演出：オスカー・フリッツ・シュー、ソリスト：マリア・チェボターリ、ユリウス・パツァーク他。

年　譜

（ヘルツフェルト編『フェレンツ・フリッチャイを偲んで』より）

1867
父リヒャルト・フリッチャイ、クレムシーエル（モラヴィア）にて誕生。

1876
母ベルタ・レンジェル、誕生。

1914
8月9日、フェレンツ・カール・フリッチャイ、ブダペストにて誕生。宗派：ローマ・カトリック。

1918
フェレンツ、父の指揮をまねて夏の屋外コンサートにて最初の指揮経験。

1920
初等学校に通うかたわら、フランツ・リスト音楽院で最初のピアノレッスンを受ける。

1924
父によるヴァイオリンの手ほどきの後、音楽院にてマンブリーニ教授のレッスンを受ける。そのほか、クラリネット、バルブ式トロンボーン、打楽器も学ぶ。

1928
音楽院において作曲の講義を受ける。当時リスト音楽院では、特にベラ・バルトーク、ゾルタン・コダーイ、エルンスト・フォン・ドホナーニ、レオ・ヴァイネルが教えていた。フリッチャイは彼らに直接師事したわけではないが、自分を彼らの精神的な弟子であると考えていた。父の代役として、準備なしにハンガリー陸軍第1歩兵連隊のオーケストラを指揮。ワーグナーの歌劇《タンホイザー》より「大行進曲」を演奏。指揮者になる決心をする。

1930
誕生日に父より、実習生のオーケストラの指揮を任される。週3回、古典期の作品の演奏を行う。

1933
音楽院における修了試験を受ける。課題として、楽劇《ニュルンベルクのマイスタージンガー》からと、自分の作曲した《シラノ・ド・ベルジュラック》序曲を演奏。ブダペスト歌劇場の練習ピアニストの地位を断り、セゲードの軍楽隊長になる。当地にて、楽劇《ニュルンベルクのマイスタージンガー》前奏曲やベートーヴェンの交響曲第7番を吹奏楽向けに編曲、定期的に開かれる屋外演奏会で指揮する。

1934
軍楽隊員、音楽学校の教師や、アマチュア奏者からなる、セゲードのフィルハーモニー・オーケストラの指揮者にも選ばれる。各演奏会に向けては、8~10回の練習が組まれた。定期演奏会の予約会員数が、1944年までに260から2000に増加。1943年にゲーザ・アンダとの最初の共演。（訳注　本書収載のアンダの回想では、最初の共演は1938年と推測され、演奏記録にもそう記載されているが、

著者●フェレンツ・フリッチャイ（Ferenc Fricsay）
1914年、ブダペスト生まれ。フランツ・リスト音楽院卒業。指揮者。セゲード・フィルハーモニー、ブダペスト国立歌劇場、ハンガリー国立交響楽団の音楽監督を歴任。戦後はベルリンのRIAS交響楽団首席指揮者、バイエルン州立歌劇場音楽監督等を歴任、欧米各地に客演。1958年秋ごろより白血病の症状が現れ、1963年、スイスのバーゼルにて48歳で亡くなる。

編者●フリードリヒ・ヘルツフェルト（Friedrich Herzfeld）
1897年、ドレスデン生まれ。オルガニストとして活動するが、第一次世界大戦中の毒ガスの後遺症で演奏家への道を断たれる。大学で作曲を学び、指揮者となるが1930年に執筆活動に転身。1967年に亡くなる。邦訳のある著書としては、『わたしたちの音楽史』（渡辺護訳、白水社）他。

編訳者●野口 剛夫（のぐち　たけお）
1964年、東京生まれ。中央大学大学院（哲学）、桐朋学園大学研究科（音楽学）を修了。作曲を別宮貞雄に師事。現在、東京フルトヴェングラー研究会代表、同管弦楽団指揮者。著書に『フルトヴェングラーの遺言』（春秋社）、『フルトヴェングラーを超えて』（青弓社）、監修書に『フルトヴェングラー歌曲集』『ブルックナー／交響曲第5番スコア（F．シャルク改訂版）』（音と言葉社）など、訳書にシェンカー『ベートーヴェン第5交響曲の分析』（音楽之友社）、フィッシャー＝ディースカウ『フルトヴェングラーと私』（河出書房新社）など、作曲には「ピアノのための小品集」、「弦楽四重奏曲」、交響詩《神代の調べ》などがある。『新潮45』（2013年11月号）掲載の論説「"全聾の天才作曲家"佐村河内守は本物か」により、第20回「編集者が選ぶ雑誌ジャーナリズム賞」作品賞を受賞。

叢書　20世紀の芸術と文学

伝説の指揮者
フェレンツ・フリッチャイ
自伝・音楽論・讃辞・記録・写真

第1刷発行　2015年3月10日

著者●フェレンツ・フリッチャイ（第一部）
編者●フリードリヒ・ヘルツフェルト（第二部）
編訳者●野口剛夫
資料協力●大脇利雄（第三部）
編集・制作●中川右介
発行人●佐藤英豪
発行所●株式会社アルファベータブックス
〒102-0071　東京都千代田区富士見2-2-2-405
電話03-3239-1850　Fax 03-3239-1851　E-mail alpha-beta@ab-books.co.jp
印刷製本●モリモト印刷株式会社

定価はダストジャケットに表示してあります。

乱丁・落丁はお取り換えいたします。
ISBN 978-4-87198-312-9 C0373